Faszination Wolfsburg 1938 – 2012

Ulfert Herlyn · Wulf Tessin
Annette Harth · Gitta Scheller

Faszination Wolfsburg 1938 – 2012

2. Auflage

Ulfert Herlyn,
Wulf Tessin,
Annette Harth,
Gitta Scheller,
Leibniz Universität Hannover,
Deutschland

ISBN 978-3-531-18664-1 ISBN 978-3-531-18665-8 (eBook)
DOI 10.1007/978-3-531-18665-8

Die Deutsche Nationalbibliothek verzeichnet diese Publikation in der Deutschen Nationalbibliografie; detaillierte bibliografische Daten sind im Internet über http://dnb.d-nb.de abrufbar.

Springer VS
© VS Verlag für Sozialwissenschaften | Springer Fachmedien Wiesbaden 2012
Das Werk einschließlich aller seiner Teile ist urheberrechtlich geschützt. Jede Verwertung, die nicht ausdrücklich vom Urheberrechtsgesetz zugelassen ist, bedarf der vorherigen Zustimmung des Verlags. Das gilt insbesondere für Vervielfältigungen, Bearbeitungen, Übersetzungen, Mikroverfilmungen und die Einspeicherung und Verarbeitung in elektronischen Systemen.

Die Wiedergabe von Gebrauchsnamen, Handelsnamen, Warenbezeichnungen usw. in diesem Werk berechtigt auch ohne besondere Kennzeichnung nicht zu der Annahme, dass solche Namen im Sinne der Warenzeichen- und Markenschutz-Gesetzgebung als frei zu betrachten wären und daher von jedermann benutzt werden dürften.

Einbandabbildung: Jochen Fritzsche
Einbandentwurf: KünkelLopka GmbH, Heidelberg

Gedruckt auf säurefreiem und chlorfrei gebleichtem Papier

Springer VS ist eine Marke von Springer DE. Springer DE ist Teil der Fachverlagsgruppe Springer Science+Business Media.
www.springer-vs.de

Inhalt

Einführung 7

1. **Stadtgründung** 11
   Der Beginn 11
   Die Stadt: ein nationalsozialistisches Städtebaudenkmal? 14
   Erstausstattung und Auskreisung 18
   Die Anfänge des sozialen Lebens 21

2. **Stadt im Grünen** 25
   Das Grundmuster: landschaftlicher Städtebau 25
   Die Phase städtebaulicher Verdichtung 29
   Siedlungstrukturelle Folgen der Gebietsreform 32
   Stadtflucht in einer Stadt im Grünen? 34

3. **Stadt des Volkswagens** 39
   Die Boomjahre 40
   Die Krisenjahre 1965 – 1975 42
   Stadt und Werk im Globalisierungsprozess 44

4. **Kommunalpolitik und VW** 53
   Die strukturelle Abhängigkeit der Stadt 53
   Zur direkten Einflussnahme des VW-Werks auf die
   Kommunalpolitik 58
   Eine neue Stufe der Kooperation: Die Wolfsburg AG 61

5. **Bevölkerungsstruktur** 69
   Mobilität und Sesshaftigkeit 69
   Altersaufbau 75
   Altersspezifische Segregation und
   gebietsspezifische Bevölkerungsentwicklung 78

6.	**Industriestadt**	**81**
	Arbeiterschaft ohne Tradition	84
	Lebensstilpluralisierung	88
7.	**Freizeit**	**93**
	Bedingungen der Freizeitverbringung	94
	Freizeitverhalten in der Arbeiterstadt bis zu den 90er Jahren	96
	Die neuen erlebnisorientierten Freizeitangebote	100
	Nutzung und Bewertung der neuen Angebote	106
8.	**Innenstadt**	**111**
	Der ‚Geburtsfehler' der Stadtgründung	113
	Wolfsburg bekommt eine ‚Innenstadt'	114
	Eine City ohne Urbanität?	119
	Erlebnisorientierte Großprojekte und Urbanität	122
9.	**Stadt – Umland – Region**	**127**
	Stadt-Umland-Beziehungen bis zur Gebietsreform	127
	Die Gebiets- und Verwaltungsreform 1972	130
	Die Integration der eingemeindeten Ortsteile	135
	Ansätze zur Regionsbildung	137
10.	**Soziale Netzwerke**	**141**
	Herkunft der Wolfsburger: Das ‚zusammengewürfelte Volk'	142
	Entwicklung der nachbarlichen Kontakte	146
	Entwicklung der Kontakte zu Bekannten und Verwandten	148
11.	**Heimatgefühl**	**153**
	Heimischwerden des zusammengewürfelten Volkes	155
	Zum weiteren Integrationsprozess	158
	Großprojekte und gemeindliche Integration	161
12.	**Ein Resümee: Phasen der Stadtentwicklung**	**167**

Anhang 179
Literatur 182

Einführung

In der ‚Stadt des KdF-Wagens', wie Wolfsburg bis Kriegsende hieß, sollte im Volkswagenwerk der ‚Volkswagen für alle Deutsche' gebaut werden. Dieses VW-Werk wurde in der Nachkriegszeit ein Wirtschaftsgigant, der sich in seiner weitverzweigten internationalen Verflechtung zum größten Automobilhersteller Europas entwickelte. Für die Entwicklung der Stadt Wolfsburg war die von Beginn an programmierte industrielle Monostruktur entscheidend, neben der bis heute keine nennenswerten anderen Industrieunternehmen entstehen konnten. Der erste Generaldirektor des Werkes, Heinrich Nordhoff, sagte einmal: „Es dürfte in Europa – vielleicht in der ganzen Welt – nur wenige Fälle geben, in denen die Symbiose zwischen einer Stadt und einem Industrieunternehmen so vollkommen ist wie in Wolfsburg mit dem Volkswagenwerk". Diese Vormachtstellung des VW-Werkes hat nicht nur die Art, das Ausmaß und das Tempo des Stadtwachstums entscheidend beeinflusst, sondern auch und vor allem die Art und Weise des Zusammenlebens in der jungen Stadt. „Durch den Erfolg des Volkswagenwerkes wurde das Fragment der ‚nationalsozialistischen Musterstadt' in der jungen Bundesrepublik die ‚Wirtschaftswunderstadt' des Westens" (Beier Hg. 1997: 11). Auch wenn die Stadt Wolfsburg unter dem Aspekt der monoindustriell strukturierten Stadt kein Einzelfall ist – man denke an die Autostadt Detroit in den USA, an Rüsselsheim oder Leverkusen in Deutschland – so ist sie in Kombination mit dem Merkmal der ungefähren Gleichzeitigkeit von Stadt- und Werksgründung, einer ‚Stadt aus der Retorte', doch relativ einmalig.

Diese „wohl erfolgreichste Stadtneugründung des 20. Jahrhunderts" (Verlagsbeilage der HAZ) in Deutschland wurde von uns, einem Forschungsteam aus Göttingen und Hannover über ein halbes Jahrhundert in vier großen empirischen Studien[1] untersucht. Diese Langzeitbeobachtung des sozialen

---

[1] Es handelt sich dabei um die Studien:
a) Martin Schwonke und Ulfert Herlyn 1967: Wolfsburg. Soziologische Analyse einer jungen Industriestadt, Enke Verlag, Stuttgart (erste Wolfsburg-Studie)
b) Ulfert Herlyn, Ulrich Schweitzer, Wulf Tessin und Barbara Lettko 1982: Stadt im Wandel. Eine Wiederholungsuntersuchung der Stadt Wolfsburg nach 20 Jahren, Campus Verlag, Frankfurt (zweite Wolfsburg-Studie)

Wandels einer Stadt ist ein Novum in der Stadtsoziologie insofern, als bei Stadtuntersuchungen im In- und Ausland eine weitgehend statisch orientierte Querschnittsbetrachtung vorherrscht. Darüber hinaus ist aber auch die personale Kontinuität der untersuchenden Personen über einen solch langen Zeitraum einmalig in der Stadtforschung. Unter dem Titel „Faszination Wolfsburg" erschien vor 12 Jahren eine Zusammenfassung der ersten drei Studien, die sich an eine breitere Öffentlichkeit wandte[2]. Die hier vorliegende 2. Auflage setzt die soziologische Stadtgeschichtsschreibung der Stadt bis in die Gegenwart fort. Die Aktualisierung und vollständige Überarbeitung erfolgte auf der Basis unserer 4. Untersuchung, aktueller Statistiken und Berichte sowie einiger Gespräche mit Experten und Expertinnen der Stadtspitze.

Insofern als diese Stadt ein Stück jüngster deutscher Sozialgeschichte verkörpert, soll dieses Buch eine empirisch gestützte Sozialgeschichtsschreibung sein – nicht mehr und nicht weniger. Dabei geht es weniger um eine Herausarbeitung verallgemeinerbarer charakteristischer Züge (dazu ausf. Harth u. a. 2012, Harth/Scheller 2010), sondern um eine Nachzeichnung der individuellen Geschichte dieser neuen Stadt. Was die Frage anbelangt, ob die Problematik der neuen Stadt Wolfsburg auch paradigmatische Gültigkeit hat, so sind wir der Meinung, „dass nicht die Entwicklung Wolfsburgs insgesamt als Paradigma begriffen werden kann, wohl aber einzelne Aspekte bzw. Teilprozesse dieser Entwicklung paradigmatischen Charakter haben (Herlyn u. a. 1982: 265). Die Darstellung verzichtet auf Einzelheiten und zitatenreiche wissenschaftsimmanente Diskussionen, um für ein breites Publikum verständlich zu sein. Vor allem sollen mit diesem Buch auch den Wolfsburgern und Wolfsburgerinnen unsere Befunde zu ihrer Stadt nahegebracht werden.

In allen vier Studien wurde versucht, die objektive Stadtentwicklung mit den subjektiven Reaktionen bzw. Einschätzungen der Bewohnerschaft zu verschränken. Wenn im Text auf solche Befragungsdaten zurückgegriffen wird, dann ist es wichtig zu wissen, dass die erste Untersuchung in einer Zeit stattfand, „in der in Wolfsburg eine kontinuierliche wirtschaftliche Expansion fast als selbstverständlich galt" (Schwonke/Herlyn 1967: IX). Hingegen war

---

c) Annette Harth, Ulfert Herlyn, Gitta Scheller und Wulf Tessin 2000: Stadt am Wendepunkt. Eine dritte soziologische Untersuchung der Stadt Wolfsburg, Leske + Budrich, Opladen (dritte Wolfsburg-Studie)

d) Annette Harth, Ulfert Herlyn, Gitta Scheller und Wulf Tessin 2009: Stadt als Erlebnis: Wolfsburg. Zur stadtkulturellen Bedeutung von Großprojekten, VS Verlag für Sozialwissenschaften, Wiesbaden (vierte Wolfsburg-Studie)

Außerdem ziehen wir Befunde aus unseren, sich gleichfalls mit Wolfsburg befassenden speziellen Untersuchungen (Tessin 1986; Herlyn/Scheller/Tessin 1994) heran sowie den im Forschungszusammenhang entstandenen Dissertationen von H. Hilterscheid (1970) und U. Schweitzer (1990).

[2] U. Herlyn und W. Tessin 2000: Faszination Wolfsburg 1938 – 2000, Verlag Leske + Budrich, Opladen

zur Zeit der zweiten Untersuchung nach verschiedenen Krisen im Volkswagenwerk „die damals außerordentlich optimistische Haltung einer Skepsis gewichen, die sich in recht unsicheren Zukunftserwartungen ausdrückt" (Herlyn u. a. 1982: 12). Während der dritten Untersuchung waren die Zukunftsaussichten der Stadt nach der wohl schwersten Krise wieder positiver, was vor allem an dem verstärkten Engagement des VW-Werkes an der Stadtentwicklung deutlich wurde (Harth u. a. 2000). Zur Zeit der 4. Studie war eine Zeit der erlebnisorientierten Stadtentwicklungspolitik zu Ende gegangen, die von positiven Zukunftserwartungen für die Stadt geprägt war (Harth u. a. 2010).

Dem Ziel folgend, einen gerafften Überblick über die städtebauliche und soziale Entwicklung der neuen Stadt Wolfsburg zu geben, haben wir zu den nach unserer Meinung zentralen Problemfeldern jeweils einen bei der Gründung der Stadt beginnenden und bis in die Gegenwart reichenden, überschaubaren Text verfasst. Dabei beziehen die ersten beiden Kapitel sich auf die Stadtgründung sowie das städtebauliche Grundgerüst der Stadt. In den Kapiteln drei und vier wird die monoindustrielle Struktur der Stadt durch das alles beherrschende Volkswagenwerk behandelt und vor allem diskutiert im Hinblick auf die Formen der Kooperation mit dem politischen Zentrum der Stadt. Die folgenden Kapitel fünf und sechs behandeln die aus der Stadtgründungsgeschichte und dem dominierenden Wirtschaftsbereich resultierenden Besonderheiten der Bevölkerungs- und Sozialstruktur. In Kapitel sieben werden die Freizeitinfrastruktur und Freizeitkultur in der Stadt auch in Abhängigkeit der spezifischen Arbeitsbedingungen gesondert thematisiert. Die beiden folgenden Kapitel acht und neun befassen sich dann mit zwei speziellen, für die Wolfsburger Stadtentwicklung jedoch folgenreichen Prozessen der Innenstadtentwicklung einerseits und der Stadt-Umland-Entwicklung andererseits. In zwei weiteren Kapiteln stehen die Veränderungen der sozialen Beziehungen und des Heimatgefühls im Mittelpunkt. Den Schluss bildet ein Rückblick auf Phasen der Stadtentwicklung.

Abschließend möchten wir uns bei der Stadt Wolfsburg für die vielfältige Unterstützung bedanken. Darüber hinaus bedanken wir uns bei all jenen Wolfsburgerinnen und Wolfsburgern, die uns im Laufe der Jahre ihre Zeit für Gespräche (manchmal sogar mehrmals) zur Verfügung gestellt haben. Unser Dank gilt außerdem sowohl dem Leiter der ersten Untersuchung, Herrn Prof. Dr. Schwonke, als auch den wissenschaftlichen Mitarbeitern an den früheren Untersuchungen: Dipl. Soz. Barbara Lettko und Dr. Ulrich Schweitzer.

Ulfert Herlyn/Wulf Tessin/Annette Harth/Gitta Scheller   im März 2012

1. Stadtgründung

Der Beginn

Am 1. Juli 1938 entstand durch Erlass des Oberpräsidenten von Hannover am Mittellandkanal zwischen dem Landstädtchen Fallersleben und dem Flecken Vorsfelde, 30 km nordöstlich von Braunschweig, in einer ausgedehnten, bis dahin fast ausschließlich agrarisch bestimmten Gegend eine neue Gemeinde, die den vorläufigen Namen ‚Stadt des KdF-Wagens' erhielt. Dieser eigenartige Name ist heute sicherlich erklärungsbedürftig und steht in Verbindung mit dem VW-Werk, dessen Errichtung der alleinige Grund für die Stadtneugründung war: „Als Ferdinand Porsche 1934 Adolf Hitler das Exposé seines Volkswagens überreichte, sah dieser darin eine Chance, mit dem Projekt eines preiswerten Kleinautomobils in Deutschland das Zeitalter der Massenmotorisierung einzuleiten und so breite Bevölkerungsschichten für den Nationalsozialismus zu gewinnen. Auf Grund des Widerstands der Automobilindustrie gegen das Projekt entschied Hitler, den Volkswagen durch die Deutsche Arbeitsfront (DAF)[3] herstellen zu lassen und mit dem Volkswagenwerk das größte und modernste Automobilwerk in Europa zu bauen. Da die Freizeitorganisation der DAF ‚Kraft durch Freude' Träger der Produktion und des Vertriebs sein sollte, erhielt das Auto den Namen ‚KdF-Wagen'" (Reichold 1998: 14). Ende Mai 1938, also noch vor der Gründung der neuen Stadt, erfolgte die Grundsteinlegung des Volkswagenwerks, des Werks des KdF-Wagens (Abb. 1).

Die Entscheidung, Werk und Stadt gerade in dieser Gegend fern aller Ballungszentren anzusiedeln, mag verwundern, aber es gab einige plausible Gründe: An erster Stelle ist wohl die (für das damalige Reichsgebiet) zentrale Lage zu nennen, ferner die günstige Verkehrslage am Mittellandkanal, an der D-Zugstrecke Ruhrgebiet-Berlin und in der Nähe der Autobahn (Schwonke/Herlyn 1967: 26). Diese zentrale Lage im damaligen Reichsgebiet war

---

[3] Diese 1933 gebildete nationalsozialistische Organisation sollte anstelle der Gewerkschaften die Interessen der Arbeiter vertreten.

umso wichtiger, als schon damals (wie derzeit wieder) die Vorstellung bestand, dass sich die Käufer ihren KdF-Wagen selbst im Werk abholen sollten (Schneider 1979: 31). Für den gewählten Standort der neuen Stadt sprach auch die landschaftlich reizvolle Lage.

Abbildung 1: Das Volkswagenwerk 1989, Ansicht von Westen

Quelle: Institut für Zeitgeschichte und Stadtpräsentation, Stadt Wolfsburg

Das von der zuständigen Reichsstelle für Raumordnung eingeleitete Raumordnungsverfahren brachte allerdings eine ganze Reihe von Vorbehalten gegenüber dem Standort zutage. Aber offenbar wurden mit dem Hinweis, der ‚Führer' habe bereits entschieden, alle Einwände abgeblockt. Wie überhaupt – aus heutiger Sicht – der gesamte mit der Werks- und Stadtgründung zusammenhängende Entscheidungsprozess als höchst dubios und „wenig rational" (Fondran 1984: 168) einzustufen ist: Es wurden Stellen eingeschaltet, die gar nicht zuständig waren, andere (an sich zuständige) Stellen um- und übergangen. Schneider spricht von Geheimhaltung, „die sich später zu einem Verhalten von Verschworenen steigerte" (Schneider 1979: 31). Von wissenschaftlich untermauerten Machbarkeitsstudien, Gutachten usf. konnte nicht die Rede sein („Wir rechneten ins Blitzblaue", zit. in Schneider 1979: 40). Nachdem die Reichsstelle für Raumordnung Ende 1937 überhaupt erst eingeschaltet worden war, wurde das Raumordnungsverfahren schon am 17. Januar 1938 auf einer Sitzung abgeschlossen.

Abbildung 2: Hitler bei der Grundsteinlegung

Quelle: Institut für Zeitgeschichte und Stadtpräsentation, Stadt Wolfsburg (Foto: Fritz Heidrich)

Nicht einmal ein Monat später, am 24. Februar, erfolgte der erste Spatenstich zum Bau des Werks nördlich des Mittellandkanals. 1937 war mit den Vorplanungen für das Werk begonnen worden; am 26. Mai 1938 erfolgte die Grundsteinlegung (Abb. 2) durch Hitler persönlich: „Der Wagen soll den Namen der Organisation tragen, die sich am meisten bemüht, die breiten Massen unseres Volkes mit Freude und damit mit Kraft zu erfüllen. Er soll KdF-Wagen heißen. Wenn wir dieses gewaltigste deutsche Automobilwerk errichten, dann soll mit ihm zugleich auch eine vorbildliche deutsche Arbeiterstadt entstehen. Sie soll eine Lehrstätte sowohl der Stadtbaukunst wie der sozialen Siedlung werden. Wir wollen damit zeigen, wie der Nationalsozialismus solche Probleme sieht, wie er sie anfasst und wie er sie löst" (zit. in Schneider 1979: 40f).

Die Stadt: ein nationalsozialistisches Städtebaudenkmal?

Mit der Planung der Stadt, südlich des Mittellandkanals gelegen, wurde – auf Empfehlung von Albert Speer, dem damaligen Generalbauinspektor und engstem Vertrauten Hitlers – der junge Architekt Peter Koller beauftragt. Man kannte sich aus verschiedenen Arbeitszusammenhängen, nicht zuletzt hatte Speer (vergeblich) Koller eine Mitarbeit an den Berlin-Planungen angeboten. Koller kam eigentlich vom ländlichen Siedlungswesen und von der Gartenstadtbewegung (hierzu genauer Kap. 2) her und stand dem sogenannten Heimatschutzstil nahe, einer Stilrichtung in der Architektur, die versuchte, in einer schlichten, leicht idyllisierenden Formensprache die deutsche Bautradition gegen die Ideologie des ‚Neuen Bauen' im Sinne etwa des Bauhauses zu setzen: 2- bis 3-geschossige Wohngebäude mit Spitzdächern, Erkern, hölzernen Schlagläden an den Fenstern waren typische Merkmale dieses Heimatschutzstiles.

Bekanntlich hat der Nationalsozialismus keinen einheitlichen Architektur- und Städtebaustil entwickelt, sondern – je nach Bauaufgabe – im Wohnungsbau eher traditional gebaut, bei Repräsentationsbauten neoklassisch-monumental und schließlich, etwa im Industriebau, durchaus auch bauhausmäßig mit seriell vorgefertigten Bauteilen, mit Glas usf.. Mit der Berufung Kollers war damit – bewusst oder unbewusst – die Entscheidung für eine ganz bestimmte Richtung des städtebaulichen Entwurfes gefallen. Freilich musste sich Koller dem (vermeintlichen) Geschmack von Speer und Hitler anpassen. Speer hatte seinen ersten Entwurf mit der Bemerkung abgelehnt, dass man damit bei Hitler keinen Beifall ernten könne (Schneider 1979: 34). Das bedeutete für Koller vor allem, sich einer etwas mehr geometrisierenden Formensprache zu bedienen, die sich dann im Stadtgrundriss und der Straßenführung (Achsen, Kreisplätze etc.) niederschlug (Abb. 3).

Hitler hat sich mit den städtebaulichen Planungen für die Stadt des KdF-Wagens nicht intensiv auseinandergesetzt. In einem Vorstadium des städtebaulichen Entwurfes (Ende 1937) ließ sich Hitler von Koller informieren. „Hitler gab dabei Hinweise, die auf eine ausgesprochen städtische Gestaltung mit großzügigem Straßennetz und auf starke Auflockerung durch Gärten zielten. Bei späterer Gelegenheit schlug Hitler sogar vor, in den einzelnen Stadtteilen Gewächshäuser für die örtliche Versorgung mit Gemüse vorzusehen und diese mit Fernwärme zu heizen" (Schneider 1979: 32). Dennoch hatte die neue Stadt, auch wenn sie durch einen entsprechenden Führererlass im Juli 1938 in den Kreis der ‚Neugestaltungsstädte' aufgenommen und damit dem Generalbauinspektor Speer direkt unterstellt wurde, nicht den politisch-ideologischen Stellenwert wie die Planungen in den ‚Führerstädten'

(Berlin, Nürnberg, München, Hamburg, Linz) bzw. den ‚Gauhauptstädten'
(z. B. Weimar, Augsburg, Hannover).

Abbildung 3:   Die Stadt des KdF-Wagens Gesamtbebauungsplan von 1938
M 1:25000

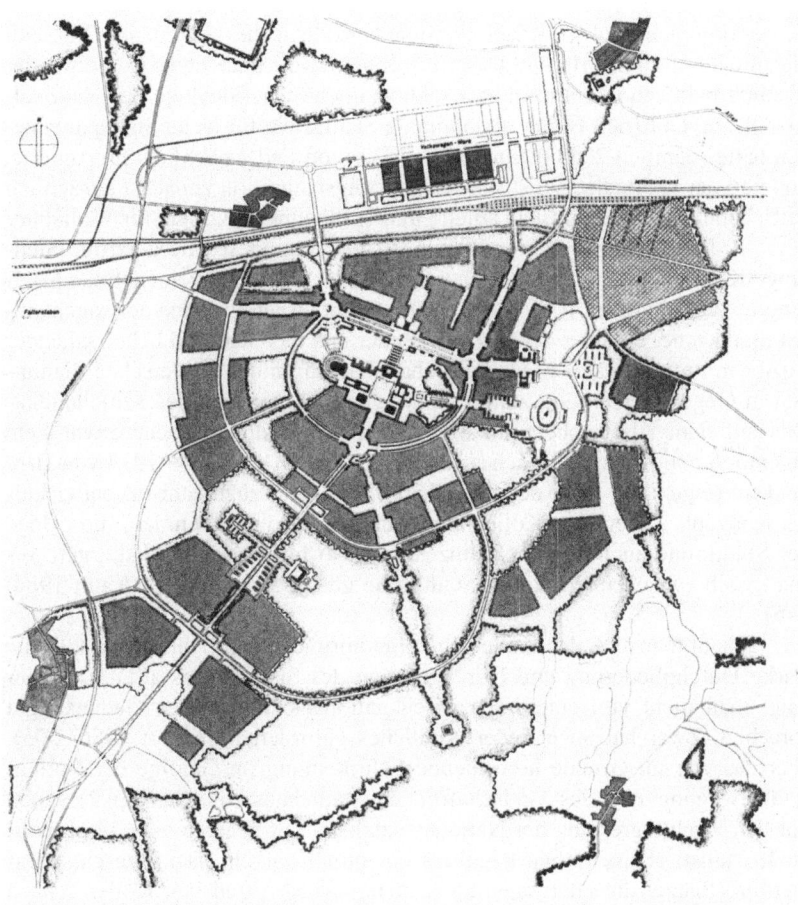

DIE STADT DES KDF.-WAGENS   UNTER DER LEITUNG DES GENERALBAUINSPEKTORS FÜR DIE REICHSHAUPTSTADT
ENTWORFEN VON ARCHITEKT PETER KOLLER   GESAMTBEBAUUNGSPLAN M.1:25000

Quelle: Institut für Zeitgeschichte und Stadtpräsentation, Stadt Wolfsburg

Bezeichnend ist, dass in einer Veröffentlichung über „Hitlers Städte" (Dülffer u. a. 1978) die Stadt des KdF-Wagens nicht einmal in einer Fußnote Erwähnung findet. „Vor allem aber die Weigerung, staatliche Mittel über den bisherigen gesetzlichen Rahmen hinaus für die neue Musterstadt zur Verfügung stellen zu lassen, während auf der anderen Seite beträchtliche Summen in andere Bauprojekte flossen, verweist auf den fehlenden Willen, die selbstgesteckten wohnungspolitischen Ziele auch zu verwirklichen und den eigenen Ansprüchen Genüge zu tun" (Recker 1981: 84f).

Auch unter anderen Gesichtspunkten lässt sich in der Stadtgründungskonzeption nicht viel spezifisch ‚Nationalsozialistisches' erkennen. Die Stadt lag mit ihren anvisierten 90.000 Einwohnern weit über dem, was etwa der (freilich bald schon entmachtete) städtebauliche Chefideologe der Nationalsozialisten, Gottfried Feder, als optimale Stadtgröße für Neue Städte angegeben hatte (nämlich 20.000 Einwohner). Der von Feder ebenfalls propagierte, und von der nationalsozialistischen Wohnungsbaupolitik zunächst tatsächlich betriebene Kleinsiedlungsbau spielte in den Planungen Kollers für Wolfsburg keine Rolle. Immerhin gab es Planungen für zumindest eine derartige Siedlung (Kleinsiedlung Teichbreite); sie fiel aber der allgemeinen Baueinstellung in Wolfsburg im II. Weltkrieg zum Opfer. Auch die Idee der sogenannten Stadtkrone, ein über der Stadt liegender und das Stadtbild beherrschender Bezirk mit repräsentativen Gemeinschaftsbauten, in den Kollerschen Planungen in Gegenüberstellung zum Volkswagenwerk nördlich des Mittellandkanals auf dem Klieversberg im Südwesten der Stadt vorgesehen, war kein eigentlich nationalsozialistisches Ideengut, sondern ein schon 1919 von Bruno Taut (eigentlich mehr dem sozialistischen Lager zuzurechnen) entwickeltes Konzept. Zudem hat Koller keinerlei Schritte unternommen, diese Idee der Stadtkrone auch praktisch umzusetzen; so blieb „den Wolfsburgern erspart, sich zwischen Werk und Stadtkrone gefangen zu sehen" (Kautt 1984: 146).

Schaut man sich den Kollerschen Stadtgrundriss an (Abb. 3), so fällt die starke Durchgliederung und Durchgrünung des Stadtkörpers auf. Auch hier kann man nicht von einem spezifisch nationalsozialistischen Gedankengut sprechen. Zwar hat auch Feder Ähnliches gefordert (Schubert 1986: 205), aber das war im Grunde herrschende Lehrmeinung im Gefolge der Gartenstadtbewegung und des landschaftlichen Städtebaus (hierzu Kap. 2) schon vor der Machtergreifung der Nationalsozialisten. So bleiben als typisch nationalsozialistisch im Entwurf Kollers eigentlich nur ein paar Achsen, Symmetrien, Plätze, die allerdings nie realisiert wurden und von Koller – nach eigenem Bekunden – auch nur unter aquisitorischen Gesichtspunkten hineingezeichnet worden waren, um dem vermeintlichen Geschmack von Speer und Hitler entgegenzukommen.

‚Eine Stadt ohne Kirchen' sollte – angeblich auf Anordnung Hitlers – Wolfsburg sein (Kautt 1983: 75). Zwar wurde bis 1945 tatsächlich keine Kirche gebaut, aber ab 1940 war eine kirchliche Betreuung gewährleistet. Der Saal der alten Heßlinger Gastwirtschaft ‚Brandenburger Adler' wurde für die kirchlichen Zwecke genutzt (Köhler o. J.: 59). Dass es doch so schnell zu einer Art kirchlichen (zumal katholischen) Betreuung kam, hing auch damit zusammen, dass zum Bau von Werk und Stadt italienische Fremdarbeiter in die Stadt des KdF-Wagens geholt wurden und die italienische Seite eine kirchliche Betreuung verlangte.

Die Stadt des KdF-Wagens verkörpert also weniger ‚nationalsozialistischen Städtebau', sondern einen gemäßigt modernen Städtebau: aufgelockert, gegliedert, durchgrünt, landschaftlich, d. h. sich in die landschaftlichen Gegebenheiten des Standortes (Topographie, Waldbestände etc.) harmonisch einfügend (Kap. 2). Modern auch deshalb, weil die Straßen bereits auf die erwartete Massenautomobilisierung ausgelegt wurden. Koller ging schon 1938 von einer Vollmotorisierung der VW-Arbeiter aus, so dass noch Anfang der 1970er Jahre Wolfsburg eine der wenigen Städte war, die – obwohl Spitzenreiterin in Bezug auf den Kfz-Besitz pro Kopf der Bevölkerung – keine nennenswerten Verkehrsprobleme aufwies; ja, so ein damaliges Gutachten (zit. in Kautt 1983: 363f), ein Hauptverkehrsstraßensystem besaß, das ausgereicht hätte, um den Verkehr einer Stadt bis zu rund 250.000 Einwohnern bzw. rund 130.000 Beschäftigten aufnehmen zu können. Die Wolfsburger Stadtgründung war auch insofern modern, als die Wohnungen mit Fernwärme aus dem VW-Werk versorgt (also keine Einzelfeuerung) und die Abwässer der Stadt auf Rieselfeldern verregnet werden sollten zur Ertragssteigerung in der Landwirtschaft.

Der Städtebau war nur gemäßigt modern deshalb, weil sich die geplante Architektur nicht der Formensprache des ‚Neuen Bauens', also der ‚eigentlichen Moderne' bediente, sondern sich an traditionellen Leitbildern orientierte wie etwa dem des Heimatschutzstils, abzulesen an der ersten und einzigen in der Zeit der Nationalsozialismus vollständig fertig gestellten Wohnsiedlung, der Eigenheimsiedlung am Steimker Berg. Diese Siedlung zählt noch heute zu den prestigeträchtigsten Wohngebieten der Stadt. Es handelt sich neben einigen Mehrfamilienhäusern überwiegend um eine Siedlung aus Reihen-, Doppel- und Einfamilienhäusern. Die Siedlung wurde mit ihren fast 500 Wohnungen ins bewegte und bewaldete Gelände eingepasst. Satteldächer, Gauben, Torbögen, Sprossenfenster, Schlagläden, akzentuierte Tür- und Fenstereinfassungen und schmale Balkone geben der Siedlung eine traditionelle Atmosphäre. Die Siedlung hat in der Wolfsburger Bevölkerung, wie entsprechende Untersuchungen stets ergeben haben (z. B. Schwonke/Herlyn 1967: 170), einen hohen Prestigewert – zum einen, weil das städtebauliche Ambiente auch heute noch gefällt, zum anderen, weil von Anfang an in dieser Siedlung die Führungskräfte des VW-Werks untergebracht wurden, es sich also von Beginn an um ein sog. besseres Viertel gehandelt hat. Daran hat sich bis heute nichts geändert. 1980 wurde die Siedlung unter Denkmalschutz gestellt.

Wurde diese Siedlung ganz im Stil der Heimatschutzbewegung errichtet, so gingen die Planungen und ersten Bauabschnitte im Bereich der Stadtmitte mehr in eine andere Richtung. Geplant waren hier zunächst einmal 6.700 Wohneinheiten für rund 25.000 Einwohner. Nur zwei Bauabschnitte konnten vor der kriegsbedingten Einstellung der Bauarbeiten in Wolfsburg Anfang der 40er Jahre fertig gestellt werden: Die Siedlungen Wellekamp in der Stadtmitte und Schillerteich (Abb. 5 in Kap. 2).

Im Bereich Wellekamp dominiert der Geschosswohnungsbau, „blockhaft an strengen Achsen orientiert und mit einem auf klassizistischen Formen basierenden, kühleren Dekor gestaltet" (Schneider 1998: 148). Diese im Stil der ‚Hofarchitektur' bzw. im ‚Kasernenstil' errichteten Gebäude wirken heute keineswegs abschreckend. Dies liegt zum einen an den begrünten Innenhöfen, zum anderen an der Geschlossenheit des Eindrucks, der akzeptablen Geschosshöhe und nicht zuletzt wohl auch an der Renaissance der Blockrandbebauung in den 1970er und 80er Jahren. Das Teilgebiet Schillerteich nähert sich dagegen wieder mehr dem Heimatschutzstil an und weist einige Ähnlichkeiten mit der Steimker Berg-Siedlung auf.

Das städtebauliche Erbe aus der Zeit des Nationalsozialismus hält sich also in Wolfsburg in Grenzen. Zum einen wurde vergleichsweise wenig in der Zeit bis zum Ausbruch des Krieges bzw. Zusammenbruch des ‚3. Reiches' gebaut. Sicherlich sind in jener Zeit in den meisten anderen deutschen Großstädten mehr Wohnungen, mehr Straßen gebaut worden als gerade in Wolfsburg, wo nicht mehr als 3.000 von heute gut 63.000 Wohnungen aus jener Zeit stammen. Von einem nationalsozialistischen Städtebau ist zum anderen auch insofern nicht viel zu bemerken, weil mit dem Architekten Koller jemand für die Stadtgründung verantwortlich war, der mehr von der Gartenstadtbewegung und dem Heimatschutzstil herkam und kein Vertreter dessen war, was man mit Blick auf die Speer'schen Planungen als ‚typisch nationalsozialistisch' bezeichnen würde.

Erstausstattung und Auskreisung

In typisch nationalsozialistischer Manier wurden dagegen die organisatorischen Probleme der Stadtgründung gelöst bzw. in der Schwebe gelassen. Wie schon angedeutet, wurde die Deutsche Arbeitsfront (DAF) beauftragt, das Werk zur Produktion des Volkswagens in Massenfertigung zu errichten. Im Mai 1937 wurde die ‚Gesellschaft zur Vorbereitung des deutschen Volkswagens', kurz: GEZUVOR, gegründet. Sie ging sofort daran, den gesamten Grund und Boden, der für Werk und Stadt notwendig sein würde, in ihren

Besitz zu bringen. Dies gelang in kürzester Zeit. Dann galt es, zur Durchführung der geplanten Baumaßnahmen einen geeigneten Träger zu finden. Als entsprechende Verhandlungen mit verschiedenen gemeinnützigen Wohnungsbaugesellschaften ohne Ergebnis blieben, entschloss man sich bei der GEZUVOR zur Gründung einer eigenen Wohnungsbaugesellschaft, der ‚Neuland'. Schließlich galt es, eine Art von Gemeindeverwaltung aufzubauen. Auf Betreiben der GEZUVOR wurde am 1. Juli 1938 aus den zwei bestehenden Gemeinden Heßlingen und Rothenfelde-Wolfsburg und unbewohnten Teilen der Gemarkungen Sandkamp, Fallersleben und Mörse eine Gemeinde gebildet. Dieses neue kommunale Gebilde wurde zunächst von einem Assessor verwaltet. Im November 1938 wurde dann ein kommissarischer Bürgermeister eingesetzt. „Dies änderte jedoch nichts an der erdrückenden Abhängigkeit der Stadt von der Werksleitung. Da weder Geld noch Einwohner zur Errichtung einer eigenständigen Gemeindeverwaltung vorhanden waren, deckte die GEZUVOR die laufenden Ausgaben, zahlte sogar zeitweilig das Gehalt des Bürgermeisters und behandelte ihn insgesamt ‚als eine Art Abteilungsleiter des Werks'" (Recker 1981: 22). Der Stadtaufbau lag denn auch nicht in seinen Händen, sondern diesbezüglich hatte die GEZUVOR schon im April 1938 ein Stadtbaubüro in Berlin eingerichtet, das im Juli 1938 nach Wolfsburg verlagert wurde. Das Stadtbaubüro, geleitet von Koller, das die Funktion eines späteren Stadtplanungsamtes vorwegnahm, war die eigentlich entscheidende Instanz für alle Planungs- und Aufbauarbeiten. „Durch die enge organisatorische Verbindung zur Werksleitung und die persönliche und fachliche Beziehung Kollers zu Speer war es doppelt gegen etwaige Mitspracherechte von anderer Seite abgesichert und konnte seine Konzeption im Großen und Ganzen ungehindert durchsetzen" (Recker 1981: 22f). Durch die Aufnahme der Stadt des KdF-Wagens in den Kreis der ‚Neugestaltungsstädte' wurde diese Tatsache noch verstärkt. Wolfsburg wurde also weitgehend außerhalb des staatlichen Behörden- und Instanzenweges gegründet, wie es vermutlich nur in totalitären Staaten möglich ist und für die nationalsozialistische Politik insbesondere typisch war.

Bis zum Kriegsende ungeklärt blieb die Frage, wie die Kosten für die Aufgaben aufgebracht werden sollten, die an sich der Gemeinde zufallen würden, aber in diesem Fall von der Gemeinde – ohne Einkünfte und ohne Einwohner – nicht getragen werden konnten. Man vertagte die Klärung dieser Frage auf die Zeit nach dem Krieg in der Hoffnung und Erwartung, dass nach dem (erhofften) ‚Endsieg' mehr Geld da sein würde. Bis dahin behalf man sich mit provisorischen Lösungen. Ungeklärt (bzw. für die Stadt unbefriedigend geklärt) war auch die Frage des Landbesitzes: als Eigentümer sämtlicher Ländereien in Wolfsburg war die Volkswagen-GmbH in das Grundbuch eingetragen worden.

Schon bald nach Kriegsende mit seinen desaströsen Ergebnissen begann die Stadtverwaltung, die beiden offen gebliebenen Fragen der Stadtgründung (Grundbesitz und Finanzierung) zu klären. Rund fünf Jahre, zwischen 1947 und 1952, stritten die Stadt und das VW-Werk in dieser Frage, bis eine Lösung auf freiwilliger Basis im November 1952 erzielt wurde: „Das Volkswagenwerk erklärte sich bereit, 9,5 Millionen DM in Jahresraten von 1,5 Millionen DM an die Stadt Wolfsburg zu zahlen. Dadurch erhielt die Stadt die Möglichkeit, ihre dringendsten Aufgaben zu lösen" (Hilterscheid 1970: 111f).

Ungeklärt aber blieb zunächst noch weiterhin die Frage des Grundbesitzes, die erst im Februar 1955 auf dem Verhandlungswege entschieden wurde. „Die Stadt erhielt die für den Gemeinbedarf (Straßen, Plätze, öffentliche Anlagen usw.) benötigten Grundstücke in einer Gesamtgröße von 345 ha sowie alle im Stadtgebiet vorhandenen Versorgungs- und Kanalisationsanlagen. Überdies erhielt sie zur Befriedigung des weiteren Erstausstattungsanspruchs Grundstücke in einer Größe von 1188,7 ha. Das restliche Grundvermögen, insbesondere die Restgüter und der Wald in einer Größe von 1136 ha (...) wurde dem Land Niedersachsen übertragen" (ebd.: 112). Damit wurde der Grundbesitz des Volkswagenwerkes auf das unmittelbare (wenn auch weiträumige) Werksgelände nördlich des Kanals konzentriert, der dadurch zu einer Art Grenzlinie wurde: ‚diesseits und jenseits des Kanals' hieß es in der Folge in Wolfsburg, wenn von Stadt und Werk die Rede war (Schwonke/Herlyn 1967: 41). Die Stadt bekam fast alle Flächen, die für Baugebiete vorgesehen oder geeignet waren. Gerade dieser riesige kommunale Grundbesitz seit 1955 hat die Stadtentwicklung Wolfsburgs erheblich erleichtert. Wolfsburg ist damit ein Beispiel geworden für einen Städtebau, bei dem der private Besitz an Grund und Boden keine Rolle spielt. Die Stadtplanung hat hier sozusagen die volle Verfügung über das Bauland.

Die Stadt war 1938 als kreisangehörige Stadt im Landkreis Gifhorn gegründet worden: Nach dem Zusammenbruch regte sich schnell der Wunsch nach Auskreisung. Konkreter Anknüpfungspunkt für entsprechende Bemühungen war die Tatsache, dass Wolfsburg Ende 1949 den für die Kreisfreiheit magischen Schwellenwert von 25.000 Einwohnern erreicht hatte. 1951 wurde im Niedersächsischen Landtag ein Auskreisungsantrag eingebracht, der vor allem auf die Sonderstellung Wolfsburgs als ‚Neuer Stadt', als Industriestadt in einem rein bäuerlich-ländlichen Landkreis hinwies, auf die periphere Lage der Stadt im Landkreis, auf die ungeheuren Aufgaben, die auf die Stadt zukommen würden und die sie nur als kreisfreie Stadt würde lösen können. Ein aus Wolfsburger Sicht nicht weniger wichtiges Argument war der finanzielle Aspekt: „Die Kosten, die Wolfsburg aufwenden muss, wenn es kreisfreie Stadt werden sollte, sind gering gegenüber denen, die es jetzt an den Kreis als

Umlage zu zahlen hat" (Wolfsburger Allgemeine Zeitung v. 1.10.51). Tatsächlich wurde im Niedersächsischen Landtag die Auskreisung Wolfsburgs zum 1.10.1951 beschlossen.

Mit der Klärung der Erstausstattungs- und Auskreisungsfrage waren nun auch die kommunalrechtlichen Fragen der Stadtgründung endlich geklärt, gerade rechtzeitig, um das dann über Wolfsburg hereinbrechende ‚Wirtschaftswunder' stadtentwicklungspolitisch einigermaßen erfolgreich bearbeiten zu können (Kap. 3).

Die Anfänge des sozialen Lebens

Schaut man sich die Bilder aus jenen Stadtgründungs- und Nachkriegsjahren an, so beschleicht einen aus heutiger Sicht blankes Entsetzen.

Abbildung 4: Barackenlager in Wolfsburg nach 1945

Quelle: Institut für Zeitgeschichte und Stadtpräsentation, Stadt Wolfsburg

Wolfsburg zeigt sich als eine Barackensiedlung, dazwischen einige Wohngebäude und Wohnsiedlungsteile der Vorkriegszeit und ansonsten Brachflächen, ungepflasterte Straßen und Wege, die buchstäblich ins Nichts führten. Während das VW-Werk stark kriegsbeschädigt war, blieb ‚die Stadt' (sofern man überhaupt Wolfsburg zwischen 1942 und 1950 als solche bezeichnen kann) von Kriegseinwirkungen weitgehend verschont. Und dennoch: „Die einzelnen Wohnviertel bzw. Barackenlager lagen viele hundert Meter entfernt auseinander, dazwischen halbfertige Straßen, offene Gräben mit nur teilweise verlegten Leitungen. Die Fernheizung war mangels Kohle außer Betrieb. Vor den Geschosswohnungen waren aus Luftschutzgründen Erdhügel von den Bewohnern aufgeschüttet worden. Überall von Baustellenbetrieb aufgerissenes Erdreich, das brach lag und vom Wind zu Dünen verweht wurde, bis diese Flächen allmählich als Kartoffeläcker und Kleingärten von der hungernden Bevölkerung usurpiert wurden. (...) Der Schachtweg im Barackenlager musste das fehlende Stadtzentrum ersetzen, Schulen und Krankenhaus waren nur provisorisch in Baracken untergebracht. Holzbaracken gab es in den Lagern an der Fallerslebener Straße, in Rothenfelde und in Hesslingen, Steinbaracken mit gestampften Lehmböden am Laagberg" (Kautt 1983: 139, Abb. 4).

Die Menschen, die in den ersten zehn Jahren nach Wolfsburg kamen, waren teilweise entsetzt: „Der erste Gedanke fast aller war: ‚Hier bleibst du nie!' Denn nach Abfahrt des Zuges stand man ungeschützt auf weiter Flur. Es war sehr windig. Die Straßen waren nicht befestigt, meistens gab es nur sandige Feldwege, die sich im Regen in Schlamm auflösten" (Künne 1999: 27).

Die Bewältigung des Alltags während der Kriegs- und ersten Nachkriegsjahre war schwierig. „Da es nur wenige Geschäfte mit einem recht begrenzten Warenangebot gab, wurde (...) auch in Fallersleben, Vorsfelde und Braunschweig eingekauft. Ein Bus fuhr einmal täglich nach Braunschweig und zurück" (ebd.: 28). Je nachdem, ob man seine Wohnung in den fertigen Wohnsiedlungen fand oder in einem Barackenlager, frohlockte oder haderte man mit seinem Wohnschicksal. War man – als Führungs- oder Fachkraft im VW-Werk – in der Siedlung am Steimker Berg untergekommen, hatte man Glück: die Wohnungen waren, wenn auch (aus heutiger Sicht) klein, so doch recht komfortabel und ferngeheizt. Die anderen, die später kamen, zumal die Flüchtlinge nach dem Krieg, mussten sich mit ein bis zwei Jahren Wartezeit und Barackenleben im Reislinger Lager oder mit einem Untermieterdasein in Mansardenzimmern zufrieden geben, wo sie zusammengepfercht auf eine Änderung der Wohnverhältnisse warteten.

Ausländische Arbeitskräfte, Zwangsarbeiter, gehörten in den Anfangsjahren der Stadt zur Normalität. Das Verhältnis war 1945 ungefähr 9.000 Ausländerinnen und Ausländer zu 7.000 Deutschen. Die Zwangsarbeiter waren in gesonderten Lagern untergebracht. Außerberufliche Kontakte waren unter Strafe gestellt. Künne schreibt hierzu auf der Basis von Gesprächen mit Wolfsburgerinnen, die diese Zeit miterlebt haben: „So standen sie (die befragten Frauen; d. V.) bei friedlichen Spaziergängen am Sonntag plötzlich vor hohen Zäunen mit Stacheldraht und Wachtürmen, hinter denen zerlumpte, abgemagerte Gestalten zu sehen waren. Im Allgemeinen wurden diese Orte auch gemieden. Es umgab sie der Hauch des Geheimnisvollen" (Künne 1999: 37). Im April 1945 wurden die Zwangsarbeiter befreit. Viele zogen in Gruppen – teils bewaffnet – durch die Stadt und das Werksgelände. Eine Zeit lang herrschte Angst in Wolfsburg, bis die amerikanischen Besatzungstruppen die Lage unter Kontrolle bekamen. Bald begann dann auch die Rückführung der Zwangsarbeiter, die überlebt hatten. Schon vor Kriegsende setzte ein starker Flüchtlingsstrom aus den Ostgebieten ein, der die Bevölkerungszusammensetzung in der Nachkriegszeit nachhaltig prägen sollte (Kap. 10).

Politisch waren die ersten Jahre nach dem Krieg unruhig in der Stadt, die auf Grund eines Beschlusses der neu eingesetzten Stadtverordnetenversammlung vom 25.5.1945 nun offiziell den Namen Wolfsburg erhielt. Durch die Entnazifizierung verlor die Stadt eine beträchtliche Anzahl von politisch-administrativen Repräsentanten. „In der Stadt führten nun Männer, die der Bevölkerung weitgehend unbekannt waren. (...) Es erwies sich als folgenreich, dass die junge Stadt keinen altbewährten Stamm von Männern mit kommunalpolitischen Erfahrungen hatte. In den meisten übrigen deutschen Gemeinden und Städten vollzog sich die Übernahme der politischen Verantwortung durch demokratische Kräfte relativ reibungslos, weil man dort auf Persönlichkeiten mit kommunalpolitischen Erfahrungen aus der Weimarer Republik zurückgreifen konnte. Dieses Reservoir war in Wolfsburg nicht vorhanden" (Hilterscheid 1970: 94). Die ersten Gemeindewahlen (1946) gingen noch klar zu Gunsten der SPD aus (59%), zweitstärkste Partei wurde die CDU (25%), drittstärkste die KPD (15%). Aber zwei Jahre später veränderte sich die politische Lage erdrutschartig: Die SPD kam nur noch auf knapp 21%, die CDU auf nur 10%; stärkste Partei wurde mit 64% die Deutsche Reichspartei (DRP). Die Wahl wurde zwar ein paar Monate später für ungültig erklärt, die DRP bundesweit verboten, aber auch die Wiederholungswahl 1949 ergab neue Verwirrung: nun errang die Deutsche Partei auf Anhieb 48%. Erst ganz allmählich beruhigten sich die politischen Verhältnisse. Zwischen 1946 und 1954 mussten die Wolfsburger allein sieben Mal den Gemeinderat wählen. „Eine gewisse politische Unruhe blieb durch den ständigen starken Zustrom von Menschen, von denen ein großer Anteil Vertriebene aus den Gebieten jenseits der Oder-Neiße-Linie und Flüchtlinge aus der DDR waren. Die noch nicht beendete Neuorientierung dieser Menschen lässt sich in den folgenden Jahren an häufigen Neugründungen von Parteien und vielfältigem Wechseln von einer Fraktion zur anderen im Rat der Stadt ablesen" (ebd.: 123). Bis in die 50er Jahre hinein hatten rechte Parteien, die sich insbesondere der Interessen der Vertriebenen annahmen (DRP, BHE, DP, GDP etc.), in Wolfsburg erheblichen Zulauf.

„Die Situation Wolfsburgs im Mai 1945 war also atypisch und nicht einmal für eine Stadtgründung ‚normal'. Es waren kaum die Anfänge eines Gemeindelebens zu bemerken. Die ‚Stadt' bestand aus einem riesigen Werk, das gegen Kriegsende zu 60% zerstört worden war, aus dem Torso einer Wohnstadt mit vorwiegend deutscher Bevölkerung und den weitflächigen Barackenvierteln mit Fremdarbeitern und Kriegsgefangenen, welche der Siedlung teilweise den Charakter eines Lagers gaben" (Schwonke/Herlyn 1967: 28). Die Stadt Wolfsburg hatte also eine recht schwierige Stadtgründungsphase. Kaum offiziell gegründet, verhinderten Krieg und Nachkriegszeit eine stetige Entwicklung. Über mehr als zehn Jahre hinweg blieb eine Entwicklung aus, die Stadt des KdF-Wagens blieb ein Gründungstorso, ein Provisorium, eine Baustelle, auf der nicht gebaut wurde, ja, kurz nach dem Krieg hätte man sich sogar vorstellen können (real stand das nie zur Debatte), dass man das ehrgeizige Ziel einer Stadtneugründung in Deutschland, hätte ganz aufgeben können. Völlig ausgeschlossen schien aber – unmittelbar nach dem Krieg – dass man die alten Kollerschen Planungen für eine auf 90.000 Einwohner ausgelegte Stadt würde fortführen können. „Der Rat trägt dem Rechnung und beauftragt den Hamburger Architekten Dr. Reichow, einen neuen Flächennutzungsplan auszuarbeiten. Er soll einen geordneten Bau einer Stadt von etwa 35.000 Einwohnern ermöglichen. Man glaubt also nicht mehr an die Entwicklung einer Großstadt" (Köhler o. J.: 78). Aber Ende der 40er, Anfang der 50er Jahre zeichnete sich ab, dass, zehn Jahre nach der offiziellen Stadtgründung, die Entwicklung der Stadt nun eigentlich erst beginnen würde.

2. Stadt im Grünen

Die alles überragende Eigenschaft der Siedlungsstruktur Wolfsburgs ist die Durchgrünung der Stadt. Dieses Merkmal wurde schon vor mehr als fünfzig Jahren von fast einem Drittel der damaligen Bevölkerung als Vorteil genannt (Schwonke/Herlyn 1967: 160), und ebenso viele schätzten 2009 in einer Imageanalyse die Grünversorgung als besondere Stärke der Stadt ein (CIMA 2009: 26). Und auf die offene Frage danach, mit welchen Begriffen die Wolfsburger Befragten das Bild beschreiben würden, das sie von der Stadt haben, liegt „grün" mit 23% an zweiter Stelle knapp hinter „modern/innovativ" (ebd.: 14). Alle anderen Nennungen fallen weit dahinter zurück.

Schaut man sich die amtliche Statistik an, so besteht die Stadt Wolfsburg in der Tat überwiegend aus ‚Landschaft', zu 43% aus Landwirtschaftsflächen, zu 23% aus Waldflächen, zu 3% aus Wasserflächen und zu 4% aus Grünflächen mit Erholungsfunktion (Stat. Jahrbuch 2007/08: 7). Selbst in den 17% Gebäude- und Freiflächen sind noch in Gestalt von Vorgärten, Blockinnenhöfen, Spielplätzen usf. Grünflächen enthalten! Keine Großstadt Deutschlands dürfte so ‚grün' sein wie gerade Wolfsburg. Es sind im Wesentlichen zwei Gründe, die zu dieser Situation geführt haben: die städtebauliche Gründungskonzeption (Kap. 1) und die Gebietsreform im Jahre 1972 (Kap. 9), die die ursprüngliche dezentrale Siedlungsstruktur der Stadt nun noch einmal auf eine größere Ebene hob.

Das Grundmuster: landschaftlicher Städtebau

„Die Stadt wird in der Landschaft sein und die Landschaft in der Stadt", so nennen Gerhard Fehl und Juan Rodriguez-Lores (1997) nicht nur ihr Buch über das städtebauliche Leitbild der sogenannten Bandstadt, sondern so umschreiben sie auch ganz generell ein Grundverständnis des Städtebaus in der ersten Hälfte des letzten Jahrhunderts. Diese Zeit war geprägt durch städtebauliche Leitbilder, in denen der Landschaft bzw. dem Versuch, Stadt und Landschaft miteinander zu versöhnen, eine relativ große Bedeutung beigemessen wurde. Das Leitbild des hier so bezeichneten ‚landschaftlichen Städtebaus' geht zurück auf die Gartenstadtbewegung, wie sie von Ebenezer Howard Ende des 19. Jahrhunderts entwickelt wurde. Grundlage dieser Überlegungen war die Vorstellung, es müsse möglich sein, die Vorteile von Stadt und Land in einer neuartigen Siedlungsform zu verbinden. Howard folgerte 1898: „So wie Mann und Weib einander durch ihre verschiedenartigen Gaben und Fähigkeiten ergänzen, so sollen es Land und Stadt tun. (...) Stadt und Land müssen sich vermählen" (zit. nach Posener Hg. 1968).

Einige Jahrzehnte später, genauer: um 1930, proklamierte Le Corbusier im Kontext des städtebaulichen Funktionalismus seine Utopie der ville radieuse, der „strahlenden Stadt": „Die Stadt ist ein einziger Park" (Le Corbusier 1964/1933: X). Und er stellte sich Hochhäuser vor, 20- bis 40-geschossig, die sich wie monumentale Plastiken in der Landschaft verteilen und aus denen sich herrliche und weite Blicke in die Landschaft ergeben sollten.

Gartenstadtbewegung und die Bewegung des städtebaulichen Funktionalismus liefen (in Deutschland) zusammen im Konzept der „gegliederten und aufgelockerten Stadt" (Göderitz u. a. 1957), das zwar erst Mitte der 1950er Jahre gleichsam offiziell wurde, aber schon in den 30er und 40er Jahren inoffizielles Leitbild war: Der städtische Siedlungszusammenhang sollte gegliedert und aufgelockert werden, die Bereiche Arbeit und Wohnen und die verschiedenen Wohnviertel durch umfängliche, landschaftlich gestaltete Grünzüge voneinander getrennt werden, die Städte sollten sich quasi in die vorhandene Landschaft hineinentwickeln. Die Stadt sollte in ‚lebendiger Beziehung zu Raum und Landschaft' stehen (Lammert 1987).

In diese Zeit des hier so bezeichneten landschaftlichen Städtebaus fiel 1938 die Stadtgründung Wolfsburgs. Und es liegt nahe, dass sich dies ausdrückt im Stadtgründungskonzept. Mit Peter Koller wurde ein Architekt beauftragt, der sich ganz ausdrücklich der Gartenstadtbewegung und dem landschaftlichen Städtebau verpflichtet sah (Kap. 1). Der von ihm entwickelte Stadtgrundriss war denn auch entsprechend ‚landschaftlich', ‚gegliedert' und ‚aufgelockert'. Die erste gebaute Wohnsiedlung am Steimker Berg war gleichsam in den Wald hineingebaut worden. Und selbst noch die Wohnbaugebiete in der Innenstadt wurden von Koller durchgrünt. In den Blockinnenhöfen wurden Grünflächen angelegt, Mietergärten und Kinderspielplätze.

Als nach dem II. Weltkrieg die bauliche Entwicklung Wolfsburgs wieder einsetzte, war es wieder ein Protagonist des landschaftlichen Städtebaus, der die Siedlungsentwicklung Wolfsburgs prägte. Hans Bernhard Reichow[4] legte 1947 einen neuen städtebaulichen Entwurf für die weitere Entwicklung

---

[4] Reichow war Vertreter der sogenannten ‚organischen Stadtbaukunst'. Auch Reichow erhebt darin die Stadtlandschaft zum städtebaulichen Gestaltungsprinzip, geht aber weiter. Sein anspruchsvoller Versuch: die Stadt nicht nur harmonisch in die umgebende Landschaft einzubetten, nicht nur sie aus der Landschaft heraus zu entwickeln, sondern die Stadt nach landschaftlichen, organischen Strukturprinzipien zu organisieren, z. B. die Straßenführung der Stadt wie das Ädersystem eines Blattes anzulegen (ausführlich Reichow 1948)

Wolfsburgs vor. Da zudem Koller zunächst als freischaffender Architekt im Raum Wolfsburg tätig blieb, ab 1955 sogar wieder Stadtbaurat von Wolfsburg wurde, blieb die Kontinuität des landschaftlichen Städtebaus in Wolfsburg gewahrt.

Bis Mitte der fünfziger Jahren entstanden – gemäß den Überlegungen Reichows hinsichtlich einer Siedlungsentwicklung in ost-westlicher Richtung – die Wohnsiedlungen Hohenstein und Wohltberg (mit heute etwa 3.000 EW) sowie Köhlerberg (1.500 EW) und Hageberg (800 EW) (Abb. 5). In ihnen überwiegen Reihenhäuser in lockerer Anordnung mit reichlich bemessenen Grünanlagen.

Ab Mitte der fünfziger Jahre kommt es zu einer Reihe von Wohnsiedlungen, die in die vorhandenen Waldbestände hineingebaut wurden und die in Wolfsburg auch als ‚Waldsiedlungen' bezeichnet werden: Hellwinkel (1956-1959) im Osten der Innenstadt und Eichelkamp (1956-1959), Laagberg (1956-1959) und Rabenberg (1958-1960), alle drei südwestlich der Innenstadt gelegen (Abb. 5). Sie alle zeichnen sich aus durch eine lockere Siedlungsweise, durch Zeilenbauten, die ganz auf die Sonne ausgerichtet sind. Es sind Siedlungen, in denen heute zwischen 1.800 und 5.700 Menschen wohnen (Bevölkerungsbericht 2011). Im Verhältnis zu späteren Wohnsiedlungen haben sie also noch eine überschaubare Größe, denn man ging davon aus, Siedlungen von unter 5.000 Einwohnern würden optimale Bedingungen für die Entwicklung der Nachbarschaftsbeziehungen bieten. Herausragendes Kennzeichen dieser Siedlungen ist aber, wie gesagt, ihre Einbettung in Waldgebiete; zwischen den Wohngebäuden ziehen sich Rasenflächen hindurch mit einzelnen großen Bäumen, so dass sich insgesamt ein sehr grüner Eindruck ergibt. Dies wusste auch die Bewohnerschaft dieser Stadtgebiete von Anfang an zu schätzen, in denen die Ruhe, die gute Luft und der leichte Zugang zu öffentlichen Grünflächen besonders positiv gesehen werden (Herlyn u. a. 1982: 166).

Anlässlich der Planungen der Rabenberg-Siedlung gab es aber erstmals nennenswerten Widerstand seitens des Naturschutzbeirates der Stadt, der nicht mehr mit ansehen wollte, wie nach und nach der Wald den Siedlungsmaßnahmen geopfert wurde. Nach zum Teil heftigen Auseinandersetzungen einigte man sich, dass nach Fertigstellung der Rabenberg-Siedlung der Waldbestand in Zukunft absolut unantastbar sein sollte.

So galt es, neue Baugebiete zu finden. Schon im Gründungskonzept Kollers waren zwei Siedlungsgebiete im Norden der Stadt, jenseits des Mittellandkanals, ausgewiesen worden. Die diesbezüglichen Planungen hatten sich aber früh zerschlagen. Angesichts der neuen Planungssituation griff man aber auf diese Planungen wieder zurück und errichtete bis 1963 die beiden

Abbildung 5: Stadt- und Ortsteile Wolfsburgs 2012

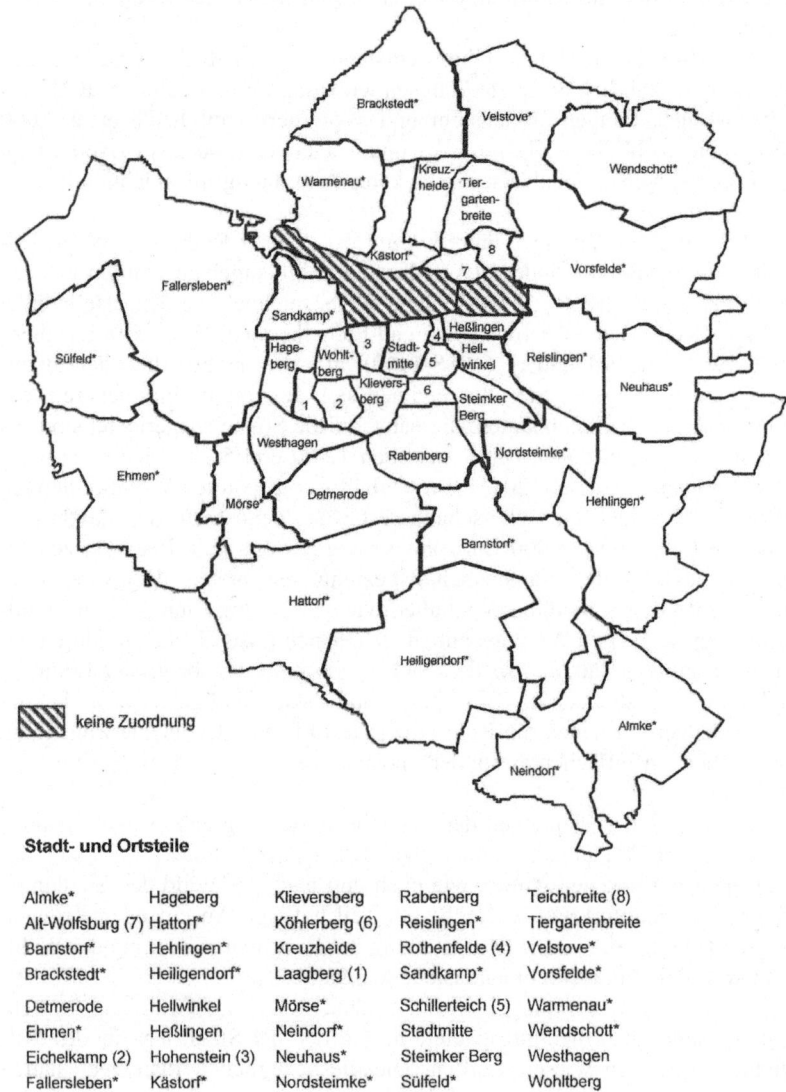

Stadt- und Ortsteile

Almke*	Hageberg	Klieversberg	Rabenberg	Teichbreite (8)
Alt-Wolfsburg (7)	Hattorf*	Köhlerberg (6)	Reislingen*	Tiergartenbreite
Barnstorf*	Hehlingen*	Kreuzheide	Rothenfelde (4)	Velstove*
Brackstedt*	Heiligendorf*	Laagberg (1)	Sandkamp*	Vorsfelde*
Detmerode	Hellwinkel	Mörse*	Schillerteich (5)	Warmenau*
Ehmen*	Heßlingen	Neindorf*	Stadtmitte	Wendschott*
Eichelkamp (2)	Hohenstein (3)	Neuhaus*	Steimker Berg	Westhagen
Fallersleben*	Kästorf*	Nordsteimke*	Sülfeld*	Wohltberg

Quelle: Stadt Wolfsburg, Statistik * Ortsteile

Gebiete Teichbreite und Tiergartenbreite (Abb. 5). „Beim Entwurf für die nördlichen Baugebiete wurde das Leitbild der aufgelockerten Stadt durch die Ausweisung großer öffentlicher Grünzonen besonders herausgearbeitet. Charakteristisch hierfür waren die Freiflächen um den Neuen Teich und um die mittig in den Baugebieten angeordneten Punkthochhäuser. Nach außen hin schlossen sich Zeilenbauten an, die am Rand der Siedlungen in Einfamilien- und Einfamilienreihenhäuser übergingen (...)" (Kautt 1983: 306). Heute leben in diesen beiden Siedlungen 3.300 bzw. 4.100 Einwohner.

Damit endet in Wolfsburg zunächst die Phase des landschaftlichen Städtebaus. In den 25 Jahren, in denen in Wolfsburg nach diesem Leitbild geplant wurde, entstanden Wohnsiedlungen, in denen heute knapp 70% der kernstädtischen Bevölkerung[5] leben. Der Bau der Siedlungen der fünfziger und frühen sechziger Jahre fiel in die Hauptwachstumsjahre der Stadt (Übersicht im Anhang): Die Bevölkerungszahl kletterte von rund 20.000 Einwohnern (1946) auf 80.000 (1964); die Zahl der Wohnungen stieg von gut 3.000 auf fast 23.000. In den folgenden Jahren zwischen 1964 und 1972, dem Jahr der Gebietsreform, entstanden nur noch 6.000 Wohneinheiten in der heutigen Kernstadt. Fast 80% der kernstädtischen Wohnungen entstanden also vor 1964 und damit in einem Zeitraum, als in Wolfsburg der landschaftliche Städtebau unumstritten herrschte.

Die Phase städtebaulicher Verdichtung

Mit dem Abschluss der Wiederaufbauphase in der Bundesrepublik, im Falle Wolfsburgs kann man freilich nur von einer Aufbauphase sprechen, Anfang der sechziger Jahre, verlor das Konzept der gegliederten und aufgelockerten, der in die Landschaft eingebetteten Stadt an Zugkraft. Kritik wurde dahingehend laut, dass diese landschaftliche Auflockerung der Stadt zu einem Verlust an Urbanität geführt hätte (z. B. Bahrdt 1961, Jacobs 1963, Mitscherlich 1965). Die im Grünen gelegenen Wohnviertel seien zu bloßen ‚Schlafstätten' degeneriert, das Leben sei dort langweilig, steril, monoton; es fehle an Vielfalt. Auch meldeten sich vermehrt jene, die die aufgelockerte Siedlungsweise als ‚Zersiedlung der Landschaft' brandmarken. Der Kampf gegen die Zersiedlung der Landschaft war neben der Hoffnung auf ein urbaneres Leben das Leitmotiv für die geforderten höheren Bebauungsdichten. Hinzu kam – das sollte bei diesem Wechsel der städtebaulichen Ideologie in Deutschland und Europa nicht vergessen werden – eine dramatische Zunahme der Geburten Anfang der sechziger Jahre, die ein starkes Anwachsen der städtischen Be-

---

[5] Wenn im Folgenden von ‚Kernstadt' oder ‚kernstädtischer Bevölkerung' die Rede ist, dann ist damit das Stadtgebiet Wolfsburgs vor der Gebietsreform von 1972 gemeint (Kap. 9)

völkerung erwarten ließ. Entsprechend waren die Jahre nach 1965 von der neuen städtebaulichen Maxime ‚Urbanität durch Dichte' geprägt, in der die landschaftliche Einbindung der Stadt keine Rolle mehr spielte, sondern der Begrenzung der räumlichen Ausdehnung der Stadt in die Landschaft hinein oberste Priorität eingeräumt wurde, angestrebt in erster Linie durch eine bauliche Verdichtung.

Während man den Vorwurf mangelnder Urbanität, der auch in der ersten Wolfsburg-Studie Anfang der sechziger Jahre anklang (Schwonke/Herlyn 1967: 161ff), sicherlich für Wolfsburg wird gelten lassen müssen (Kap. 8), lässt sich der Vorwurf der Zersiedlung der Landschaft nicht aufrechterhalten. Das im Begriff Zersiedlung anklingende Moment des Ungeordneten, des ‚Ausfransens und Ausuferns' (urban sprawl) trifft auf Wolfsburg gerade nicht zu. Der landschaftliche Städtebau vollzog sich hier – wie wahrscheinlich in keiner anderen Stadt Deutschlands – in einem Höchstmaß an planerischer Ordnung und Kontrolle. Dies hatte verschiedene Gründe:

- Im Prinzip von Anfang an, aber spätestens seit der Regelung der sogenannten Erstausstattung Anfang der fünfziger Jahre (Kap. 1), war die Stadt Wolfsburg im Besitz nahezu des gesamten Baulands der Stadt bzw. etwa der Hälfte der Stadtgebietsfläche; der Rest gehörte dem VW-Werk bzw. dem Land Niedersachsen. Dadurch war eine geordnete, langfristig orientierte Siedlungsplanung bodenrechtlich möglich.
- Nahezu der gesamte Wohnungsbau wurde von Wohnungsbaugesellschaften in kommunaler Trägerschaft betrieben bzw. von VW-eigenen Wohnungsbaugesellschaften. Es gab in Wolfsburg bis in die sechziger Jahre hinein so gut wie keinen Wohnungsbau, der von privater Hand bzw. von überlokalen Wohnungsbaugesellschaften betrieben wurde. Dadurch war ein Höchstmaß an planerischer Kontrolle über das Baugeschehen in der Stadt gegeben.
- Damit zusammenhängend erfolgte der Wohnungsbau in Wolfsburg in Form ‚vollständiger' Siedlungseinheiten, also in Größenordnungen von mindestens 400 Wohneinheiten, die sozusagen an einem Stück fertiggestellt wurden. Dadurch wirken die Siedlungen zwar etwas einheitlich (sprich monoton), aber doch geschlossen und kompakt. Es wurden dann auch in der Folgezeit in den Wohnsiedlungen kaum weitere Baumaßnahmen oder Erweiterungen vorgenommen, so dass die Siedlungen in ihrem Originalzustand (wenn auch ggf. saniert) verblieben sind. Die einzelnen Siedlungen sind also später nicht baulich ‚ausgefranst'.
- Man kann von einer Zersiedlung der Landschaft im Falle Wolfsburgs auch deshalb nicht sprechen, weil deren Hauptursache, der Eigenheimbau, in Wolfsburg zu jener Zeit (ungefähr bis 1965) fast keine Rolle spielte: 87% aller Wohnungen in Wolfsburg waren 1968 Mietwohnun-

gen, eine Quote, die für Städte knapp unter 100.000 Einwohner weit unterdurchschnittlich war.
- Schließlich muss die besondere Stellung Wolfsburgs als einer Stadtneugründung in einer ländlichen Gegend in einer ausgesucht schönen Landschaft erwähnt werden. Wolfsburg war bewusst auch mit Blick auf die konkrete landschaftliche Situation dort gegründet worden. Was lag also näher, als hier, auf der ‚grünen Wiese', die Idealvorstellung einer landschaftlich eingebundenen Stadt zu verwirklichen? Dass der Stadtgründungsarchitekt Koller, der diese Stadtvision vertrat, über 25 Jahre an der Stadtplanung in Wolfsburg beteiligt war (zuletzt wieder als Stadtbaurat), ist mit dafür verantwortlich, dass an dieser Idee festgehalten wurde.

In der zweiten Hälfte der 1960er Jahre ist der Wohnungsbau in Wolfsburg, nach der Berufung Kollers auf eine Städtebauprofessur an der TU Berlin, geprägt durch zwei große Wohnsiedlungsmaßnahmen: die Stadtteile Detmerode und Westhagen (Abb. 5)

Detmerode (1961-1970) kann noch verstanden werden als ein Übergang zwischen landschaftlichem Städtebau der fünfziger und frühen sechziger Jahre hin zum Städtebau der späten sechziger und siebziger Jahre, der im Zeichen der ‚Urbanität-durch-Dichte'-Ideologie stand. Dieser Wohnsiedlungsbau war charakterisiert (hierzu Tessin 1987: 75ff) durch eine zunehmende bauliche Verdichtung; auch wurden die Wohnsiedlungskomplexe zunehmend größer dimensioniert. Dieser Wandel gegenüber dem Wohnsiedlungsbau der fünfziger Jahre manifestierte sich auch in der Mischung der verwendeten Bauformen, in der stärkeren Differenzierung der Geschosshöhen, in der Einstreuung von kleinen Einfamilienhausgebieten, in der Anreicherung der Siedlung mit öffentlichen und privaten Dienstleistungen und im Versuch einer, wie man sagte, ‚gesunden Durchmischung' der Bevölkerungsstruktur. Insgesamt lässt sich der Wandel charakterisieren mit dem Slogan: von der Wohnsiedlung zum Stadtteil!

Die beiden Stadtteile Detmerode und Westhagen, die in Wolfsburg Mitte bis Ende der sechziger Jahre begonnen wurden, spiegeln exakt diesen Wandel wider. In Detmerode leben heute 7.600, in Westhagen etwa 9.000 Einwohner. Während Anfang der achtziger Jahre die Bewertung des Stadtteils Detmerode von den dort wohnenden Befragten sich etwa im Mittel aller Beurteilungen bewegte, wies der Stadtteil Westhagen die bei weitem negativste Selbsteinschätzung der Bewohner auf (Herlyn u. a. 1982: 166f). Dieses negative Urteil gründete sich nicht nur auf die städtebauliche Konzeption des Stadtteils (1966 bis Ende der 80er Jahre in vier Abschnitten gebaut), insbesondere die Massierung von Hochhäusern, sondern auch (und für einige vor allem) auf das problematische soziale Milieu. Der Anteil an Arbeitslosen, SGB II-Beziehern und Aussiedlern ist hier heute hoch, ebenso der Einwohnerrückgang (Sozialbericht 2010: 71f) – nicht untypisch für Wohnsiedlungen dieser Art. Während man in Bezug auf Detmerode noch von einer gewissen landschaftlichen Einbindung sprechen kann, so ist dies beim Stadtteil Westhagen nicht mehr der Fall, nicht zuletzt auch deshalb, weil Autobahn und Autobahnzubringer die Anwohnerschaft von der umgebenden Landschaft abtrennen.

Trotz dieser beiden Stadtteile bleibt der Eindruck von Wolfsburg als einer Stadt im Grünen erhalten. Dies liegt daran, dass auch diese beiden Stadtteile ‚auf der grünen Wiese' errichtet wurden und zumindest der Stadtteil Detmerode von Landschaft umgeben ist. Es kam dem Charakter Wolfsburgs als einer Stadt im Grünen sehr zugute, dass nach Fertigstellung dieser beiden Stadtteile das Bevölkerungswachstum drastisch nachließ und keine weiteren hochverdichteten Stadtteilsiedlungen mehr gebaut wurden und durch die Gebietsreform von 1972 der landschaftliche Siedlungscharakter der Stadt auf eine ganz neue Ebene gehoben wurde.

Siedlungsstrukturelle Folgen der Gebietsreform

Es gehört zu den ehernen Grundsätzen des landschaftlichen Städtebaus, schon bei Howard und seinem Gartenstadtmodell, dass eine Stadt nicht – wie meist üblich – einfach von innen nach außen wachsen und nahezu beliebig in die Landschaft hinein ‚ausufern' sollte, sondern dass die Stadt in sogenannte Siedlungszellen aufzulösen sei, die durch Grünzüge, ‚green belts', voneinander zu trennen seien (Tessin 1980). Hätte eine dieser Siedlungszellen eine bestimmte optimale Größe erreicht, so sollte man an anderer Stelle wieder neu beginnen, von der vorherigen Siedlungszelle getrennt durch einen green belt, und es war darauf zu achten, dass die verschiedenen Siedlungszellen niemals zusammenwachsen, sondern immer durch einen Landschaftszug voneinander getrennt bleiben: Jeder Bewohner sollte allseitig in fußläufiger Entfernung Zugang zur umgebenden Landschaft haben. Die Stadt würde auf diese Weise nicht mehr ein zusammenhängender und ausufernder ‚Siedlungsbrei' sein, sondern eine Gruppe von Siedlungszellen, fein säuberlich durch Grünzüge voneinander getrennt, nur verbunden durch Straßen- und/oder Bahnverbindungen.

Die Siedlungsentwicklung der Stadt Wolfsburg ist – wie ausgeführt – diesem Prinzip sehr weitgehend gefolgt: die meisten Siedlungen (und auch noch die Stadtteile Detmerode und Westhagen) sind umgeben von Grünzügen. Man hat immer, auf der grünen Wiese und in einem gewissen Abstand zur vorherigen Siedlung, eine neue Siedlung gebaut, und hat nicht einfach die Stadt bzw. die Siedlung sich an ihren Rändern ausfransen lassen.

Dieses für den landschaftlichen Städtebau typische Verständnis von Stadt als einer Ansammlung räumlich durch Grünzüge voneinander getrennter Siedlungen bzw. Siedlungszellen fand nun im Falle Wolfsburgs gleichsam ungeplant seine Vollendung durch die Gebietsreform von 1972 (hierzu ausführlich Kap. 9), in deren Verlauf zwanzig (!) Ortschaften im Umland nach Wolfsburg eingemeindet wurden. Das Gemeindegebiet Wolfsburgs versechsfachte sich dadurch mit einem Schlag von 35 auf 203 qkm, und es kamen zwei Kleinstädte (Fallersleben und Vorsfelde) sowie achtzehn Dörfer hinzu, allesamt durch landwirtschaftlich bewirtschaftete Flächen voneinander getrennt, so dass Wolfsburg heute dem Idealbild des landschaftlichen Städtebaus, der Stadt als einer Gruppe räumlich voneinander getrennter Siedlungszellen sehr nahekommt. Nicht zuletzt auch deshalb, weil sich Wolfsburg neben den Ortschaften knapp 150 qkm Landschaft einverleibte: Ackerflächen, Grünland, Moor, Heide, Wald, Gewässer. Kein Wunder also, dass man in den Außenbezirken Wolfsburgs manchmal vor lauter Landschaft die Stadt nicht mehr sieht.

Wolfsburg präsentiert sich also heute als eine in die Landschaft eingebettete Gruppe räumlich voneinander getrennter Siedlungszellen, die zum Teil sehr unterschiedlichen Charakter haben: Da gibt es die noch relativ verdichtete Stadtmitte Wolfsburgs mit nur gut 15.000 Einwohnern, dann die verschiedenen kleineren Wohnsiedlungen der Stadt, auch Waldsiedlungen genannt (wie Eichelkamp, Rabenberg), die sogenannte Nordstadt (die Siedlungen Teichbreite, Tiergartenbreite und Kreuzheide), die beiden Stadtteilsiedlungen Detmerode und Westhagen, die beiden eingemeindeten Kleinstädte Fallersleben und Vorsfelde und die achtzehn eingemeindeten Dörfer, die ihrerseits teils noch sehr ländlich-dörflich geprägt sind und sich teils zu Eigenheimsiedlungen entwickelt haben als Folge einer starken Wohnungsbautätigkeit besonders auch nach der Gebietsreform. Durch die Eingemeindung im Jahre 1972 erhöhte sich die Zahl der Wohnungen in Wolfsburg von knapp 30.000 auf fast 45.000 (Übersicht im Anhang). Heute verfügt Wolfsburg über gut 63.000 Wohnungen, wobei sich die Wohnungsbautätigkeit mehr und mehr in die eingemeindeten Teile verlagert hat. Dies ist – neben der sich verändernden Altersstruktur in der Kernstadt (Kap. 5) – mit dafür verantwortlich, dass bei stagnierender bis leicht rückläufiger Bevölkerung insgesamt sich die Einwohnerzahl im eingemeindeten Gebiet seit 1972 deutlich erhöht hat, während sie in der Kernstadt gesunken ist. Lebten 1972 noch 29% aller Wolfsburger in den eingemeindeten Ortsteilen und Kleinstädten, so sind es heute (2011) mehr als die Hälfte (51%). Durch diese Art der Siedlungsentwicklung und (Eigenheim-)Bautätigkeit im eingemeindeten Umland ist es aber immerhin gelungen, die Landschaft in der Kernstadt nicht weiter anzutasten, so dass selbst dort der landschaftliche Charakter Wolfsburgs weitgehend erhalten blieb. Zugleich war die Bautätigkeit im Eingemeindungsgebiet nicht so massiv (bzw. verteilte sich auf so viele Ortschaften), dass auch dort die Landschaft noch das prägende Element geblieben ist. Wolfsburg ist tatsächlich eine Stadt im Grünen, sozusagen eine Gartenstadt, verstanden als Gruppe voneinander getrennter Siedlungseinheiten, eingebettet in viel Landschaft. Diese dezentrale Siedlungsstruktur mit erheblichen räumlichen Distanzen zwischen den einzelnen Wohnvierteln hatte jedoch nicht unerhebliche Auswirkungen für eine gesamtstädtische Integration der Bewohnerschaft. In unserer zweiten Untersuchung wurde des Öfteren auf erschwerte stadtteilübergreifende soziale Beziehungen hingewiesen (Herlyn u. a. 1982: 243):

„Eigentlich kann man sich nicht heimisch fühlen. Es ist alles zu weit voneinander entfernt. Man braucht immer einen Bus." (Hausfrau, 27 Jahre, Detmerode)

„Hier hängt nichts zusammen wie in einer Kleinstadt; die Stadtteile sind zu weit voneinander entfernt, die Leute sind deshalb schlecht zu erreichen. So kann keine Atmosphäre entstehen. Man fühlt sich einfach allein, und man ist auch isoliert; alle Leute sind verstreut." (Arbeiter, 34 Jahre, Stadtmitte)

Und diese dezentrale Siedlungsstruktur ist auch mit verantwortlich für den Mangel an Urbanität der Stadt (hierzu ausführlich Kap. 8).

Stadtflucht in einer Stadt im Grünen?

Trotz der aktuellen Anzeichen für einen gewissen allgemeinen ‚Reurbanisierungstrend' kennt jede Großstadt das Problem: Leute kehren der Stadt den Rücken und ziehen hinaus ‚ins Grüne'. Es mag zunächst schwer verständlich sein, dass eine Stadt im Grünen wie Wolfsburg trotzdem mit dem Problem der Suburbanisierung konfrontiert ist. Aber die Statistischen Jahrbücher der Stadt zeigen, dass die Stadt gegenüber dem Umland im Umkreis von 30 km jenseits der 1972 geänderten Gemeindegrenzen über viele Jahre ein deutliches Wanderungsdefizit hat. Von 1984 bis 2007 sind in der Bilanz 14.000 Wolfsburger ins nähere Umland gezogen, wobei insbesondere die Wanderungsbilanz gegenüber dem Landkreis Gifhorn stark negativ ist (Wolfsburg in der Region 2011: 56). Die Gründe für diesen Suburbanisierungstrend sind vielfältig:

- Die Baulandausweisung in Wolfsburg erfolgte nach der Gebietsreform von 1972 zunächst sehr langsam (ein neuer Flächennutzungsplan musste erst erstellt werden); auch noch später hat die Stadt Wolfsburg lange den Trend zum Eigenheimerwerb nur am Rande zur Kenntnis genommen und nicht aktiv unterstützt, vielmehr nur zögerlich reagiert.

- Die Erschließung der Baugebiete ist in Wolfsburg gegenüber den Umlandgemeinden zu aufwändig (teuer); zusammen mit etwas geringeren Bodenpreisen im Umland gibt es also durchaus einen finanziellen Anreiz, dort zu bauen.
- In Wolfsburg wurden lange Zeit Eigenheimgrundstücke nur in Erbpacht vergeben. Dieses Instrument, das ja unter anderem eigentlich den Hausbau befördern soll (der ‚Häuslebauer' muss nicht gleich eine hohe Summe für das Grundstück bezahlen), wurde von Teilen der Bevölkerung aber als zweitrangiges Eigentum angesehen und teilweise abgelehnt.
- Aus manchen (nordwestlichen) Umlandgemeinden im Landkreis Gifhorn ist die Entfernung zum VW-Werk überdies kürzer als aus einem etwa südöstlich gelegenen Ortsteil Wolfsburgs. Das erklärt mit, warum Wolfsburg besonders gegenüber dem nordwestlich angrenzenden Landkreis Gifhorn ein weit größeres Wanderungsdefizit aufweist als gegenüber dem südöstlich angrenzenden Landkreis Helmstedt.
- In alt gewachsenen Großstädten gibt es in den Gründerzeitvierteln ein attraktives Angebot an Eigentumswohnungen, das gerade für die heutige Generation der 30- bis 40-Jährigen attraktiv ist und für sie eine Alternative zum etwas traditionellen Eigenheim im Grünen darstellt. Wolfsburg verfügt aufgrund seiner jungen Geschichte nicht über derartige Wohnlagen, was den Prozess der Suburbanisierung ebenfalls beschleunigt. Es gibt für besserverdienende junge Paare bzw. Familien quasi keine Alternative zum Eigenheim. Defizite des urbanen Flairs der Stadt Wolfsburg sind für diese Gruppe sicherlich ebenfalls ein gewisser Push-Faktor.
- Es kommt hinzu, dass es lange Zeit und in Teilen bis heute noch in manchen (Akademiker- und Bildungsbürger-) Kreisen nicht ‚chic' ist, in Wolfsburg zu wohnen (auch wenn man dort arbeitet). Für die Führungskräfte bei VW kommt der nachvollziehbare Grund hinzu, dass man gern einen Trennstrich ziehen möchte zwischen seiner Funktion und Arbeit im Werk und seinem Privatleben. In der Stadt Wolfsburg wohnend, würde es schwerer fallen, einen angemessenen Grad an Anonymität, sei es im privaten, sei es im öffentlichen Bereich, sicherzustellen (Kap. 10).

Die Diskussion um das Ausmaß und die Form dieser Stadtflucht nahm in Wolfsburg in den neunziger Jahren deutlich zu. Dabei spielten – wie in anderen Großstädten auch – vor allem zwei Aspekte eine Rolle: Unter kommunalwirtschaftlichen Gesichtspunkten geht es vor allem um (befürchtete) Einkommenssteuerverluste, Minderungen in den Pro-Kopf-Zuweisungen aus dem Landeshaushalt und um die Auslastung der vorhandenen Infrastruktur in der Stadt. Unter stadtkulturellen Gesichtspunkten fürchtet man die Folgen einer Art von Segregation, in deren Verlauf die Kernstadt immer mehr nur zum Wohnort der Armen, Alten, Ausländer und Alleinlebenden wird. Gerade im Falle Wolfsburg kam das Problem hinzu, dass gerade die Weggezogenen (jünger, aufstrebend, offen) ein Potenzial wären, um bestehende stadtkulturelle Defizite der Stadt, den Mangel an Urbanität, abzubauen.

Die Stadt stellte Anfang 1996 mit einer neuen Bodenpolitik (bislang dominierte wie gesagt das Erbbaurecht), verwaltungsinternen Umstrukturierungen (Erleichterung und Unterstützung von Bauvorhaben) und finanziellen Anreizen, insbesondere für Familien, die Weichen für einen verstärkten Eigenheimbau auf städtischem Gebiet. Insgesamt sollten bis zum Jahr 2015 Baugrundstücke für insgesamt 5.000 Wohneinheiten in Ein- und Zweifamilienhäusern bereitgestellt werden (Stadtstrukturkonzept 2003: 21).

Tatsächlich sind zwischen 1998 und 2008 fast 3.500 neue Gebäude fertig gestellt worden, von denen mehr als 80% Ein- oder Zweifamilienhäuser waren (Stat. Jahrbuch 2005/06: 40, 2007/08: 40). Dabei wurde auch versucht, besondere Angebote vorzuhalten, wie z. B. das in den Jahren 2003-2005 erbaute ‚Campo Mediterraneo' in Reislingen. Hier entstanden 60 Eigenheime und 5 Stadtvillen mit Eigentumswohnungen, die mit ihrer mediterran anmutenden Architektur für gehobene Schichten ein angenehmes Ambiente bereitstellen sollen (Cauers/Strauß 2008: 488). Die Wolfsburger Bevölkerung nahm die Verbesserung der Baumöglichkeiten auch deutlich wahr. Gab von unseren Befragten 1998 nur knapp die Hälfte an, dass es in ausreichendem Umfang Baumöglichkeiten in der Stadt gebe, waren es 2007 fast 90%! Was allerdings in den vergangenen Jahren vernachlässigt wurde, ist der Bau neuer Mietwohnungen. Es gibt derzeit in diesem Wohnungsmarktsegment mehr Nachfrage als Angebot, und die Stadt könnte Prognosen zufolge auch an die 10.000 Einwohner mehr haben. Erst jüngst hat man deswegen die Weichen für einen vermehrten Mietwohnungsbau gestellt (Wolfsburger Nachrichten, 15.3.12).

Auch an der bestehenden Wohnbausubstanz, gerade im Innenstadtbereich, wird vermehrt mit den Wohnungsgesellschaften gearbeitet, um diese den veränderten Wohnbedürfnissen von Jüngeren und Familien anzupassen. Durch Zusammenlegungen von Wohnungen, bessere Zuschnitte, Balkone, Verbesserungen der Ausstattung, Energiesanierung usf. wird der aus den 1950er und 60er Jahren stammende Wohnungsbestand in den Innenstadtlagen zeitgemäßer gestaltet. Zudem gibt es Ansätze, bestimmte Viertel stärker zu profilieren („junges Viertel", „niveauvoll wohnen", „Wohnen am Wasser"). Dadurch wird versucht, individuellere Wohnangebote für die stadtwirtschaftlich und stadtkulturell interessanten Bevölkerungsgruppen zu schaffen und deren Abzug ins städtische Umland zu vermeiden. Und in der Tat scheint es gelungen zu sein, die Abwanderungen zu bremsen. Die Wanderungsbilanz zeigt jedenfalls, dass seit 2008 wieder mehr Menschen nach Wolfsburg ziehen als die Stadt verlassen, was selbst für den Landkreis Gifhorn gilt (Bevölkerungsbericht 2011: 24).

Stadtplanerisch interessant ist am Fall Wolfsburg allemal, dass es auch in einer Stadt im Grünen eine ‚Flucht ins Grüne' geben kann, die über die Gemeindegrenzen weit hinausgreift, ja, dass eine solche Stadt diesem Trend unter Umständen noch mehr ausgesetzt sein kann, insofern sie das Lebensmodell des Wohnens im Grünen gleichsam siedlungsstrukturell selbst nahelegt – wenn sie attraktive Alternativen des städtisch-urbanen Wohnens nicht anbietet.

3. Stadt des Volkswagens

„Die oft, auch in offiziellen Verlautbarungen, gebrauchte Bezeichnung ‚Volkswagenstadt' für Wolfsburg kennzeichnet die dominierende Rolle, die das Industriewerk für das Leben und die Existenz der Stadtneugründung spielt, jedenfalls im Bewusstsein seiner Bewohner und im Urteil der Nicht-Wolfsburger. Diese annähernde Gleichsetzung von Werk und Stadt ist unter vergleichbaren Gemeinden ein Ausnahmefall. Von Anfang an störte die Wolfsburger die Einseitigkeit des abgeleiteten Prestiges, als Wolfsburger immer gleich mit VW in Verbindung gebracht zu werden" (Schwonke/Herlyn 1967: 41).

„Früher war Wolfsburg nur durch Volkswagen bekannt. Wenn man in Urlaub gefahren ist, hieß es: ‚ach Wolfsburg, ja, Käfer, ach je. Sind Sie auch bei VW?' Das war immer die erste Frage. Wissen Sie, das war immer so diese Schublade VW." (Kaufm. Ang., 53 J., Zitat aus Harth u. a. 2010: 81)

Zu den oft genannten Kritikpunkten am Leben in Wolfsburg gehört auch die mangelnde Flexibilität auf dem Arbeitsmarkt durch die Quasi-Monopolstellung des Werkes. Gibt es im VW-Werk einen konjunkturellen Einbruch, so springt die Arbeitslosigkeit schnell über die Werte des Landes bzw. des Bundes.

Diesen und anderen Nachteilen der VW-Dominanz auf dem Wolfsburger Arbeitsmarkt stehen freilich auch Riesenvorteile gegenüber, vor allem das Lohnniveau bei VW. Hinzu kommen erhebliche Sozialleistungen des Werks. Auch die Stadt lebt gut vom VW-Werk. Die gemeindlichen Steuereinnahmen je Einwohner lagen in Wolfsburg immer deutlich über denen anderer Großstädte dieser Größenordnung. Wolfsburg ist also eine reiche Stadt, aber, wie gesagt, auf Gedeih und Verderb mit dem VW-Werk verbunden: „Hat VW Schnupfen, kriegt die Stadt Lungenentzündung", lautet ein Bonmot.

Allerdings hat die Stadt Wolfsburg noch sozusagen Glück in ihrer monostrukturellen Abhängigkeit, weil sie in Gestalt der Automobilbranche und des VW-Werks abhängig ist von einem höchst dynamischen und weltweit höchst erfolgreichen Wirtschaftszweig bzw. -unternehmen. Die Automobilbranche (zumal VW) ist eben nicht zu vergleichen mit dem Bergbau, der Textilbranche oder der Werftindustrie.

In diesem Kapitel werden die wichtigsten Entwicklungsetappen des VW-Werks als wirtschaftlicher Basis und stadtentwicklungspolitischer Motor der Stadt nachgezeichnet.

Die Boomjahre

„Nach dem Zusammenbruch im Jahre 1945 stand die Stadt Wolfsburg vor unlösbar erscheinenden Aufgaben. Die Zukunft des Volkswagenwerkes, der einzigen Existenzgrundlage der Stadt, war ungewiss. Das Volkswagenwerk war durch Bombenangriffe zu fast 70% zerstört. Als die Schäden notdürftig behoben waren, drohte dem Werk mehrere Jahre lang die Demontage durch die Siegermächte" (Hilterscheid 1970: 80). Die Werksleitung war (politisch belastet) teilweise ‚abgetaucht', teilweise sah sie dem Prozess der Entnazifizierung entgegen.

Trotz dieser belastenden Rahmenbedingungen und der zunächst auch politisch unklaren Verhältnisse, scheint aber zu keinem Zeitpunkt die Frage im Raum gestanden zu haben, Stadt und Werk nicht wieder aufzubauen bzw. fortzuentwickeln. Wohl aber bot die englische Besatzungsmacht das Werk zunächst all ihren Verbündeten als ‚Kriegsbeute' an mit geringem Erfolg: Eine englische Expertenkommission hielt den VW-Käfer für nicht zeitgemäß. Trotz dieser Unsicherheiten begannen gleich nach dem Krieg wieder die Arbeiten im Werk, das nun als ‚Wolfsburg Motor Works' firmierte und zunächst als Reparaturwerkstatt für alliierte Militärfahrzeuge genutzt wurde. Aber schon 1945 wurden 1.785 Volkswagen produziert. Am 1.1.1948 übernahm Heinrich Nordhoff als Geschäftsführer die Leitung des VW-Werks, noch im selben Jahr wurde der Sitz der Gesellschaft von Berlin nach Wolfsburg verlegt. 1949 verzichtete die Alliierte Militärregierung auf die Kontrolle der bisher beschlagnahmten Vermögenswerte, worunter auch das Volkswagenwerk fiel. Die Verfügungsgewalt über die Volkswagen GmbH wurde der Bundesregierung übertragen, die ihrerseits das Land Niedersachsen mit der Wahrnehmung ihrer Rechte beauftragte. Im Mai desselben Jahres lief der 50.000. Volkswagen, der seit Kriegsende gebaut wurde, vom Band, und die Jahresproduktion war auf über 45.000 Fahrzeuge gestiegen. Die Korea-Krise, Anfang der 50er Jahre, verlangsamte noch einmal das Tempo der Entwicklung, aber dann begann der Aufstieg des VW-Werks zu einem der größten Automobilhersteller der Welt, zum größten Europas. Die Exportquote von VW kletterte 1960 auf über 50%: jeder zweite in Wolfsburg produzierte Volkswagen wurde ins Ausland verkauft!

Die Beschäftigtenzahlen im VW-Werk (Übersicht im Anhang) stiegen von rund 10.000 (1949) auf knapp 40.000 im Jahre 1961; die jährlichen Wachstumsraten der Belegschaft beliefen sich Mitte der 50er Jahre auf rund 20%! Ab 1960 konnte dieser Arbeitskräftebedarf nicht mehr im Raum Wolfsburg bzw. der Bundesrepublik gedeckt werden (der Mauerbau an der Grenze zwischen DDR und BRD versperrte den Zustrom von Flüchtlingen, von dem das Werk stark gelebt hatte), so dass ausländische, vor allem italienische Arbeitnehmer angeworben werden mussten.

Wolfsburg hatte 1960 eine Bevölkerungszahl von 63.000 Einwohner und damit gegenüber 1950 seine Einwohnerzahl vor allem auf Grund von Wanderungsgewinnen mehr als verdoppelt (Übersicht im Anhang). Der Wohnungsbau konnte dieser rasanten Entwicklung kaum nachfolgen, um so weniger, als zusätzlich eine Vielzahl von Baracken, die unmittelbar nach dem Krieg entstanden waren, ersetzt werden mussten. Das waren die Boomjahre Wolfsburgs, die Zeiten des Wirtschaftswunders. Die Stadt Wolfsburg wurde über die immer größer werdenden Gewerbesteuereinnahmen eine ‚reiche Stadt', und sie wurde zur Inkarnation des sog. Deutschen Wirtschaftswunders, eine „Goldgräberstadt", wie viele fälschlicherweise meinten, denn „Wolfsburg war nie der Ort, an dem man auf abenteuerliche Weise und schnell reich werden konnte in der Absicht, das gewonnene Vermögen in anderen, zivilisierten Gegenden zu verzehren" (Schwonke/Herlyn 1967: 56). Die vermeintliche Goldader war das VW-Werk.

Dennoch zeichneten sich um 1960 bereits die ersten Grenzen des Wirtschaftswachstums in Wolfsburg ab, wenn auch noch nicht real, so doch als mögliche Perspektive. Zwei Entwicklungen beim VW-Werk waren dafür bedeutsam: 1) die (Teil-)Privatisierung des VW-Werks und 2) die Dezentralisierung der VW-Produktion:

ad 1) Das VW-Werk war – wie gesagt – als NS-Vermögen von den Alliierten beschlagnahmt und 1949 der Bundesregierung in Treuhandschaft übertragen worden, die wiederum das Land Niedersachsen mit der Aufsicht der Gesellschaft in ihrem Namen beauftragte. Bis 1960 blieb zwischen Bund und Land ungeklärt und strittig, wem von beiden das Werk eigentlich gehörte. 1960 schlossen Bund und Land einen Vertrag mit dem Inhalt, VW in eine private Aktiengesellschaft umzuwandeln, deren Grundkapital zu je 20% der Bund und das Land Niedersachsen erhielten. Die restlichen 60% (deshalb spricht man von einer Teilprivatisierung) wurden in Form von Kleinaktien (z. T. an Werksangehörige) veräußert[6]. Werksseitig wie städtischerseits war man strikt

---

[6] Später (1988) privatisierte auch der Bund seinen Anteil, so dass heute nur noch das Land Niedersachsen seinen 20%igen Anteil am Grundkapital des VW-Werks hält. Diese Regelung ist in jüngster Zeit immer wieder Anlass für Auseinandersetzungen mit der EU, deren Wirtschaftskommissar darin einen unzulässigen wettbewerbsverzerrenden Tatbestand sieht.

dagegen, wobei befürchtet wurde, dass damit das VW-Werk nun von anonymen, überlokalen Kapitaleignern kontrolliert würde und damit auch die Stadt als ‚VW-Appendix', in deren ausschließlich profitorientierte Abhängigkeit geraten könnte. Seit jenen Tagen gibt es die Furcht in Wolfsburg, dass irgendwann einmal die Konzernspitze aus Wolfsburg abgezogen werden könnte.

ad 2) Bereits 1954/55 war zu erkennen, dass zur Deckung der starken Nachfrage nach Volkswagen die Expansionsmöglichkeiten der Produktion in Wolfsburg nicht mehr ausreichen würden. Die Betriebsgröße des VW-Werks in Wolfsburg hatte „bereits in den 50er Jahren das technisch-wirtschaftliche Optimum erreicht" (Mickler u. a. 1980: 60). Deshalb entstanden nach und nach VW-Produktionsstätten in anderen Städten Niedersachsens bzw. Nordhessens: 1955 in Hannover, 1959 in Kassel, 1964 in Emden und 1970 in Salzgitter. 1969 erwarb VW die Aktienmehrheit in der Audi NSU Auto Union AG. Neben der Dezentralisierung der Produktion wurde die Gründung von in- und ausländischen Tochtergesellschaften vorangetrieben: Vertriebs- und später dann z. T. Produktionsgesellschaften entstanden z. B. in Brasilien (1953), Südafrika (1956), Mexiko (1963), Belgien (1971). Dies war der Beginn einer Entwicklung von VW zu einem nationalen und internationalen, weltumspannenden Konzern, und er war für die Stadt potenziell bedeutsam: Das Interesse der Konzernleitung, so die damaligen städtischen Befürchtungen, würde sich auf den Ausbau der Produktions- und Vertriebsstätten woanders verschieben, Wolfsburg würde für den Konzern zu einem Produktionsstandort unter anderen werden. Tatsächlich schwankt seit 1969 die Beschäftigtenzahl im Wolfsburger VW-Werk bei ca. 55.000 Beschäftigten mit rund 10-20%igen Abweichungen nach oben und unten (Übersicht im Anhang). Auch die Zahl der in Wolfsburg vom Band rollenden Fahrzeuge hat sich gegenüber 1960 nur noch geringfügig geändert. Damals waren es 700.000-800.000 Autos, und bis heute bewegen sich die Produktionszahlen im annähernd gleichen Rahmen (Wolfsburger Allgemeine v. 12.1.12).

Die Krisenjahre 1965 – 1975

Während die Beschäftigtenzahlen beim VW-Werk noch in der 1. Hälfte der 60er Jahre stiegen, zeichnete sich ab 1965 eine unruhige Zeit bei VW ab, die bis 1975 andauerte und gekennzeichnet war durch drei aufeinanderfolgende, sich in ihrer Brisanz steigernde Rezessionen 1966/67, 1971/72 und 1974/75.

Die ersten beiden Krisen waren gleichsam Warnsignale für Stadt und Werk, wobei die erste Krise 1966/67 eingebunden war in die erste große wirtschaftliche Rezession in der Bundesrepublik, also keine werkseigene

Krise war, während die beiden folgenden neben allgemein wirtschaftlichen Ursachen (Ölkrise etc.), deutlich auch hauseigene Krisensymptome aufwiesen. Die beiden Krisen von 1966/67 und 1971/72 führten – erstmals in der VW-Geschichte Wolfsburgs – zu einem deutlichen Abbau der Belegschaft im Werk (Übersicht im Anhang). Während die erste Krise noch weitgehend durch das Nichtersetzen der Belegschaftsfluktuation (sie lag in diesen Jahren bei rund 10-20% der Belegschaft), durch Abbau von Überstunden, Einführung von Kurzarbeit und anderes mehr beschäftigungspolitisch aufgefangen wurde, reichte dies in der Krise 1971/72 nicht mehr aus: Deshalb wurde erstmals von den sog. ‚Aufhebungsverträgen' Gebrauch gemacht: Das freiwillige Ausscheiden wurde mit Abfindungen honoriert, die sich nach Beschäftigungsdauer und letztem Lohn bemaßen.

Interessanterweise bedeutete vor allem die Krise 1966/67 für die Stadt einen psychologischen Schock. Vielleicht ist vielen Wolfsburgern die 67er Krise auch deshalb so nachhaltig in Erinnerung geblieben, insofern sie zeitlich zusammenfällt mit dem Tod des VW-Generaldirektors Nordhoff, der als ‚König von Wolfsburg', als ‚der General' (vgl. zur Rolle Nordhoffs u. a. Kuby 1957, Schwonke/Herlyn 1967, Edelmann 1997) vielen ein Symbol der Wiederaufbau- und Wirtschaftswunderphase gewesen war. Die Auswirkungen der beiden Krisen auf den kommunalen Haushalt waren eher gering. Ehe die Krisen budgetär durchschlugen, waren sie jeweils schon wieder vorbei. Anders dagegen die dritte Krise von 1974/75.

Die 1974 einsetzende, seinerzeit größte Krise bei VW führte im Wolfsburger VW-Werk zu einem Personalabbau in bis dahin unbekanntem Ausmaß: 10.000 Arbeitsplätze gingen binnen zweier Jahre verloren (Übersicht im Anhang). Ursache dieser Krise (Dombois 1976) war zum einen der internationale Automobilmarkt, der durch eine Absatzflaute gekennzeichnet war, die für den VW-Konzern aufgrund seiner extremen Exportabhängigkeit besonders prekär war. Zugleich war die Krise Resultat einer (offensichtlich auch zu späten) Umstellung der Modellpolitik vom sog. Käfer zur Passat-, Scirocco-, Golf- und Pologeneration, die erst 1975 abgeschlossen wurde und die mit einer durchgreifenden Umstellung der gesamten Produktion auf das sog. Baukasten- und Gleichteilesystem verbunden war. Neben den schon in den früheren Krisen praktizierten Sozialmaßnahmen zum Abbau von Arbeitsplätzen (Nichtersetzen der Fluktuation, Kurzarbeit, Aufhebungsverträge) wurde nun erstmals die sog. 59er- und 62er-Regelung praktiziert. Danach konnten 59-Jährige weibliche und 62-Jährige männliche Arbeitskräfte (im Juni 1975 wurde auch die Altersgrenze der Männer auf 59 Jahre gesenkt) unter Wahrung ihrer finanziellen Bezüge vorzeitig den Betrieb verlassen (hierzu Herlyn u. a. 1982: 279f, Fn 33). Insgesamt schieden 6.000 Beschäftigte (vorwiegend ausländische Arbeitnehmer) auf der Basis von Aufhebungsverträgen aus.

Angesichts des Ausmaßes dieses Personalabbaus und der Tatsache, dass die Mehrheit der Wolfsburger im Werk beschäftigt ist, war es interessant, in unserer vier bis fünf Jahre später durchgeführten Umfrage (ebd.: 81) festzustellen, dass die Stimmungslage in der Bevölkerung zwar gedrückt und nachdenklich war, aber mehrheitlich nicht eigentlich dramatisch. Diese eher besonnene Stimmungslage wurde damals u. a. wie folgt erklärt:

- „Dadurch, dass keine formellen Massenentlassungen durchgeführt wurden, erweckte der Personalabbau von rund 10.000 Beschäftigten den Eindruck, dass nicht zu gehen brauchte, wer nicht gehen wollte (...).
- In der Bevölkerung herrschte ein starkes VW-Selbstbewusstsein und Selbstvertrauen, das sich darin gründet, dass a) ein ‚halbstaatlicher' Weltkonzern wie VW schon nicht einfach Pleite machen kann, b) es schon immer Absatzflauten gegeben habe, aus denen das Werk bisher stets nur gestärkt hervorgegangen sei, und c) dass, wenn es bei VW nicht mehr gehen sollte, auch überall sonst die Lichter ausgehen" (ebd.: 81).

Schon damals zeigte sich, was sich später noch einmal wiederholen sollte: nämlich ein nahezu perfektes, sozialverträgliches Krisenmanagement, zu dem sich Werksleitung und Gewerkschaften zusammenfanden.

Dennoch hatte die 1974/75er-Krise erhebliche Auswirkungen auf die Stadtentwicklung. Zum einen schlug sie auf die Bevölkerungsentwicklung durch. Erstmals in der Wolfsburger Geschichte sank die Bevölkerungszahl; zum ersten Mal zeigte die Wanderungsbilanz Wolfsburgs negative Saldi von über 3.000 Personen pro Jahr (Kap. 5)! Zum anderen schlug die Krise auf den kommunalen Finanzhaushalt durch: Noch 1973 flossen dem Gemeindesäckel über 40 Mio. DM an Gewerbesteuer zu; in den Jahren 1974, 1975 und 1976 sanken die Einnahmen ganz erheblich ab, um erst 1977, nach Überwindung der Krise, wieder auf über 57 Mio. DM hochzuschnellen.

Die Krisenjahre bei VW hatten der Stadt Wolfsburg wieder ihre ökonomische Abhängigkeit vom VW-Werk vor Augen geführt, die zwar allseits auch schon vorher bekannt war, aber sie war noch nicht so virulent zutage getreten wie in diesen Krisenjahren. Die Stadt reagierte darauf mit einer bewussten Strategie der Tertiärisierung, d. h. mit dem Versuch, in Wolfsburg vermehrt Arbeitsplätze im Dienstleistungsbereich anzusiedeln. Die Pläne zum Innenstadtausbau (Kap. 8) waren auch stark durch diese Art Überlegungen mitgeprägt.

Stadt und Werk im Globalisierungsprozess

Die Zeit nach 1975, die Umstellung der Modellpolitik wie auch der Schub an Rationalisierung und Automatisierung im VW-Werk, brachten dem Werk und auch der Stadt vergleichsweise ruhige Jahre. Das VW-Werk war gestärkt aus der 75er Krise hervorgetreten. Bis 1986 wurde die Belegschaft in Wolfsburg sogar wieder ausgebaut. Die VW-Beschäftigtenzahl stieg von unter 50.000 (1976) auf 65.000 (1986), um von da an bis 1991 wieder etwas abzubröckeln auf knapp unter 60.000 (Übersicht im Anhang). Die Gewerbesteuereinnahmen (brutto) kletterten in den 80er Jahren, um 1991 einen Spitzenwert von 187 Mio. DM zu erreichen.

Allerdings führte in den 70er und 80er Jahren die Ausweitung der Beschäftigung im VW-Werk zu keinem nennenswerten Bevölkerungswachstum in der Stadt. Zwischen 1976 und 1991 blieb die Einwohnerzahl Wolfsburgs bei rund 129.000 EW stehen. Die Hauptquelle, aus der heraus sich das Bevölkerungswachstum Wolfsburgs über Jahrzehnte gespeist hatte, die hohe Zuwanderungsquote, war ausgetrocknet. Entsprechend wurden in den 15 Jahren zwischen 1976 bis 1991 in Wolfsburg nur noch knapp 6.000 Wohnungen gebaut, ein Wohnungsbauvolumen, das man in den 60er Jahren noch im Laufe von 5 Jahren hatte abwickeln müssen. Generell werden denn auch die 80er Jahre als so etwas wie eine Stagnationsphase empfunden, wenn auch auf hohem Niveau.

Der VW-Konzern setzte in dieser Phase seine Dezentralisierungs- und Globalisierungspolitik fort. 1975 wurde ein Montagewerk in Nigeria in Betrieb genommen; 1976 in den USA. 1981 schließt VW einen Kooperationsvertrag mit Nissan ab, 1986 erwirbt man den spanischen Automobilhersteller SEAT. Im selben Jahr erreichte die (weltweite) Mitarbeiterzahl des VW-Konzerns die Rekordhöhe von über 280.000! Nach dem Fall der Mauer engagierte sich das VW-Werk auch im Osten: Schon 1990 wurde in Zwickau die Volkswagen IFA GmbH gegründet (ehemals Trabant), noch im selben Jahr erteilt die tschechische Regierung der Volkswagen AG den Zuschlag für die Übernahme des tschechischen Automobilherstellers Skoda. Damit wurde – neben Volkswagen, Audi und SEAT – Skoda die vierte Marke im Konzernverbund. Später, in den 90er Jahren wurden weitere Marken einkauft: Bentley, Lamborghini, Bugatti. Inzwischen betreibt der VW-Konzern in 15 Ländern Europas und in 7 Ländern Amerikas, Asiens und Afrikas 62 Fertigungsstätten, in denen fast 400.000 Beschäftigte arbeiten (VW AG 2011, 3).

Anfang der 1990er Jahre erlebte der Volkswagen-Konzern dann die bislang schwerste Strukturkrise seit seinem Bestehen. Infolge dramatisch sinkender Produktions- und Absatzzahlen und immenser Verluste bei VW (u. a. auf Grund zu hoher Kosten und einer zu niedrigen Produktivität) wurde die Belegschaft im Wolfsburger Stammwerk von rund 60.000 (1986 noch 65.000 Beschäftigte) auf rund 45.000 (1996) abgebaut. Vom Personalabbau betroffen waren fast ausschließlich die VW-Arbeiter in der Produktion. Während die Zahl der Angestellten im VW-Werk in dieser Zeit nur leicht zurückging,

stürzte die Anzahl der Arbeiter im Werk von 42.000 (1991) auf 30.000 (1996) ab.
Der Stellenabbau beim Volkswagen-Konzern, der damals ca. 60% aller Arbeitsplätze der Stadt stellte, konnte nicht annähernd in anderen Branchen aufgefangen werden. In einer Stadt, die jahrzehntelang an annähernde Vollbeschäftigung gewöhnt war, erreichte die Arbeitslosigkeit nun historische Höchststände. Von 1991 bis 1996 schnellte die Arbeitslosenquote von 7,6 auf 17,9% hoch (Tab. 1). Sie lag damit deutlich über dem Bundesniveau und Wolfsburg wurde zum traurigen Schlusslicht in Niedersachsen.

Tabelle 1: Arbeitslosenquote in Wolfsburg und der Bundesrepublik

Jeweils 31.12.	Wolfsburg	Deutschland
1991	7,6	7,8
1992	8,4	8,9
1993	14,4	10,5
1994	15,2	10,2
1995	16,0	10,9
1996	17,9	12,0
1997	17,1	13,1
1998	14,2	12,0
1999	12,3	11,5
2000	10,2	10,3
2001	8,8	10,6
2002	9,1	11,2
2003	8,1	11,5
2004	10,0	11,9
2005	11,6	12,4
2006	10,4	10,7
2007	8,9	9,1
2008	6,7	8,3
2009	7,1	8,7
2010	6,5	8,0
2011	5,5	7,4

Quelle: Bundesagentur für Arbeit, Nürnberg

Vom Umfang des tatsächlichen Arbeitsplatzabbaus war diese VW-Krise gravierender als alle anderen vorher. In der 1974/75er, der zweitgrößten Krise, waren ‚nur' 10.000 Arbeitsplätze abgebaut worden. In den früheren VW-Krisen stiegen zudem nach zwei bis drei Jahren wieder die Beschäftigtenzahlen bei VW auf das jeweilige Vorkrisenniveau und z. T. sogar darüber hinaus. Die VW-Krise in den 90er Jahren war auch schnell wieder vorbei – nur mit dem großen Unterschied, dass man erkannte, dass steigende Produktionszahlen nun nicht mehr zwangsläufig auch steigende Arbeitsplatzzahlen bzw. größere Wiedereinstellungen bei VW zu Folge haben würden. Tatsächlich ist die Zahl der im VW-Werk Beschäftigten bis heute um etwa 10.000 geringer als Anfang der neunziger Jahre und scheint sich auf eine Zahl um etwa

50.000 einzupendeln (Übersicht im Anhang). Die Überwindung der Krise dauerte dieses Mal länger. „Ein Auftauchen" habe es – so ein Experte – erst 1999/2000 gegeben. Seit 2000 liegt die Arbeitslosenquote in Wolfsburg wieder unter dem Bundesdurchschnitt. Auch stellte VW in den letzten Jahren wieder ein, so dass die Beschäftigtenzahl 2010 fast wieder an die 50.000 heranreicht.

Auch für die Stadt Wolfsburg war die Krise Anfang der 1990er Jahre verheerend. Die Gemeindesteuern sanken, und die Stadt war gezwungen, Sparmaßnahmen zu ergreifen und Schulden zu machen. Einmal mehr erkannte man, dass die monostrukturelle Abhängigkeit von VW, die in den ‚fetten' Wirtschaftsjahren Wolfsburg einen wahren ‚Geldsegen' gebracht hatte, in dieser krisenhaften Zeit die Stadt in ihrer Substanz gefährdete, auch weil man es jahrelang versäumt hatte, die Wirtschaftsstrukturen durch eine Neuansiedlung Auto-unabhängiger Unternehmen zu diversifizieren und dadurch die Abhängigkeit von der Automobilbranche zumindest annäherungsweise aufzuweichen. Schließlich machte die VW-Krise 1992/93 die erheblichen Strukturprobleme und Innovationsversäumnisse in der Stadt – z. B. den unterentwickelten Dienstleistungsbereich, die strukturellen Probleme der Innenstadt, die hauptsächlich auf die Arbeiterschaft zugeschnittenen Gastronomie-, Erlebnis- und Kulturangebote, die Identifikationsvorbehalte der Bevölkerung gegenüber ihrer Stadt, die Fortzüge Bessergestellter etc. – mehr als offensichtlich.

Die Mehrheit der Wolfsburger Bevölkerung hielt denn auch, 1998 befragt, das Geschehen bei VW für eine „grundlegende Krise". Auf die Frage, was die Entwicklungen bei VW für sie bzw. die eigene Familie bedeutet hätte, gab aber erstaunlicherweise die Mehrheit von 60% der Wolfsburger Befragten an, sie wären persönlich nicht betroffen gewesen. Nur etwa jeder vierte Befragte hatte materielle Auswirkungen der Krise am eigenen Leib erfahren, und weitere 15% äußerten eine psychische Betroffenheit (Angst um den Arbeitsplatz, unsicheres Gefühl). Dieses überraschende Befragungsergebnis wird verständlicher, wenn man sich vor Augen hält, was die Wolfsburger von dem folgenden, ihnen vorgelegten Statement hielten. Es lautete: „Auf die Absatz- und Beschäftigungskrise Anfang der 90er Jahre hat der VW-Konzern in vorbildlicher Weise durch sozialverträgliche Maßnahmen reagiert". Diesem Statement stimmten 1998 fast 60% der Befragten zu.

Tatsächlich hat es das VW-Werk durch die Einführung der ‚atmenden Fabrik' (mit Einführung der 28,8-Stunden-Woche, Zeitarbeit, Flexibilisierung der Arbeitszeiten etc.) geschafft, keinem Beschäftigten kündigen zu müssen (Harth u. a. 2000: 136ff). Der tatsächliche Abbau von 15.000 Stellen erfolgte ‚freiwillig' durch Abfindungsverträge, Vorruhestandsregelungen und die normale Fluktuation im Betrieb. Deshalb ging die Mehrheit der Befragten auch weiterhin davon aus, dass, wer bei VW arbeite, bis zur Rente ausgesorgt habe. Offenbar glaubte man in der Bevölkerung, dass – was immer an Stellenabbau bei VW noch passieren würde – die Möglichkeiten des Werks so bleiben würden, dass man diesen Abbau sozialverträglich würde gestalten können.

Auch die Perspektiven der Stadt wurden in der Befragung von 1998 positiv eingeschätzt: Über die Hälfte der befragten Wolfsburger erwartete, dass sich die wirtschaftliche Lage der Stadt in den nächsten fünf Jahren eher verbessern würde (und sie hatten – wie man heute weiß – Recht), nur jeder zehnte befürchtete eher eine Verschlechterung. Dass die Wolfsburger Bevölkerung Ende der 90er Jahre – trotz nach wie vor hoher Arbeitslosenquoten – so zuversichtlich in die Zukunft schaute, hing vor allem mit zwei Dingen zusammen.

Zunächst erholte sich das VW-Werk bzw. die Volkswagen AG auch dieses Mal sehr schnell von der Krise. Schon der Bericht über das VW-Geschäftsjahr 1996 wies auf den Weg nach oben hin: „Der Jahresüberschuss wuchs von 336 auf 678 Millionen Mark. Dies entspricht einer Verdoppelung. (...) Auf dem im Jahre 1996 nur leicht erhöhten deutschen PKW-Markt erhöhte sich der Umsatz des Konzerns um 1,9 auf 36,4 Milliarden Mark" (Süddeutsche Zeitung v. 18.6.97). Im Geschäftsbericht 1998 heißt es dann mit Hinweis auf gestiegene Produktionszahlen und gewachsene Marktanteile: „Der Gewinn nach Steuern erreichte mit 2.243 Mio. DM nach 1.361 Mio. DM im Jahre 1997 einen historischen Höchstwert" (VW Hg., Geschäftsbericht 1998: 4).

Für die Stadt bzw. die Bevölkerung in Wolfsburg war jedoch fast noch wichtiger und zukunftsweisender, dass das VW-Werk durch zwei riesige Projekte in Wolfsburg deutlich machte, dass man zu Wolfsburg steht. Zum einen baute das VW-Werk auf seinem Gelände für über 500 Mio. DM das Großprojekt namens Autostadt[7] (Abb. 6), ein Auslieferungszentrum für VW-Kunden, das um Einrichtungen wie Piazza, KonzernForum, MarkenPavillon und Deutschlands erstem Ritz-Carlton Hotel ergänzt wurde.

Noch bedeutsamer war das Konzept der AutoVision, das die VW AG 1998 der Stadt zum 60. Geburtstags schenkte und sich damit – stärker als je zuvor – als aktive Gestalterin der Wirtschafts- und vor allem der Stadtentwicklung begriff (vgl. auch Kap. 4). Übergeordnetes Ziel des AutoVision-Konzeptes war es, die Arbeitslosigkeit um die Hälfte zu reduzieren. Das sollte durch eine Diversifizierung der Wirtschafts- und Arbeitsmarktstruktu-

---

[7] Wir werden in verschiedenen Kapiteln immer wieder auf das Projekt zu sprechen kommen, weil es auch eine neue Stufe des stadtentwicklungspolitischen Engagements des VW-Werkes signalisiert (Kap. 4) und die Entwicklung der Freizeitinfrastuktur (Kap. 7) und der Innenstadt (Kap. 8) nachhaltig beeinflusst.

ren erreicht werden. VW sollte aus der alleinigen Arbeitgeberverantwortung und die Stadt zumindest teilweise aus der Monopolabhängigkeit von VW gelöst und neue Betriebe, Unternehmungen in Wolfsburg angesiedelt werden, mit dem Ziel, dass nicht alle Lichter gleichzeitig ausgehen, wenn die Automobilproduktion rückläufig ist. Dazu sollten für die Stadt weitere Wirtschaftsfelder, z. B. im Bereich Freizeit, Kultur und Tourismus erschlossen werden, um dadurch vor allem den unabhängig von der konjunkturanfälligen Automobilindustrie funktionierenden Dienstleistungssektor zu stärken.

Abbildung 6: Autostadt 2009

Quelle: Pressestelle Autostadt

Im AutoVision-Konzept wurden verschiedene Aspekte der Wirtschafts- und Standortförderung integriert und die Repräsentationsfunktion Wolfsburgs als Stammsitz von VW durch die Betonung des Erlebnischarakters der Stadt unterstützt. Neben werksseitig interessanten Strategien, bestimmte Bereiche auszulagern bzw. dem Werk anzulagern (‚InnovationsCampus' als Unternehmensgründungszentrum, ‚MobilitätsWirtschaft' als Zulieferer-Attraktivierung und ‚PersonalServiceAgentur' als Arbeitskräftepuffer der ‚atmenden Fabrik' und ‚cash-cow' der Wolfsburg AG) und sich in aktuellen Themenfeldern zu profilieren (‚GesundheitsWirtschaft', ‚Netzwerk Nachhaltigkeit + Wirtschaft') trat das für die Stadtentwicklung folgenreiche Konzept der ‚Erlebniswelt', zu dem auch gehörte, den Innenstadtbereich und vorrangig das unmittelbare städtische Umfeld etwas aufzuwerten, damit die VW-Kunden und Autostadt-Besucher nicht abgeschreckt werden würden von der Tristesse gerade dieses Bereiches der Stadt Wolfsburg.

Die Stadt wurde durch die Krise wachgerüttelt und folgte nun dem Konzern auf dem Weg in die Globalisierung. So wurde 1999 zur Umsetzung des AutoVision-Konzepts die Wolfsburg AG (Gesellschaft für Beschäftigung und Strukturförderung) – eine neuartige und weitreichende Public Private Partnership – gegründet (ausf. Kap. 4).

Die Umsetzung des AutoVision-Konzepts hatte erhebliche Auswirkungen auf Wirtschafts-, Stadtstruktur und -entwicklung (Strauß 2005), denen wir in unserer vierten Studie in einer Art Bilanzierung vor allem mit Blick auf die stadtkulturellen Folgen der erlebnisorientierten Großprojekte (Kap. 7) nachgegangen sind (Harth u. a. 2010). Wir konnten zeigen, dass Wolfsburg in der letzten Dekade einen regelrechten Modernisierungsschub zu verzeichnen hatte: Die Zahl der Arbeitsplätze konnte gesteigert werden, vor allem auch im Dienstleistungsbereich. Insgesamt konnte die Zahl der sozialversicherungspflichtigen Arbeitsplätze deutlich auf über 105.000 im Jahr 2011 (in einer 120.000 Einwohner-Stadt!) erhöht werden (Statistik der Bundesagentur für Arbeit 2011). Die Arbeitslosigkeit konnte auf inzwischen 5,5% verringert werden (Tab. 1). Die Diversifizierung der Wirtschaftsstrukturen, d. h. die Verbreiterung der Arbeitgeberseite jenseits von Volkswagen konnte befördert werden. In neuerer Zeit sind in Wolfsburg viele Unternehmungen neu gegründet worden. Die Wolfsburg AG hat nach eigenen Angaben im InnovationsCampus bis Mitte 2008 rund 400 Unternehmensgründungen zu verzeichnen, in denen über 2.400 Arbeitsplätze entstanden. Im gleichen Zeitraum seien 123 Zulieferer neu angesiedelt worden, bei denen 4.400 Arbeitsplätze entstanden sind (Wolfsburg AG 2008, 305). Die amtliche Statistik zeigt entsprechend einen Anstieg der Gewerbeanmeldungen gegenüber den 1990er Jahren, wobei erhebliche Schwankungen des Trends zu verzeichnen sind. Insgesamt aber hat sich das Gründungsgeschehen in Wolfsburg (wie auch bundesweit; vgl. www.destatis.de) intensiviert. Die Volkswagen AG Wolfsburg stellt – auch wenn sie mit weitem Abstand nach wie vor der wichtigste Arbeitgeber für Wolfsburg ist und ja auch noch eine Fülle von Arbeitsplätzen indirekt von ihr abhängen – mittlerweile ‚nur' noch jeden zweiten Arbeitsplatz in der Volkswagenstadt. Und 2008 arbeiteten ‚nur' noch 36% der Wolfsburger Beschäftigten bei VW am Stammsitz, gegenüber 49% im Jahre 1998 (Harth u. a. 2010: 69).

Ein weiteres wichtiges Ziel im Hinblick auf die Diversifikation der Wirtschaftsstrukturen war der Ausbau des unterentwickelten Dienstleistungsbereichs. Hier sind – nimmt man die Beschäftigtenanteile in den unterschiedlichen Wirtschaftsbereichen als Anhaltspunkt – ebenfalls leichte Veränderungen zu verzeichnen. Zwar ist Wolfsburg immer noch sehr ausgeprägt eine

Produktionsstadt, aber immer weniger: Waren 1997 noch 73% der in Wolfsburg Beschäftigten im Produzierenden Gewerbe, sind es 2011 ‚nur' noch 57%. Und bereits 43% der sozialversicherungspflichtig Beschäftigten hatten einen Arbeitsplatz im Handels- und Dienstleistungsbereich (Arbeitsmarktbericht 2011: 5). In Verbindung mit dem wirtschaftsstrukturellen Wandel hat Wolfsburg – dem bundesweiten Trend folgend – auch deutliche sozialstrukturelle Veränderungen, wie z. B. ein Höherqualifizierung der Bevölkerung und in Bezug auf den beruflichen Status und das Einkommen zu verzeichnen (Harth u. a. 2010: 70ff; vgl. auch Kap. 6).

Als Folge einer völlig neuartigen Zusammenarbeit von VW und Stadt in der Wolfsburg AG ist es – so konnten wir in der vierten Studie bilanzieren – in einem relativ kurzen Zeitraum gelungen, einen erfolgreichen Weg aus der Krise zu beschreiten, wobei die relativ gute wirtschaftliche Lage in den letzten Jahren diesen Aufwärtstrend noch verstärkt hat. Die Gewerbesteuereinnahmen sprudelten wieder, so dass die Stadt laut Expertenauskunft ab 2010 wieder schuldenfrei ist. Einmal mehr wurde aber auch deutlich, dass all das (selbst das Ziel, sich ein wenig unabhängiger von VW und der Automobilkonjunktur zu machen!) nur möglich war, weil VW mit im Boot saß und es im VW-Interesse lag.

Wolfsburg ist und bleibt die Stadt des Volkswagens, auch wenn die Entwicklungen im Zeitverlauf eine größere Unabhängigkeit vermuten lassen: Längst nicht mehr so viele Wolfsburger arbeiten bei VW, der Dienstleistungsbereich ist mittlerweile in dieser Industriestadt stärker vertreten. Aber letztlich sind viele dieser Veränderungen im Sinne von VW und oft auf Initiative des Konzerns entstanden: Dieser benötigt zunehmend Arbeitnehmer, die nicht in der Produktion arbeiten – sei es die Beschäftigten, die im Dienstleistungsbereich der Autostadt arbeiten oder die hochqualifizierten Angestellten im Werk selbst. Volkswagen setzt also bis heute die strukturellen Rahmenbedingungen in der Stadt.

4. Kommunalpolitik und VW

Als das VW-Werk 1998 der Stadt zu ihrem 60. Geburtstag das Versprechen – als Geschenk verpackt – gab, die Arbeitslosigkeit in Wolfsburg bis zum Jahre 2003 auf die Hälfte zu reduzieren und zwar nicht durch entsprechende Einstellungen im Werk selbst, sondern außerhalb seines Bereiches, war eine neue Ebene des stadtentwicklungs- und kommunalpolitischen Engagements seitens des VW-Werks erreicht. Das Unternehmen übernahm damit Verantwortung für eine kommunale Angelegenheit, die den Konzern eigentlich nichts anzugehen hatte. Dieses (über das bisherige Maß hinausgehende) Engagement, hat auch die Diskussion um das kommunalpolitische Verhältnis zwischen Stadt und Werk neu belebt. Eine entsprechende Umfrage im Rahmen der dritten Wolfsburg-Studie ergab, dass 1998 fast die Hälfte der befragten Wolfsburger das ihnen vorgelegte Statement, „Der Einfluss des VW-Werks auf die Kommunalpolitik hat sich in den letzten Jahren spürbar verstärkt", mehr oder weniger eindeutig bestätigten. Nur weniger als 15% sahen das nicht so (Harth u. a. 2000: 195).

Bevor auf das aktuelle Verhältnis zwischen Stadt und Werk eingegangen wird, soll der frühere Stand der Stadt-VW-Beziehungen rekapituliert werden. Die Diskussion des kommunalpolitischen Einflusses des VW-Werkes bewegt sich zwischen den Polen einer strukturellen Abhängigkeit der Stadt vom Werk einerseits und der politischen Interventionen durch das VW-Werk andererseits.

Die strukturelle Abhängigkeit der Stadt

Die Stadt Wolfsburg verdankt ihre Gründung im Jahre 1938 der Entscheidung der damaligen Machthaber, einen Volkswagen ‚für alle Deutschen' zu bauen und diesen nicht in vorhandenen Automobilwerken herstellen zu lassen, sondern in einem eigens dafür neu gegründeten Werk (Kap. 1). Wolfsburg ist als ‚Stadt des KdF-Wagens' gegründet worden, und sie ist bis heute die ‚Stadt des Volkswagens' geblieben (Abb. 7).

Abbildung 7: VW-Käfer vor dem (alten) Rathaus 1958

Quelle: Institut für Zeitgeschichte und Stadtpräsentation, Stadt Wolfsburg

Die strukturelle Abhängigkeit und Determiniertheit der Wolfsburger Kommunalpolitik von und durch das VW-Werk ist offenkundig; das Werk setzte von Beginn an bis heute die entscheidenden Rahmenbedingungen für die

Stadtentwicklung, es produziert die zentralen Problemstellungen der Stadt, die die Kommunalpolitik aufzuarbeiten hat, es eröffnet oder schafft aber zugleich auch Problemlösungskapazitäten, deren sich die Kommunalpolitik bedienen kann (und um die andere Kommunen Wolfsburg eventuell beneiden). Dies soll an einigen ausgewählten Beispielen illustriert werden:

Wohnungsbaupolitik: Die dynamische Bevölkerungsentwicklung Wolfsburgs (Übersicht im Anhang) ist mehr oder weniger Folge der Belegschaftsentwicklung beim VW-Werk; diese ist damit rahmensetzend für die Wohnungsmarktentwicklung in der Stadt. Es versteht sich, dass die Stadt dieser durch den Arbeitskräftebedarf beim VW-Werk ausgelösten Zuwanderung und Bevölkerungsentwicklung (Kap. 5) stets ‚hinterher bauen' musste. Jährliche Wachstumsraten der Bevölkerung von 5-15% in den 50er Jahren machten den Wohnungsbau zu einer dringenden Angelegenheit; jährlich wurden zwischen 500 und 1.500 Wohneinheiten fertiggestellt (Übersicht im Anhang). Schon 1953 sah sich das VW-Werk gezwungen (entgegen der Auffassung der Stadtverwaltung), eine eigene Wohnungsbaugesellschaft zu gründen, und erwarb Anfang der 60er Jahre noch Anteile an der städtischen Wohnungsbaugesellschaft. Da mehr oder weniger nur diese beiden Wohnungsbaugesellschaften Wohnungen in Wolfsburg erstellten, zudem das VW-Werk über Baudarlehen, Mietzuschüsse usf. den Wohnungsbau unterstützte und damit auch Belegungsrechte erwarb, hatte das VW-Werk vor allem bis in die 60er Jahre hinein eine zentrale Stellung im Wohnungswesen inne (Hilterscheid 1970: 199). Das VW-Werk baute bzw. förderte dort Wohnungen, wo es preislich günstig war und damit auch im damaligen Umland der Stadt – sehr zum Leidwesen der Stadt Wolfsburg, die es lieber gesehen hätte, den Wohnungsbau auf das damalige Stadtgebiet zu konzentrieren.

Haushaltspolitik: Das VW-Werk ist nicht nur die einkommensmäßige Basis für immerhin noch ein gutes Drittel (früher waren es einmal an die 70%!) der Wolfsburger Erwerbstätigen (Harth u. a. 2010: 69), sondern es ist zugleich rahmensetzend für die finanzielle Lage der Stadt. Die Stadt Wolfsburg stand und steht hinsichtlich der Gewerbesteueraufbringungskraft je Einwohner mit an der Spitze der kreisfreien Städte in Deutschland. Wolfsburg war spätestens seit Mitte der 50er Jahre eine reiche Stadt, wenn auch eine mit hohem Investitionsbedarf, denn es galt ja noch, die Stadt überhaupt erst auf- und auszubauen. Dennoch hat diese enorme VW-bedingte Finanzkraft die Stadt nicht nur instandgesetzt, diese Investitionsaufgaben zu erledigen, sondern darüber hinaus viele politische Probleme zu lösen. Zugleich aber hat diese gewerbesteuermäßige Abhängigkeit der Stadt vom VW-Werk die kommunale Haushaltslage auch immer abhängig gemacht von der Automobilkonjunktur. Das war bis in die 60er Jahre hinein jedoch kein reales Problem, insofern das VW-Werk fast ununterbrochen Wachstumsraten auswies. Erst die drei Krisen

1966/67, 1971/72 und 1974/75 machten erstmals die gesamte Tragweite der gewerbesteuermäßigen Abhängigkeit der Stadt vom VW-Werk deutlich (Kap. 3). Trotz der seinerzeit bundesweit durchgeführten Gemeindefinanzreform, die im Prinzip die Abhängigkeit der Gemeinden von der Gewerbesteuer milderte, blieb Wolfsburg den Schwankungen der Gewerbesteuer in durchaus gravierender Weise unterworfen.

Wirtschaftspolitik: So gut es sich für Wolfsburg finanziell mit dem VW-Werk leben ließ (und nach wie vor leben lässt), so einleuchtend ist andererseits, dass die gleichsam totale ökonomische Abhängigkeit der Stadt vom VW-Werk Risiken birgt. Ziel der kommunalen Wirtschaftsförderungspolitik war und ist es, die VW-bestimmte Monostruktur der Stadt zu überwinden. Ihr Problem war es zugleich von Anfang an, dass im Schatten von VW kein anderer Industriebetrieb gedeihen konnte. Das Lohnniveau und die sonstigen Sozialleistungen im VW-Werk sind so überdurchschnittlich, dass kein normaler Betrieb daneben existieren kann. Selbst eine VW-bezogene Zulieferindustrie hatte sich bis Ende der 1990er Jahre im Wolfsburger Raum nur ansatzweise entwickeln können. Dieser Rahmenbedingungen eingedenk hat sich die Wolfsburger Wirtschaftspolitik seither verstärkt auf das Ziel konzentriert, den Dienstleistungsbereich in der Stadt auszubauen. Der Ausbau der Innenstadt, die Ansiedlung von Behörden und Ausbildungsstätten (Kap. 8 und 9) wurden immer mit großem Nachdruck, wenn auch lange Zeit ohne großen nachhaltigen Erfolg betrieben. Anfang der neunziger Jahre belief sich in Wolfsburg der Anteil der im Dienstleistungssektor Beschäftigten noch immer auf bloß 25%! Inzwischen haben 43% der sozialversicherungspflichtig Beschäftigten einen Arbeitsplatz im Handels- und Dienstleistungsbereich. Wie dramatisch die ökonomische Abhängigkeit vom VW-Werk ist, zeigte sich abermals Mitte der 90er Jahre, als das VW-Werk in Wolfsburg innerhalb weniger Jahre rund 16.000 Arbeitsplätze abbaute – mehr als 20% aller Arbeitsplätze in Wolfsburg!

Infrastrukturpolitik: Das VW-Werk bestimmt als Industriebetrieb die Sozialstruktur der Stadt. So war Wolfsburg lange Zeit eine Stadt mit einem überdurchschnittlichen Arbeiteranteil an den Erwerbstätigen. Das VW-Werk war lange Zeit rahmensetzend für die kommunale Politik im Schul-, Kultur- und Freizeitbereich. Es galt, für die beim Werk Beschäftigten optimale Lebensbedingungen zu schaffen und ein spezifisches Kultur- und Bildungsprogramm zu entwickeln, das von breiten Schichten der Bevölkerung akzeptiert wird; zugleich war es aber auch notwendig, gerade für die höheren Angestellten des VW-Werks, bestimmte Schul-, Kultur- und Freizeitstandards zu erfüllen, sollte es doch gelingen, diese Gruppe längerfristig an das Werk bzw. die Stadt zu binden und die Standortnachteile Wolfsburgs (vor der Wiedervereinigung Zonenrandlage, keine attraktive City, keine Universität etc.) etwas zu abzumildern. Das VW-Werk hat denn auch nie einen Zweifel an der Bedeutung gelassen, die man diesem Bereich beimisst und wichtige Infrastruktureinrichtungen finanziell unterstützt, z. T. sogar ‚geschenkt' (z. B. Stadthalle, Theater, VW-Bad, Planetarium, Kulturzentrum, Kunsthalle und zuletzt zum 70sten Geburtstag eine Internationale Schule). Älteren Wolfsburgern sind noch die vom Volkswagenwerk finanzierten Konzerte mit den Berliner Philharmonikern (Volksmund: „Karajans Wüstenritte") und die großen Kunstausstellungen in guter Erinnerung. „Sie sind", so Hilterscheid, „ein gutes Beispiel modernen industriellen Mäzenatentums" (ebd: 190).

Verkehrspolitik: Selbstverständlich ist Wolfsburg als Stadt des Volkswagens vor allem auch eine ‚Autostadt'. Das VW-Werk ist über den hohen Motorisierungsgrad seiner Beschäftigten und die damit verknüpfte Autofahrerideologie rahmensetzend auch für die städtische *Verkehrspolitik*, die in erster Linie auf dem Vorrang des Individualverkehrs vor dem öffentlichen Nahverkehr basiert. Die Stadt ist von Anfang an „autogerecht" angelegt worden. Nicht nur war der Vater des Konzeptes der ‚autogerechten Stadt', Hans Bernhard Reichow (1959), Anfang der 50er Jahre maßgeblich an der Erarbeitung des Flächennutzungsplanes von Wolfsburg beteiligt, sondern der Stellenwert des Autos wird auch daran deutlich, dass dem Bahnhof der Stadt Wolfsburg über Jahrzehnte hinweg keine große Bedeutung für die Stadt zukam. Ja, das VW-Werk, das ursprünglich eine Lage des Bahnhofes direkt vor seinen Werkstoren befürwortete (die Stadt zog einen anderen, mehr städtischen Standort vor), gab seinen Widerstand erst auf, als erkennbar wurde (hierzu Hilterscheid 1970: 157), dass die Pendler zunehmend Fahrgemeinschaften bildeten oder einen eigenen PKW (Jahreswagen) erwarben, also nur noch ein kleiner Prozentsatz von ihnen per Bahn zur Arbeit ins VW-Werk kam.

‚Außenpolitik': Eine Kommune hat zur Regelung ihrer örtlichen Angelegenheiten auch mit Nachbargemeinden, mit staatlichen Behörden, mit der Bezirks- und Landesregierung zu tun. Ob sie in diesen Kontakten und Verhandlungen ihre Interessen durchsetzen kann, hängt sehr wesentlich von ihrer bargaining-power ab. Hier nun spielte das VW-Werk direkt oder indirekt, gewollt oder ungewollt, eine bisweilen entscheidende Rolle. Als durch das VW-Werk reiche Stadt konnte sich Wolfsburg viele Dinge einfach erkaufen: z. B. die Auskreisung 1951 (Kap. 1), die sog. ‚kommerziellen Umgemeindungen' Ende der 50er, Anfang der 60er Jahre, und die Zustimmung vieler Gemeinden zur großen Gebietsreform 1972 (Kap. 9). Dass die Stadt Wolfsburg schließlich oft als gebietskörperschaftliche Interessenvertretung des VW-Werks und seiner von ihm ausgelösten Sachzwänge in die Verhandlungen mit wem auch immer eintreten konnte, hat die Position Wolfsburgs zusätzlich gestärkt. Der Autobahnanschluss Wolfsburgs, die Aufwertung

Wolfsburgs zum Intercity-Haltepunkt auf der Strecke Hannover-Berlin in den 90er und die Gründung der Fachhochschule für Fahrzeugbau und Betriebswirtschaftslehre in Wolfsburg in den 80er Jahren wären ohne (Hinweis auf) das VW-Werk wohl nicht denkbar gewesen.

Das VW-Werk ist nicht zuletzt auch ‚ideologisch' rahmensetzend für die Kommunalpolitik. Es ist weltweit bekannter als die Stadt Wolfsburg, die deshalb immer versucht hat, das Image einer Werkssiedlung abzulegen und städtische Identifikationspunkte außerhalb des VW-Werkes zu schaffen (City, Kulturbauten etc.). Die Befürchtung war auf Seiten der Stadt immer groß, dass sich die Wolfsburger mehr mit dem VW-Werk identifizieren und sich mehr als ‚VW-ler' sehen würden denn als ‚Wolfsburger'. Das VW-Werk ist darüber hinaus als großzügiger und perfekt organisierter Betrieb prägend für die – so ein Ratsmitglied – „enorm hohe Anspruchshaltung der Wolfsburger Bevölkerung auch gegenüber der Stadt". Das Verhältnis der Mehrheit der Wolfsburger zum Rathaus ist, ein Zitat von Habermas aufnehmend, „nicht in erster Linie politische Beteiligung, sondern eine allgemeine Forderungshaltung, die Versorgung erwartet" (1971: 250). Diese normativen Prägungen gehen so weit, dass das VW-Werk dem alltäglichen Leben der Bewohner und Bewohnerinnen in vielen Bereichen seinen Stempel aufdrückt.

Mit diesen Hinweisen sollte deutlich geworden sein, dass die Frage nach dem Einfluss des VW-Werks auf die Stadtentwicklungs- und Kommunalpolitik in Wolfsburg, sofern damit nur die persönliche werksseitige Einflussnahme auf kommunale Entscheidungsprozesse gemeint ist, zu kurz greift. Tatsächlich wirkt das Werk nicht sozusagen von außen auf die Wolfsburger Kommunalpolitik ein, sondern es ist immer schon von vornherein deren integraler Bestandteil, d. h. in den sich entwickelnden materiellen und normativen Strukturen der Stadt ist das Werksinteresse immer schon enthalten und aufgehoben und braucht nur von Fall zu Fall durch direkte, persönliche Intervention in die Kommunalpolitik eingebracht werden: „Was gut ist für das Werk, ist gut für die Stadt" – das ist ganz allgemeine Auffassung in Wolfsburg.

Zur direkten Einflussnahme des VW-Werks auf die Kommunalpolitik

Selbstverständlich gab und gibt es daneben diese direkte Einflussnahme des VW-Werkes auf die Stadtentwicklung und Kommunalpolitik. Der zentrale Befund der auf diesen Aspekt abzielenden Studie von Hermann Hilterscheid lautete jedoch: Das Unternehmen oder seine Angestellten hat bzw. haben nur die Entscheidungen beeinflusst, an denen es als Unternehmen oder an denen Personen des Unternehmens interessiert waren. „Alle übrigen Entscheidungen der Stadt Wolfsburg – und das waren zahlenmäßig die weitaus meisten –

wurden vom Volkswagenwerk nicht beeinflusst" (1970: 308). Diese Aussage war noch in den 80er Jahren, so die Ergebnisse der zweiten Wolfsburg-Studie, nach wie vor zutreffend. Während es in der Zeit der 50er und 60er Jahre, der sog. Nordhoff-Ära (1948-1968), doch auch noch eklatante Beispiele gab, wo sich werksseitig eingemischt wurde in Dinge, die dem Werk an sich hätten ziemlich egal sein können (wie etwa die Architektur des Theaters oder der Baumbestand der Stadt), so war (1980) hiervon immer weniger zu spüren.

Abbildung 8: Generaldirektor Heinrich Nordhoff und die Belegschaft des VW-Werks 1955

Quelle: Volkswagen AG

Die Bevölkerung war überwiegend deshalb auch der Auffassung, dass der Einfluss des VW-Werkes auf die Kommunalpolitik (im Vergleich zur Nordhoff-Ära) nachgelassen habe. Von über 500 Personen, die 1960 und 1980 mit derselben Frage konfrontiert wurden, nannte 1980 genau ein Viertel weniger das VW-Werk als Machtfaktor in der Kommunalpolitik (Herlyn u. a. 1982: 113). Die Abnahme des Werkseinflusses auf die Kommunalpolitik in den Augen der Wohnbevölkerung wurde sehr direkt mit dem Wechsel des Vorstandsvorsitzenden in Verbindung gebracht: Etwa 90% der sowohl 1960 wie 1980 befragten EinwohnerInnen waren der Meinung, dass Schmücker als Nachfolger Nordhoffs weniger Einfluss nahm (Herlyn u. a. 1982: 112). In der ersten Wolfsburg-Untersuchung wurde der Generaldirektor Nordhoff noch häufiger als das Werk selbst als kommunalpolitischer Machtfaktor genannt,

„der für viele Befragte ... die letzte Instanz bei der politischen Willensbildung darstellt" (Schwonke/Herlyn 1967: 45; Abb. 8).

„Nordhoff, das war schon der ‚König von Wolfsburg'. Er hat halt die Stadt aus dem Nichts gemacht. Er war aber auch der letzte VW-Chef, der als ‚Herrscher aller Reußen' auftrat. Die Nachfolger hatten keine Resonanz in der Bevölkerung, waren Fremde und blieben der Stadt und der Politik, die dort gemacht wurde, fremd." (Amtsleiter, Gespräch v. 19.6.80)

Maßgeblich dafür, dass sich die Führungsschicht des VW-Werks in den 70er und 80er Jahren (gegenüber den 50er und frühen 60er Jahren) kommunalpolitisch weniger engagierte bzw. ‚einmischte', war – wie auch andernorts (Warren 1963: 253) –, dass sich das VW-Werk zu einem weltweiten Konzern entwickelt hatte (Kap. 3), der nun stärker in den nationalen und internationalen Markt integriert war. Seine Probleme hatten sich gleichsam globalisiert mit der Folge, dass die Stadt Wolfsburg nur noch ein Standort von vielen war und an Relevanz für den Konzern verloren hatte. Die Manager des VW-Werks waren überdies beruflich viel eingespannter, als dass da noch viel Zeit gewesen wäre für kommunalpolitisches Engagement, geschweige denn großes Interesse aufgekommen wäre, auf diese Ebene der ‚Dorfpolitik' herabzusteigen. Die Stadt Wolfsburg selbst hatte sich zudem in jener Zeit der 70er und 80er Jahre zu einer quasi vollständigen Stadt entwickelt und warf nicht mehr so viele kommunalpolitisch zu lösende Standortprobleme auf wie noch in den 50er und 60er Jahren, als Wohnungsknappheit herrschte und kultureller Notstand. Auch hatte sich, so die Argumentation in der zweiten Wolfsburg-Studie (Herlyn u. a. 1982: 113ff), die Wolfsburger Verwaltung gegenüber den 50er Jahren professionalisiert.

Insgesamt hatten sich die Beziehungen zwischen Stadt und Werk entkrampft, versachlicht. Wenn es was zu klären gab, dann wandte sich das VW-Werk immer an die Verwaltung der Stadt. Das Werk nahm weder Einfluss auf die Kandidatenaufstellung für den Gemeinderat noch auf das Wahlverhalten seiner Beschäftigten. Dennoch war in den 50er und 60er Jahren die Mehrheit der Ratsmitglieder bei VW beschäftigt; aber das ergab sich gleichsam zwangsläufig, weil eben auch die Mehrheit in der Wolfsburger Bevölkerung bei VW beschäftigt war. Der Stadtrat war für das VW-Werk auch insofern relativ uninteressant, weil bei den das VW-Werk betreffenden Angelegenheiten die VW-Ratsmitglieder ohnehin ‚wegen Befangenheit' (§ 26 Nieders. Gemeindeordnung) nicht hätten mit abstimmen dürfen. In den 50er Jahren musste sogar ein Extra-Erlass für Wolfsburg sicherstellen, dass der Gemeinderat beschlussfähig blieb, wenn die Ratsmitglieder, die bei VW beschäftigt waren, ‚wegen Befangenheit' hinausgingen. Dennoch waren früher, in den 50er und 60er Jahren, immerhin einige leitende Angestellte des VW-Werks bzw. Betriebsratsmitglieder als Fraktionschefs, als Mitglied des

Verwaltungsausschusses, ja, sogar als Bürgermeister (man denke an den langjährigen Bürgermeister Hugo Bork) auch in verantwortlichen Positionen in der Wolfsburger Kommunalpolitik tätig. Das hatte sich in den 70er, 80er Jahren aber verändert.

Die persönliche, direkte Einflussnahme des Werks auf die Kommunalpolitik reduzierte sich in dieser Zeit also auf die Angelegenheiten, die für VW direkt relevant waren. Man beschränkte sich dabei in seinen Kontakten auf die jeweils relevanten Dezernenten bzw. Abteilungsleiter in der Wolfsburger Verwaltung. Die Kontakte wurden als normal, geschäftsmäßig bezeichnet. Dabei konnte seitens des Werks von vornherein vorausgesetzt werden, dass man sich auf Seiten der Stadt um die entsprechende Erledigung der Angelegenheit kümmerte. Dennoch kam es immer mal wieder zu Spannungen, Schwierigkeiten und Verstimmungen und zwar auf beiden Seiten. Dabei ließen sich, so die Ergebnisse der zweiten Wolfsburg-Studie (Herlyn u. a. 1982: 119ff), drei typische Konfliktarten unterscheiden:

- Das VW-Werk verlangt etwas, was das lokale politisch-administrative System nicht schnell und reibungslos genug erfüllen kann.
- Das VW-Werk stellt unklare, widersprüchliche oder sich kurzfristig ändernde Forderungen, die die Stadtverwaltung verunsichern.
- Das VW-Werk verfolgt Interessen, die mit dem Allgemeinwohl-Anspruch, dem Gleichbehandlungsgrundsatz, dem Legalitätsprinzip des lokalen politisch-administrativen Systems nicht (voll) kompatibel gemacht werden können.

Im Prinzip aber galt und gilt nach wie vor die Aussage eines Ratsherrn aus dem Jahre 1980:

„Wenn das Werk zu einer bestimmten Meinung kommt, dann kann der Rat der Stadt letztlich nur mit dem Kopf nicken; da sollte man sich nichts vormachen. Wer das nicht akzeptiert, ist ein Illusionär oder sollte aufhören in Wolfsburg Politik zu machen."

Eine neue Stufe der Kooperation: Die Wolfsburg AG

In den letzten Jahren hat sich – als Folge der VW-Krise Anfang der 90er Jahre – eine neue Stufe der Kooperation zwischen Stadt und Werk herauskristallisiert.

Zunächst einmal beschritten Volkswagen-Konzern und Stadt aber getrennte Wege der Krisenbewältigung (ausf. Harth u. a. 2010: 31ff). Es schien, als seien dem Konzern die stadtentwicklungspolitischen Konsequenzen seiner betriebswirtschaftlichen Planungen ziemlich egal. So wurde z. B. offen über eine Verlegung des Konzernsitzes von Wolfsburg diskutiert. Mehr und mehr setzte sich dann aber bei VW die Einsicht durch, dass man – ohne selbst einen erheblichen Imageschaden zu erfahren – die Stadt nicht einfach würde ‚hängen lassen' können und als ‚global player' kaum in einer Stadt, „der Armut, Niedergang und Provinzialität sofort anzumerken wäre" (Tessin 2003: 139), würde residieren können. Im Zusammenhang der Weltausstellung im Jahr 2000 in Hannover, in deren Rahmen sich auch das VW-Werk mit der Autostadt in Wolfsburg der Weltöffentlichkeit präsentierte, schien es im Firmeninteresse sinnvoll, auch die Stadt Wolfsburg etwas aufzumöbeln, deren eigene Mittel – nicht zuletzt auf Grund der VW-Krise (Gewerbesteuer, Soziallasten) – nicht ausreichten, das selbst zu bewerkstelligen.

In der Folge erfuhr das Verhältnis von Stadt und VW-Werk eine deutliche Veränderung, was seinen symbolischen Ausdruck darin fand, dass im Jahr 1998 die Volkswagen AG der Stadt Wolfsburg öffentlichkeitswirksam zum 60. Geburtstag das sogenannte AutoVision-Konzept schenkte. Das im Wesentlichen von VW (unterstützt durch eine Unternehmensberatung) entwickelte Konzept AutoVision ist das größte und grundlegendste Zukunftsprojekt der jüngeren Stadtentwicklung und leitete eine grundlegende Stadterneuerung ein (vgl. auch Kap. 3). Auch Wolfsburg sollte sich der „wettbewerbsorientierten Standortpolitik" (Heinz 2008: 23) stellen und versuchen, die kommunale Attraktivität und Wettbewerbsfähigkeit in Bezug auf externe Akteure wie Investoren, zukunftsorientierte Unternehmen, hoch qualifizierte Arbeitskräfte wie auch Touristinnen und Touristen zu steigern.

Das AutoVision-Konzept sah dazu eine Palette von Maßnahmen vor, die zunächst einmal werksseitig interessant waren (Kap. 3). Für die Stadtentwicklung Wolfsburgs folgenreichster Ausdruck dieser neuen Strategie war das Setzen auf erlebnisbezogene Großprojekte, denen auch in anderen Städten eine „Lokomotivfunktion für die Stadtentwicklung" zukommt (Schubert 2000: 421). Dadurch sollte nicht nur ein Beitrag zur Diversifizierung der Wirtschaftsstrukturen geleistet und privates Kapital mobilisiert werden. Zugleich sollte Wolfsburg in seinen städtischen, städtebaulichen und vor allem erlebnisbezogenen Qualitäten aufgewertet werden. Mit der Politik der erlebnisorientierten Großprojekte war explizit das Ziel verbunden, der Stadt zu mehr Urbanität zu verhelfen. Die Großprojekte sollten zu Kristallisationspunkten des innerstädtischen Lebens werden und die Stadt attraktiver, bunter und vielfältiger machen.

Die im AutoVision-Konzept enthaltene Idee, Wolfsburg zum Erlebnis zu machen, war weitreichend und spektakulär (Abb. 9), denn in Wolfsburg war kein Freizeitpark der herkömmlichen Art auf der ‚grünen Wiese' geplant. Vielmehr sollte die Stadt selbst zur Erlebniswelt werden (AutoVision-Broschüre 1998: 9). Durch verschiedene „Ankerattraktionen" sollte ein „Besucherstrom quer durch die Stadt erfolgen". Wolfsburg sollte „zu einer Destination, zu einem überregionalen Anziehungsort" entwickelt werden, so die Initiatoren damals.

Abbildung 9: Masterplan Erlebnisdistrikte laut Ratsbeschluss 2000

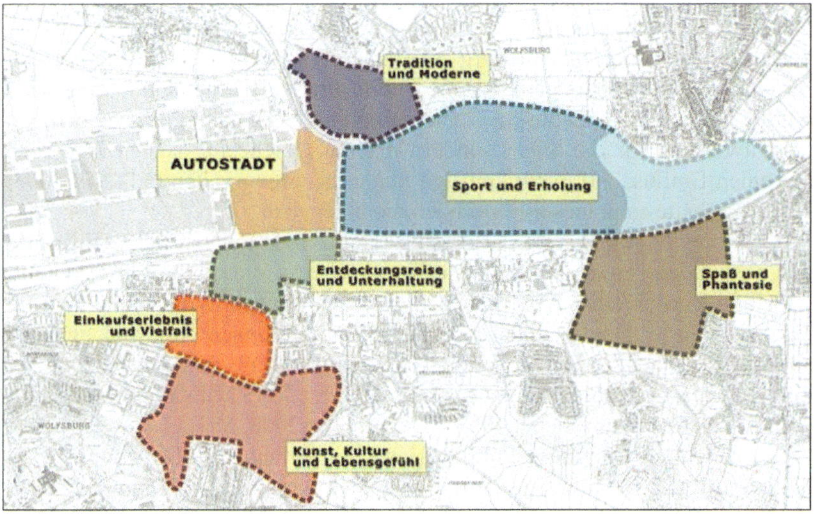

Quelle: Wolfsburg AG

Das Erlebniskonzept sah vor, an sechs über die erweiterte Innenstadt verteilten räumlich getrennten Standorten ‚Erlebnisdistrikte' mit unterschiedlichen Themenbereichen zu realisieren: Um das 1994 eröffnete Kunstmuseum herum sollte der Distrikt ‚Kunst, Kultur und Lebensgefühl' verwirklicht werden. Auch Forschungseinrichtungen und eine Universität waren angedacht. Um ein neu zu bauendes innerstädtisches Einkaufszentrum sollte ein Distrikt zum Thema ‚Einkaufserlebnis und Vielfalt' entstehen. Der Bereich um den Bahnhof – in Wolfsburg ‚Nordkopf' genannt – sollte als Drehscheibe einen exponierten Stellenwert erhalten. Dort sollten die Themen ‚Entdeckungsreise und Unterhaltung' im Mittelpunkt stehen. Der Distrikt ‚Tradition und Moderne' sollte um das Schloss in Alt-Wolfsburg herum entstehen und z. B. eine Arena für mittelalterliche Reiter- und Ritterspiele umfassen, während sich die Distrikte ‚Sport und Erholung' und ‚Spaß und Fantasie' auf einen Freiraum rund ums Fußballstadion zentrieren sollten, der ganz auf zukunftsorientierte Trendsportarten mit einer spektakulären Sport-Erlebniswelt mit überdachter Skibahn (Ski-Dome) und einer Multifunktions-Arena für Eishockey und andere Sportevents hin ausgerichtet werden sollte. Die Erlebniswelt sollte von hochkarätigen Investoren, wie z. B. Warner, Microsoft oder Disney in einem Zeitraum bis 2028 erstellt werden. Auch wenn etliche Projekte des Masterplans (so) nicht realisiert wurden, so dient er aus Sicht hochrangiger

Stadtexperten noch heute als „heimliche Leitlinie" der Stadtentwicklungspolitik. Ende der 1990er Jahre/Anfang 2000 begann die Stadtentwicklung durch Großprojekte unter dem Leitmotiv der Erlebnisorientierung, die mit einer ganz neuen umfassenden Kooperationsform zwischen Konzern und Stadt – der 1999 gegründeten Wolfsburg AG („Gesellschaft für Beschäftigung und Strukturförderung") als gemeinsame Public Private Partnership – umgesetzt wurde. Durch die Wolfsburg AG übernahm das Werk nicht nur ganz offiziell Verantwortung für die Stadt, sondern machte gleichzeitig seinen Anspruch auf einen Einfluss auf die zukünftige Stadterneuerung geltend (Tessin 2003: 140). Das hatte es in dieser Form noch nicht gegeben.

Mit der Public Private Partnership (Heinz 1998) waren hohe Erwartungen verbunden: Städtischerseits hoffte man, dass die zukünftige Stadtentwicklung nun in einer ganz neuen und weitaus dynamischeren Dimension erfolgen würde. Dem standen zahlreiche Befürchtungen entgegen, wie die auch in der Fachliteratur genannten gewichtigen Einschränkungen bei der kommunalen Gestaltungshoheit bis hin zu einer „Refeudalisierung der Stadtpolitik" (Häußermann/Siebel 1993, Häußermann 2008: 583).

Tatsächlich war diese Public Private Partnership in der Anfangsphase recht erfolgreich. Trotzdem stellte sich das Verhältnis zwischen VW und Stadt aber keineswegs als reibungslos dar. Schon bald zeichnete sich ab, dass die Wolfsburg AG Gefahr lief, durch VW für eigene Interessen benutzt zu werden (Krebs 2004: 94). So stellte man bspw. schon relativ kurze Zeit nach Gründung der Wolfsburg AG bei Volkswagen fest, dass manches, das für Wolfsburg im AutoVision-Konzept entwickelt worden war, auch für den gesamten Konzern und seine Restrukturierung genutzt werden konnte, insbesondere im Leiharbeits- und Outsourcing-Bereich als Instrument der internen Personalsteuerung. Die Wolfsburg AG ist aber in ihren Marktfeldern eingeschränkt, sie darf als halbstädtische Gesellschaft nur in Wolfsburg tätig werden. Weil der Konzern diese Personaldienstleistungen aber auch an anderen Standorten benötigte, wurde bereits 2001 die sog. ‚AutoVision GmbH' als hundertprozentige VW-Tochter gegründet.

Als problematisch erwies sich nun in der Folgezeit, dass die Abtrennung von der (privatwirtschaftlichen, nicht ortsgebundenen) AutoVision GmbH und der (dem Gemeinwohl in Wolfsburg verpflichteten halbstädtischen) Wolfsburg AG nicht deutlich und klar vollzogen wurde. Schwierig waren nicht nur die inhaltlichen Überschneidungen, sondern auch, dass AutoVision GmbH und Wolfsburg AG zunächst in Personalunion geführt wurden, d. h. die Unternehmensleitungen waren nahezu identisch.

2005/2006 kam Kritik an der engen Verflechtung von AutoVision GmbH und Wolfsburg AG auf, vor allem von städtischer Seite, die die größeren Probleme mit der Personalunion hatte. Die Sorge war, dass der Konzern zu stark in städtische Belange steuernd eingreifen würde.

Am Anfang war die Aufgabenstellung der Wolfsburg AG (die Reduzierung der Arbeitslosigkeit in Wolfsburg) ebenso wie die Arbeitsteilung zwischen städtischen Akteuren und VW in der Wolfsburg AG relativ klar gewesen: VW ist der Partner, der Ideen generiert und das internationale Know-How einbringt, der Investoren und Betreiber für die Großprojekte gewinnt und die Projektsteuerung (alles immer in Rückkopplung zum Masterplan) übernimmt, während die Stadt das (planungs-)rechtliche Know-How einbringt, Kosten für notwendige Infrastrukturmaßnahmen trägt und die verwaltungsmäßige Bearbeitung z. B. bei Unternehmensgründungen (beschleunigt) abwickelt. Diese Klarheit verschwand aber im Lauf der Zeit immer mehr. Gerade die Erfolge im Hinblick auf die Unternehmensansiedlung und die Zeitarbeit führten dazu, dass die stadtentwicklungsrelevanten Aufgaben immer mehr ins Hintertreffen gerieten. Auf massives Betreiben der Stadt, die 2006 und 2007 den Vorsitz im Aufsichtsrat der Wolfsburg AG übernahm, fand dann eine Entflechtung zwischen AutoVision GmbH und Wolfsburg AG statt. Beide Unternehmen wurden personell wie räumlich getrennt; die formale Entflechtung fand am 1.1.2007 statt.

Die Beziehung zwischen Stadt und VW, wie sie in der Wolfsburg AG verankert ist, unterlag dann im weiteren Verlauf einem Re-Definitionsprozess – und zwar von beiden Seiten. Jeder der beiden Partner wandte sich verstärkt wieder den eigenen Kernaufgaben zu. Volkswagen zog sich aus der Stadtentwicklung mehr oder weniger komplett zurück. Der Konzern kämpfte mit einer erneuten Absatzkrise, und nachrückende Personen brachten nicht mehr in dem Maße wie ihre Vorgänger Interesse für den Standort auf.

Die Stadt wandte sich wieder vermehrt der genuin kommunalen Aufgabe der Daseinsvorsorge zu. Die Rückbesinnung auf die Bewohner und Bewohnerinnen schien auch dringend notwendig. Ein Teil der Bürger und Bürgerinnen war unzufrieden mit der Entwicklung und sah eine Vernachlässigung der kommunalen Alltagsbelange im Zuge der Großprojekt-Politik (Harth u. a. 2010: 215ff). Zudem stand eine Kommunalwahl an. So wurde das Konzept der sogenannten ‚Wohlfühlstadt' aus der Taufe gehoben. Dessen übergeordnetes Ziel bestand darin, die Wolfsburger an ihre Stadt zu binden und auch für Neubürger attraktiv zu werden. Hintergrund war der durch rückläufige Geburtenzahlen und hohe Abwanderungen verursachte Einwohnerschwund der letzten Jahre (Kap. 5). Das Konzept dieser primär auf die eigene (und auch potenzielle) Bewohnerschaft gerichteten Stadtpolitik umfasst Maßnahmen der Infrastrukturpolitik (wie eine umfassende Sanierung und Modernisierung aller Schulen oder den Ausbau von Kinderbetreuungseinrichtungen), Maßnahmen der Familienförderung (z. B. Bauförderung) sowie qualitative Verbesserungen der Bildungsangebote (z. B. bilingualer Unterricht) (Wolfsburg-Saga 2008: 490ff). Zudem spielt auch bürgerschaftliche Partizipation wieder eine bedeutsamere Rolle, die in der dynamischen Stadtentwicklungsphase Ende der 1990er bis Mitte der 2000er Phase vernachlässigt worden war (Harth u. a. 2010: 201ff). So will die Stadt einen neuen umfassenden Leitbildprozess initiieren, der vor allem das Ziel verfolgt, die lokale Identifikation der Bewohnerschaft zu erhöhen. Gerade in einer Stadt wie Wolfsburg waren bürgerschaftliches Engagement und Partizipation eher unterentwickelt. Zum einen haben die rahmensetzenden Bedingungen durch Volkswagen eine gewisse Versorgungsmentalität und Passivität befördert, zum anderen fehlte es von Anfang an bildungsbürgerlichen Schichten als Träger von Bürgermitwirkung. Im Rahmen der Schulsanierung und -modernisierung wird der Partizipation von Kindern und Jugendlichen vor allem auch deswegen ein so hoher Stellenwert beigemessen, weil hier ‚von der Pieke auf' Partizipation gelernt werden könne, so einer Vertreter der Stadtspitze.

In der Zusammenarbeit von Stadt und Werk in der Wolfsburg AG fand eine Rückbesinnung auf die ursprünglichen Ziele, Strukturentwicklung in Wolfsburg zu betreiben, statt, wie etwa die Suche nach Investoren für weitere Großprojekte oder Personaldienstleistungen. Doch gab es schon bald neuen Dissens zwischen den beiden Kooperationspartnern. Seit 2009 gibt es nach Expertenauskunft (März 2012) eine „neue Ausrichtung der Wolfsburg AG und zwar die, dass die Wolfsburg AG auch die Wachstumsinitiative bzw. die Wirtschaftsstrukturgesellschaft für die ganze Region sein soll". Volkswagen habe großes Interesse an einer Fusion der 2004 auf Initiative von VW gegründeten, aber nicht so erfolgreichen Projektregion Braunschweig GmbH mit der erfolgreicheren Wolfsburg AG. Alle Aufgaben von der Standortentwicklung bis hin zur lebenswerten Gestaltung des Umfeldes, um die sich bisher die Wolfsburg AG (aber eben gemäß ihrem Auftrag und ihrer Gründungsidee nur für Wolfsburg!) gekümmert hat, sollten – ginge es nach Volkswagen – auf die gesamte VW-Region in Südostniedersachsen übertragen werden. Die Stadt hat vor dem Hintergrund zunehmender Internationalisierung und Globalisierung durchaus Verständnis für diese Position, fürchtet aber um ihre privilegierte Stellung als ‚Hauptstadt des VW-Imperiums' und die damit verbundene Sonderstellung in Bezug auf das Kultur- und Sportsponsoring des Konzerns am Standort. Zwar gibt es seit 2009 eine lose Kooperation bzw. Allianz der Wolfsburg AG mit der Projektregion Braunschweig GmbH, eine stärker institutionalisierte Zusammenarbeit womöglich unter einem Dach lehnt die Stadt Wolfsburg aber ab. Man brauche die Wolfsburg AG mit ihren Möglichkeiten weiterhin für sich als ‚schnelles Instrument', ohne sich mit Salzgitter, Goslar, Wolfenbüttel und Braunschweig in langen Entscheidungsproessen abstimmen zu müssen, so ein Vertreter der Stadtspitze.

Alles in allem zeigt der Einzelfall Wolfsburg sehr deutlich die Chancen und Risiken derartiger Kooperationen zwischen Stadt und Privatwirtschaft. Einerseits hat die Wolfsburg AG der Stadt durchaus zu einem Innovationsschub vor allem in den Bereichen Arbeitsmarkt und Wirtschaft verholfen. Sie hat auch das Selbstbewusstsein der Stadt erhöht, in anderen Bereichen, z. B. beim Wohnungsneubau oder bei der Gestaltung des Innenstadtbereichs lange Versäumtes in Angriff zu nehmen. Andererseits zeigt sich aber auch, wie stark die Wolfsburg AG den Interessenlagen des privaten Akteurs unterworfen ist und die enge Kooperation zwischen Stadt und Werk immer wieder der Gefahr unterlag, von VW dominiert zu werden.

5. Bevölkerungsstruktur

Auch wenn die heutige Struktur der Wohnbevölkerung Wolfsburgs kaum noch in irgendeiner Hinsicht auffällig ist, so war das nicht von Anfang an so. Vielmehr war für die ersten Jahre eine Mischung von Menschen unterschiedlichster landsmannschaftlicher Herkunft kennzeichnend, die noch dazu sehr jung waren: ein ‚zusammengewürfeltes Volk' (Kap. 10). Ebenso charakteristisch war eine hohe Fluktuation der Bevölkerung, weil Wolfsburg Durchgangslager für Flüchtlinge und Vertriebene war.

Für jede Stadt ist aber wichtig, dass die Menschen, die – aus welchen Gründen auch immer – in die Stadt kommen, um dort zu leben, sich dort so wohl fühlen, dass sie auch dort bleiben wollen. Der Verbleib ist vor allem für eine Neue Stadt von existenzieller Bedeutung, weil sich die Integration nur auf dem Sockel einer sesshaft werdenden Einwohnerschaft entwickeln kann.

Mobilität und Sesshaftigkeit

Wenn man einmal von der Zeit während des II. Weltkriegs absieht, in der neben Arbeitskräften aus der Region zum großen Teil Fremdarbeiter im VW-Werk zwangsverpflichtet waren, so beeinträchtigte in den ersten Nachkriegsjahren eine ständige Fluktuation die „Herausbildung einer ortsverbundenen Stammbelegschaft" (Uliczka 1993: 16). „Die hohe Fluktuation bis zur Währungsreform brachte ebenso Unruhe in den Betrieb wie die enormen Neuzugänge in den folgenden Jahren. So lässt sich die Fluktuationsrate in der Tat nur aus der miserablen Versorgungslage und der Hoffnung auf Rückkehr zur eigenen Familie erklären" (ebd.: 371f). Mit der schlechten Versorgungslage sind vor allem die Wohnverhältnisse gemeint. Wenn auch Wohnungsneubauten geschaffen wurden, so waren doch die meisten in Baracken untergebracht. Am Ende des II. Weltkriegs glich die Stadt des KdF-Wagens einer Barackenstadt (Abb. 4 in Kap. 1).

Dieses trostlos aussehende ‚Stadtbild' wurde ansatzweise noch während des Krieges, nachhaltig nach dem II. Weltkrieg, durch Wohnungsneubau ersetzt: „Der Komfort der Wohnungen selbst, Wohnlage und Umgebung waren gemessen am bisherigen Standard beispielhaft" (Recker 1981: 48).

Entsprechend der Konsolidierung der Lebensverhältnisse verschwand das Stigma für die Stadt, nur Durchgangsstation für die Flüchtlinge auf dem Weg vom Osten zum Westen zu sein. „Wer nach Wolfsburg kam, wollte in der Regel für längere Zeit oder dauernd bleiben" (Schwonke/Herlyn 1967: 56). Die Aussage der Wanderungsstatistik und das Ergebnis der repräsentativen Befragung von 1960 waren eindeutig: In den 1950er Jahren lag die Fortzugsquote in Wolfsburg unter dem Durchschnitt vergleichbarer anderer Städte. Die Einwohnerschaft von Wolfsburg hatte sich in mindestens gleichem Maße auf Dauer eingerichtet wie die Menschen in anderen Städten, obgleich der Anteil der jüngeren Jahrgänge an der Bevölkerung wesentlich höher lag als in anderen Städten und obgleich der Anteil derer, die durch unbeweglichen Besitz (Haus oder Land) gebunden waren, relativ gering war. Dafür waren das unwiderrufliche Ende des vorherigen Lebens (es gab ja kein Zurück) ebenso maßgeblich wie die Arbeitsplatz- und Aufstiegschancen, die sich durch das VW-Werk am Ort ergaben.

Befragen wir die Bevölkerungsstatistik der letzten 64 Jahre im Rückblick, so ergibt sich ein recht aufschlussreiches Bild (Abb. 10). Die natürliche Bevölkerungsbewegung ist – wie auch in anderen Städten – nur zum geringen Teil am Wachstum oder an der Schrumpfung der Bevölkerung beteiligt. Wir erkennen bis Mitte der sechziger Jahre einen zunehmenden Geburtenüberschuss, der dann – wie überall in der Bundesrepublik – zurückgeht und danach praktisch keine Rolle mehr spielt: Geburten und Todesfälle gleichen sich annähernd aus. Seit 1993 werden in Wolfsburg – wie auch in anderen Städten – mehr Sterbefälle als Geburten registriert.

Sehr viel bedeutungsvoller für die Integration in einer Stadt ist die Wanderungsbilanz, die in Wolfsburg bis in die Mitte der 1960er Jahre einen ungebrochen großen positiven Wanderungsüberschuss ausweist. In der Folgezeit wird nicht nur das positive Wanderungssaldo im Durchschnitt geringer, sondern bemerkenswert sind die nicht unerheblichen negativen Salden, die zusammenfallen mit den Absatzkrisen des VW-Werkes in den Jahren 1966/67, 1971/72, 1974/75 und 1992/93 (zu den Krisen: Herlyn u. a. 1982: 63f, Harth u. a. 2000: 125ff und Kap. 3). Bemerkenswert ist die Tatsache, dass es in Wolfsburg noch nie einen über sechs Jahre andauernden negativen Wanderungssaldo gab wie in den 1990er Jahren. So ist die seit der Gebietsreform im Jahr 1972 immer um 130.000 schwankende Einwohnerzahl in den 1990er Jahren deutlich gesunken – im Jahr 2007 sogar auf unter die 120.000er Marke. Zwar lag der Bevölkerungsrückgang deutlich unter dem verschiedener Vergleichsstädte (Regensburg, Bottrop, Remscheid, Salzgitter, Erlangen; vgl. Stadtstrukturkonzept 2003: 11), dennoch stellte sich die Entwicklung aus Sicht der Kommunalpolitiker als durchaus ernstzunehmend

Abbildung 10: Bevölkerungsbilanz Wolfsburgs 1946-2010

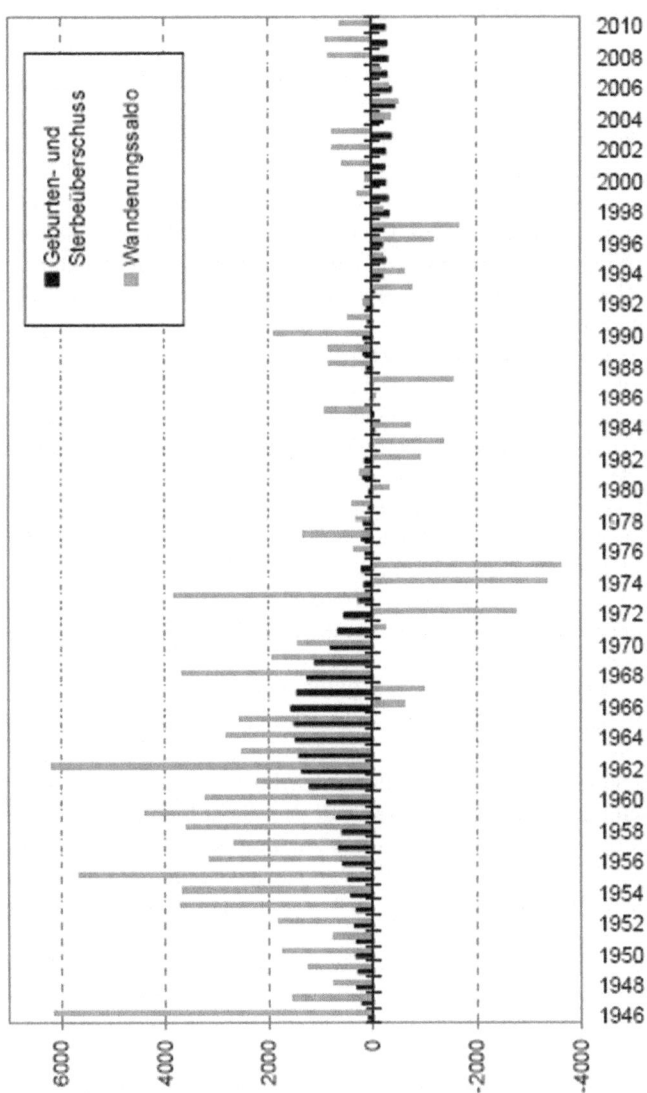

Quelle: Herlyn/Tessin 2000: 78, ab 1961: Stadt Wolfsburg, Statistik, nachrichtlich

dar. Zwischen 1999 und 2003 konnte Wolfsburg dann aber wieder mehr Zu- als Abwanderungen verbuchen, was auch zu dem leichten Anstieg der Bevölkerungszahl führte. Zwischen 2004 und 2007 fiel das Wanderungssaldo wieder negativ aus, und seit dem Jahr 2008 wieder positiv. Derzeit leben gut 121.000 Menschen in Wolfsburg. Der entscheidende Grund für die schwankende Bevölkerungsentwicklung in Wolfsburg ist (natürlich neben dem einmaligen Anstieg aufgrund der Gebietsreform) die Beschäftigungsentwicklung im Volkswagenwerk.

Nach den verschiedenen Krisen im VW-Werk wissen wir, wie unmittelbar sich krisenhafte Beschäftigungseinbrüche in nennenswerte Abwanderungen umsetzen (Abb. 11). Seit der Krise Mitte der siebziger Jahre haben sich im Großen und Ganzen nicht nur die Wanderungssalden etwas abgeflacht, sondern auch die absolute Zahl von Zu- und Fortgezogenen hat sich gegenüber früher vermindert. Erklärungsbedürftig ist vor allem das starke Auseinanderklaffen zwischen positiver Belegschaftsentwicklung Mitte der achtziger Jahre und negativer Belegschaftsentwicklung zur Zeit der letzten großen Krise in der Mitte der neunziger Jahre auf der einen und gemäßigten Wanderungssalden auf der anderen Seite. Waren es Mitte der achtziger Jahre vor allem Gastarbeiter, die als „fungible industrielle Reservearmee" entlassen und dann wieder vermehrt eingestellt wurden (Moorhoff 1999: 56ff), so griffen in der Krise in den neunziger Jahren relativ ausgeklügelte sozialpolitische Maßnahmen des VW-Werks, vor allem differenzierte Arbeitszeitregelungen mit Jahreslohnminderungen und Vorruhestandsregelungen. Das Bündel dieser Maßnahmen verhinderte eine Abwanderungswelle, wenngleich der Wanderungssaldo bis 1998 negativ blieb. Seit 2008 steigt die Beschäftigtenzahl bei VW wieder (Übersicht im Anhang), und auch die Wanderungsbilanz der Stadt ist wieder positiv.

Mit den (mangelnden) Arbeitsmöglichkeiten im Volkswagenwerk kann man das Verlassen und Verbleiben in der Stadt aber nicht hinreichend erklären. Auch die Wohnbedingungen – vor allem zur Zeit der Wohnungsnot bis in die 1960er Jahre – sind dabei ein nicht zu vernachlässigender Faktor. Hier hatte Wolfsburg mit der Zeit eine Menge zu bieten insofern, als es sich überwiegend um einen neuen, zeitgemäßen, allerdings auch teureren Wohnungsbestand handelte, was die gut verdienenden Wolfsburger sich aber ohne Weiteres leisten konnten. Als Wohnstandort musste sich Wolfsburg aber mehr und mehr auch der Konkurrenz zu seinem Umland stellen (Kap. 2 und 9), der Anteil der Einpendler war von jeher hoch. Seit den achtziger und mehr noch in den neunziger Jahren konnte Wolfsburg als Wohnstandort nicht mehr ausreichend von Arbeitsplatzzuwächsen im Werk profitieren, viele blieben im Umland wohnen oder zogen gleich dorthin – zumal man im wachsenden Eigentumsbereich innerhalb der Stadt fast keine Angebote vorhielt.

Abbildung 11: VW-Beschäftigte und Wanderungen 1946-2010

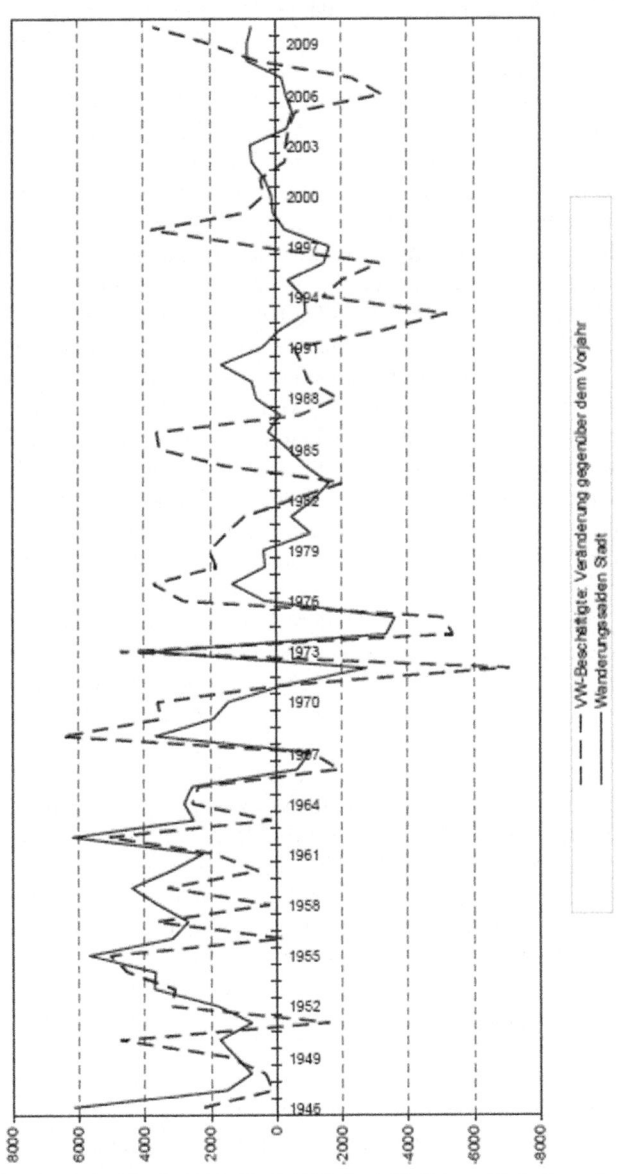

Quelle: Herlyn/Tessin 2000: 80; ab 1980: Stadt Wolfsburg, Statistik, nachrichtlich

Eine Ende der neunziger Jahre durchgeführte Wanderungsmotivbefragung der Stadt (Stadt Wolfsburg Hg. 1998) ergab, dass die Gründe für Nahfortzüge überwiegend wohnungsbedingt waren, wobei der Wunsch nach der Bildung von Eigentum an der Spitze der Motive lag. Die Tatsache, dass fast zwei Drittel der gewanderten Familienverbände auch weiterhin ihren Arbeits- oder Ausbildungsplatz in Wolfsburg hatten, zeigte, dass die über die Jahre so erfolgreiche ‚Integrationsmaschine Wolfsburg' inzwischen im Wohnungsbereich erhebliche Defizite aufwies. Durch unzureichende Grundstücksangebote innerhalb des Stadtgebiets, aber auch durch fehlende attraktive, veränderten Wohnansprüchen angepasste Angebote im Mietwohnungsbereich hatte die Stadt insbesondere seit Anfang der 1990er Jahre einen sprunghaften Anstieg der Fortzüge gerade Bessergestellter ins Umland zu verzeichnen.

Wie oben (Kap. 2) ausgeführt, hat die Stadt ab Mitte der neunziger Jahre die Weichen für einen verstärkten Eigenheimbau und eine Weiterentwicklung des urbanen Wohnens in der Stadt gestellt, um wohnungsbedingte Abwanderungen durch entsprechende Angebote zu verringern. Unsere Untersuchungen zeigen, dass die Wolfsburger Bevölkerung die Verbesserung der Baumöglichkeiten positiv zur Kenntnis nahm. Gab 1998 nur knapp die Hälfte der Befragten an, dass es in ausreichendem Umfang Baumöglichkeiten in der Stadt gebe, waren es 2007 fast 90%! Das bedeutet, dass fast alle, die innerhalb des Stadtgebietes bauen wollten, hierzu auch die Möglichkeit sahen (Harth u. a. 2010: 33). Parallel wurden Modernisierungen der bestehenden Wohnbausubsanz gerade im Innenstadtbereich vorgenommen und citynahe Neubauwohnungen mit individuellen Grundrissen angeboten (Wolfsburg Marketing GmbH Hg. 2009: 28ff), auch um diese den veränderten Wohnbedürfnissen von Jüngeren und aufstrebenden Familien anzupassen. Die Maßnahmen zeigen Wirkung, denn die Wohnzufriedenheit der Wolfsburger ist wieder gestiegen. 2009 gaben 92% der Wolfsburger an, sehr gerne in der Stadt zu wohnen. Damit gehört Wolfsburg deutschlandweit in die Spitzengruppe der Städte mit der höchsten Wohnzufriedenheit (Imageanalyse 2009: 3, 16). Offenbar ist es gelungen, durch eine attraktive Wohnungsbaupolitik vermehrt von außen Kommende zum Zuzug nach Wolfsburg zu bewegen. Allerdings haben sich Motive und Sozialstruktur der Abwanderer kaum geändert: Wohneigentumsbildung ist nach wie vor das zentrale Motiv, wie die 2006 veröffentlichte Wanderungsmotivbefragung (Stadt Wolfsburg 2006) ergab. Und durch Neueinstellungen bei VW gibt es derzeit ein sehr großes Interesse an Mietwohnungen in der Stadt, das aber nicht erfüllt werden kann.

Zu den Faktoren, die dazu beitragen, eine Bindung an die Stadt zu erreichen, gehört auch eine Differenzierung des Arbeitsplatzangebots hinsichtlich der Qualifizierung. In einer monostrukturierten Arbeiterstadt, die Wolfsburg ja lange Zeit war (Kap. 6), besteht die Gefahr, dass gerade jüngere und besser ausgebildeten Personen diese Stadt verlassen (müssen). So wurde in der zweiten Studie ein durch die industrielle Monostruktur bedingtes „quantitativ als auch qualitativ typischerweise begrenztes Ausbildungs- und Lehrstellenangebot" festgestellt (Herlyn u. a. 1982: 130f). In der dritten Studie (Harth u. a. 2000) zeigte sich eine besonders bei Jüngeren erhöhte Mobilitätsbereitschaft, die einmal lebenszyklisch bedingt war. In Wolfsburg kam aber als verstärkender push-Faktor dazu, dass auch Ende der 1990er Jahre noch viele aus ausbildungs- und berufsbezogenen Gründen die Stadt verlassen mussten oder wollten:

„Aus dieser Stadt hier möchte ich raus. Ich möchte auch mal was anderes als VW sehen. Wenn man nicht zu VW will, dann muss man doch weg." (Azubi, 22 J.)

Diese Situation hat sich in den letzten zehn Jahren durchaus geändert. Wie beschrieben (Kap. 4) hat die Stadt viel stärker als vorher ihre Anstrengungen auf die Wirtschaftsförderung und Ansiedlungspolitik gerichtet. In diesem Zusammenhang wurde auch das Angebotsspektrum im Hinblick auf die Beschäftigungsmöglichkeiten erweitert, auch jenseits des VW-Konzerns. So gibt es heute ein größeres Arbeitsplatzangebot in den Bereichen Handel, Gastgewerbe und Verkehr sowie im Dienstleistungsbereich, und auch die Nachfrage nach gut ausgebildeten (Führungs)kräften ist (vor allem aber bei VW) gestiegen. Durch den Ausbau der Fachhochschule sind junge Wolfsburger heute nicht mehr unbedingt gezwungen, zum Studieren die Stadt zu verlassen. Diese Verbesserung der Arbeitsmarktsituation wird von der Wolfsburger Bevölkerung ebenfalls wahrgenommen: Waren 1998 noch 39% der Meinung, dass Wolfsburg sich durch „berufliche Aufstiegsmöglichkeiten" auszeichne, so sahen dies 2007 immerhin 51% so (Harth u. a. 2010: 65).

Altersaufbau

2003 wurde den Entscheidungsträgern der Stadt eine Bevölkerungsvorausrechnung bis zum Jahr 2015 und drei Jahre später bis 2020 präsentiert. Insgesamt war zu erkennen, dass in Wolfsburg der Anteil der über 75-Jährigen an der Gesamtbevölkerung stark ansteigen, die Zahl der unter 21-Jährigen hingegen kontinuierlich abnehmen wird (Wolfsburg-Saga 2008: 490).

Tatsächlich hat der Anteil Älterer weiter zugenommen. Betrug die Quote über 65-Jähriger Ende 2000 noch 15%, so lebten 2011 bereits 23% ältere Menschen ab 65 Jahren in der Stadt (Bevölkerungsbericht 2011: 18), während der Anteil Jüngerer zurückging. Dieser Teilprozess des allgemeinen demographischen Wandels ist zwar für viele deutsche Städte typisch, für Wolfsburg stellt er aber ein neues Problem dar.

Abbildung 12: Altersaufbau der Stadt Wolfsburg und der Bundesrepublik Deutschland 1959

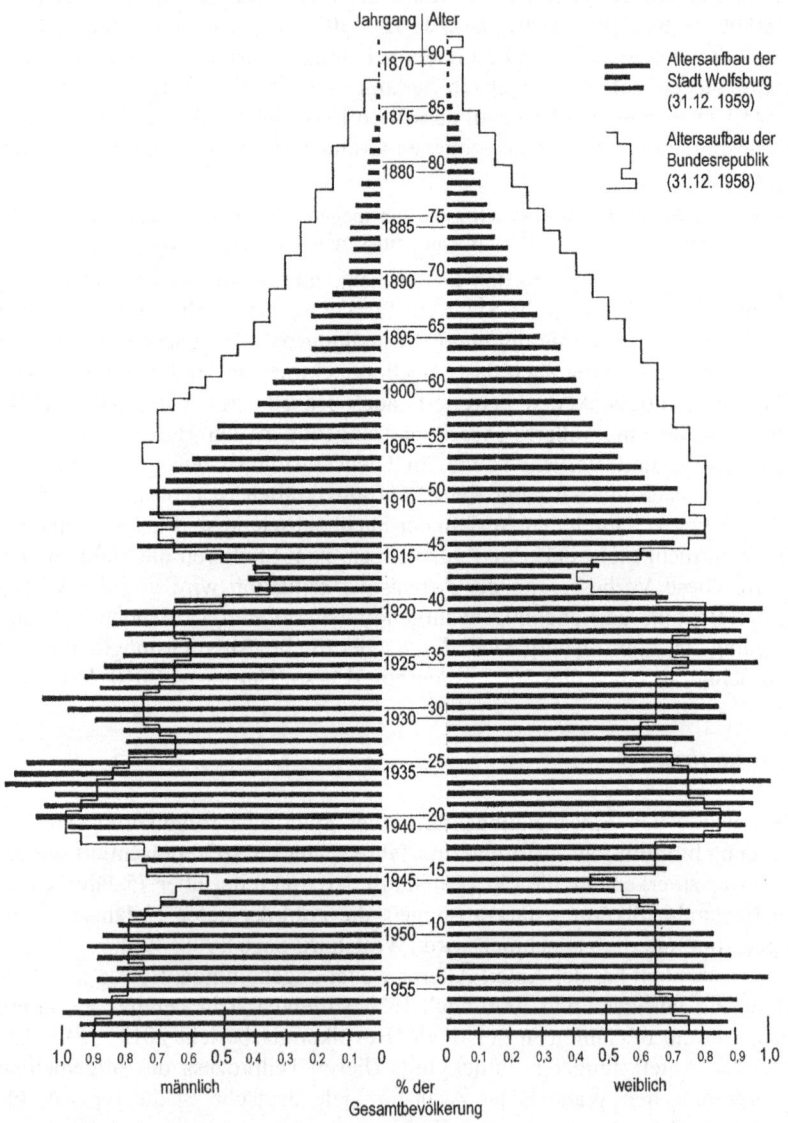

Quelle: Amtliche Statistiken, eigene Bearbeitung

Abbildung 13: Altersaufbau der Stadt Wolfsburg und der Bundesrepublik Deutschland 2011

Quelle: Amtliche Statistiken, eigene Bearbeitung

Die Besonderheiten der Altersstruktur der Wolfsburger Bevölkerung früher und heute werden am deutlichsten, wenn sie mit dem jeweiligen Altersaufbau der Bundesrepublik Deutschland verglichen werden (Abb. 12 und 13). Vor gut fünfzig Jahren zeigten sich noch mit aller Schärfe die für Neubausiedlungen klassischen Über- und Unterbesetzungen: Die jungen und mobilen Altersgruppen waren deutlich überrepräsentiert mit entsprechend vielen Kindern und einem deutlichen Defizit an älteren Menschen über 50 Jahre; die über 65-Jährigen waren mit 5% nur halb so stark wie im Bundesdurchschnitt mit 11% vertreten (Herlyn/Tessin 1988: 144).

Heute erkennen wir bei erheblich veränderter bundesrepublikanischer Altersgliederung eine weitgehende Angleichung des Wolfsburger Altersaufbaus, der immer noch einen Überhang bei den Kindern der ersten starken Zuzugskohorten, also den heute etwa 68- bis 75-Jährigen aufweist. Auch deren Kinder wiederum (die Altersgruppe der heute 22- bis 32-Jährigen) sind im Vergleich zu den gesamtdeutschen Werten etwas stärker vertreten. Bemerkenswert ist die gegenüber der Bundesrepublik geringere Besetzung der in den sechziger Jahren geborenen geburtenstarken Jahrgänge vor dem sogenannten ‚Pillenknick'.

Es finden sich in Wolfsburg bereits mehr ältere Menschen ab 65 Jahren als in vielen anderen Städten (Sozialbericht 2010: 10). Mit einem Anteil von 23% liegt der Wert für Wolfsburg 2011 auch über dem Wert für Deutschland (21%; Datenreport 2011: 14). Die ehemals mit Blick auf die Bevölkerung junge Stadt steht am Beginn einer nicht zu übersehenden Überalterung.

Altersspezifische Segregation und gebietsspezifische Bevölkerungsentwicklung

Die gesamtstädtische Altersstruktur setzt sich zusammen aus einzelnen Stadtvierteln, die entsprechend ihrer Fertigstellung und geschlossenen Belegung in nur kurzer Zeit einen sehr stark vom städtischen Durchschnitt abweichenden Altersaufbau haben. Diese Abweichung ist in Stadtneugründungen sehr viel ausgeprägter als in alten, gewachsenen Städten, in denen es in der Regel nur wenige neuerbaute Stadtviertel gibt, die ‚auf einen Schlag' bezogen wurden. Die Errichtung jeweils in sich geschlossener Stadtteile und ihre Besiedlung, vor allem durch die jeweils gerade wohnungssuchenden jungen Familien, kann in der Folge Probleme der Infrastrukturausnutzung und -planbarkeit mit sich bringen, weil bei der Besiedlung zu einem Zeitpunkt der Altersaufbau eines Stadtteils nicht der Gesamtbevölkerung entsprechend ausgeglichen ist, sondern typische Wellen oder Stufen aufweist. Das „relativ kurzfristige Schwanken der Schülerzahl zwischen extrem hohen und extrem niedrigen Werten" (Schwonke/Herlyn 1967: 73) stellte die z. B. Schulplanung vor erhebliche Herausforderungen, die mit einer häufigeren Veränderung der Schulbezirke, mit elastischen Einzugsbereichen oder mit Schulbussen zum Transport der Kinder in weiter entfernte Schulen aufgefangen und reguliert wurden (Herlyn u. a. 1982: 164).

Heute zeigt sich eine Polarisierung der Altersstruktur und der Entwicklung der Bevölkerungszahl besonders zwischen alter Kernstadt und den Ortsteilen. In Wolfsburg gehörten 2009 zu den im Verhältnis zum Gesamtdurchschnitt inzwischen stark überalterten Vierteln mit einem überdurchschnittlich hohen Anteil an über 65-Jährigen Vorsfelde (24%), der Ortsratsbereich Mitte-West[8] (27%), die Stadtmitte[9] (26%) und Detmerode (33%) sowie der Ortsratsbereich Nordstadt[10], wo die Anteile Älterer mit einem Drittel der Bevölkerung am höchsten sind (Sozialbericht Wolfsburg 2010: 54ff). Viele der dortigen Stadtteile haben in den vergangenen zehn Jahren deswegen Schrumpfungsprozesse erlebt (Bevölkerungsbericht 2011: 5ff).

Die Wohngebiete mit einer extrem jungen Bevölkerung finden sich in dem zwischen 1966 und dem Ende der achtziger Jahren erbauten (und allerdings auch schrumpfenden) Stadtviertel Westhagen (20% unter 18-Jährige), vor allem aber in den eher dörflich geprägten Bereichen, in denen seit einigen Jahren eine mehr oder weniger ausgeprägte rege Neubautätigkeit zu beobachten ist, wie Almke und Neindorf, wo der Anteil unter 18-Jähriger bei 20% liegt oder Barnstorf und Nordsteimke, wo mehr als ein Viertel der Einwohner jünger als 18 Jahre ist. Der Anteil Jüngerer ist ebenso in Brackstedt, Velstove und Warmenau (22%), in Hattorf und Heiligendorf (18%), Hehlingen (21%), Neuhaus und Reislingen (19%) sowie Wendschott (18%) überrepräsentiert (Sozialbericht Wolfsburg 2010: 19). Während in der Kernstadt in vielen Vierteln die Alterung und Schrumpfung voranschreitet, finden sich – wie für Familiensuburbanisierungsprozesse üblich – die Wohngebiete mit überdurchschnittlich vielen Kindern eher in den städtischen Randlagen, in denen in den letzten Jahren Neubaugebiete ausgewiesen wurden. Hier konnten verstärkt junge Familien angelockt werden und die Bevölkerungszahl ist meist deutlich angewachsen.

Besondere Probleme sind nun vermehrt mit der gebietsspezifisch unterschiedlichen Alterung wie auch Schrumpfung der Bevölkerung verbunden. In den vergangenen Jahren werden in der Stadt vermehrt Überlegungen angestellt (Sozialbericht 2010: 83f), wie es gelingen kann, den älteren Menschen passgenaue Angebote zu unterbreiten, die von der wohnungsnahen Versor-

---

[8] Der Ortsratsbereich Mitte-West besteht aus Stadtteilen Hageberg, Wohltberg, Hohenstein, Eichelkamp, Laagberg, Klieversberg und Rabenberg.
[9] Zur Stadtmitte zählen die Stadtteile Rothenfelde, Stadtmitte, Hesslingen, Hellwinkel, Schillerteich, Köhlerberg und Steimker Berg.
[10] Der Ortsratsbereich Nordstadt umfasst die Stadtteile Alt-Wolfsburg, Kreuzheide, Teichbreite und Tiergartenbreite im Norden der Stadt.

gung, über pflegerische Betreuungsmöglichkeiten bis hin zu Angeboten des Mehrgenerationen- oder Service-Wohnens reichen. Auch stellt man Überlegungen hinsichtlich einer altengerechten Umfeldgestaltung an, die sowohl innerhalb der Wohnungen und Häuser, aber auch gerade im öffentlichen Bereich der Straßen und Plätze Ausrüstungen und Hilfen für ältere Menschen bereitstellt. Außerdem werden seit einigen Anstrengungen zur Attraktivierung der innerstädtischen und innenstadtnahen Wohnviertel unternommen, die besonders auch das Ziel verfolgen, diese Bestände auch für jüngere Haushalte interessant zu machen (Wohn.Welt.Wolfsburg 2009).

Zusammenfassend kann man ein Dreivierteljahrhundert nach Gründung der Stadt feststellen, dass sich die bevölkerungsstrukturellen Besonderheiten der ersten Jahre weitgehend verloren haben. Das ‚zusammengewürfelte Volk' nach dem Kriege ist inzwischen verstorben, fortgezogen oder alt geworden. Die Kinder und Kindeskinder haben ihre Jugend in dieser Stadt verbracht und ein (kleiner) Teil von ihnen hat sich darin häuslich eingerichtet. Der atypische Altersaufbau in Wolfsburg hat sich zwar im Laufe der Jahrzehnte etwas abgeschliffen, dennoch ist die Alterung deutlich zu spüren, da die jungen Jahrgänge, die damals in der Überzahl waren, nun gealtert sind und die Neue Stadt mehr und mehr zu einer ‚alten Stadt' werden lassen. Einzelne Stadtteile erleben eine Überalterung, die vor allem planerisch bewältigt werden muss. Die Tatsache, ob jüngere oder ältere Menschen in einer Stadt überwiegen, teilt sich dem gesamten Leben der Stadt mit, bestimmt ihren Rhythmus. Alte Menschen spielen nicht nur in ökonomischer bzw. steuerlicher Hinsicht eine bestimmte Rolle, sondern „man muss sie auch als Faktoren der Integration ernstnehmen. Sie tradieren ein Stück Stadtgeschichte, sie halten an Verhaltensnormen fest und geben sie weiter, sie sind die länger Ansässigen, die ihr Interesse und ihre Energie nicht mehr dem Beruf und dem Aufstieg zuwenden. Sie haben sich in der Regel am Wohnort auf Dauer eingerichtet und repräsentieren das Dauernde. Ihre Beschaulichkeit, ihre durch lange Erinnerungen bestimmte Einstellung zu ihrem Wohnort, die sich in den immer wiederkehrenden Gesprächen über das, was früher war, ausdrückt, wirken mit an dem, was einer Stadt Atmosphäre gibt. Hierfür ist nicht nur das Alter der Gebäude, sondern auch das Alter der Bewohner wichtig. Die ältere Generation verharrt in der Regel räumlich, sozial und im Verhalten auf der Position, die sie erreicht hat. Sie wird damit zum stabilisierenden Faktor, auf den gerade eine lebendige und dynamische Stadt nicht verzichten kann", so hieß es in der ersten Studie (Schwonke/Herlyn 1967: 71). Diese Gründergeneration hat gerade in Wolfsburg also eine wichtige Bedeutung. Dass jedoch die Innenstadt umzingelt ist von überalterten Wohngebieten ist andererseits für die Entwicklung einer lebendigen Atmosphäre eine Schwierigkeit.

6. Industriestadt

Fragt man 2009 die BundesbürgerInnen, mit welchen Begriffen sie das Bild beschreiben (Imageanalyse 2009), das sie von Wolfsburg haben, dann gilt Wolfsburg heute immer noch als ‚Autostadt' (13%) und ‚Industriestadt' (8%)[11]. Wolfsburg wird als ‚sportbegeistert', ‚weltoffen' und ‚innovativ' bezeichnet. Der Begriff ‚Arbeiterstadt' – eine der früher häufig verwendeten typischen Charakterisierungen der Stadt – wurde auch von den Wolfsburgern selbst nicht mehr genannt. Tatsächlich gibt es gute Gründe davon auszugehen, dass Wolfsburg trotz jahrzehntelanger statistischer Überrepräsentanz der Arbeiterschaft kaum jemals so etwas gewesen ist wie eine typische Arbeiterstadt mit entsprechender jahrhundertealter Arbeitertradition und einer Dominanz altindustrieller Industriezweige. Wir kommen darauf zurück.

Zunächst einmal gilt aber, dass Wolfsburg auch noch im Jahr 2004 – statistisch betrachtet – eine Arbeiterstadt war. In diesem Jahr waren noch 55% der Erwerbstätigen ‚Arbeiter' bzw. ‚Arbeiterin' in Wolfsburg (Arbeitsmarktbericht 2011)[12]. Das ist zwar immer noch mehr als in den meisten anderen Städten, aber nicht mehr mit früheren Werten vergleichbar. So betrug der Arbeiteranteil an den Erwerbspersonen 1961 noch über 60% (Schwonke/Herlyn 1967: 58). 2007 waren nach unseren Befunden dann nur noch etwas mehr als 30% der Erwerbstätigen ArbeiterIn, was mittlerweile dem Bundesniveau entspricht (Datenreport 2011: 168). Statistisch betrachtet hat die Stadt Wolfsburg sich hinsichtlich des Arbeiteranteils auf den Durchschnitt zubewegt.

Das hat vor allem damit zu tun, dass im VW-Werk seit Ende der achtziger Jahre der Arbeiteranteil zugunsten des Anteils der Angestellten deutlich gesunken ist (Abb. 14). Arbeiteten damals noch knapp 50.000 Arbeiter bei VW Wolfsburg, so sind es heute nur noch knapp 30.000 und damit kaum mehr als es Angestellte dort gibt. Dieser sozialstrukturelle Wandel zeichnet sich nach den Befunden unserer repräsentativen Umfragen in Wolfsburg auch

---

[11] Bemerkenswert ist, dass über 60% der Befragten nichts dazu einfiel. Sie antworten mit „weiß nicht". Für sie hat Wolfsburg keine herausragende Charakteristik (Imageanalyse 2009: 32).
[12] Seit 2005 wird das Verhältnis von Arbeitern und Angestellten nicht mehr in der amtlichen Statistik ausgewiesen.

als Trend der allgemein zu beobachtenden ‚Höherqualifizierung der Bevölkerung' und ‚Umschichtung nach oben' (Geißler 2006: 274) ab. So ist der Anteil der Wolfsburger und Wolfsburgerinnen mit niedriger Bildung (kein Abschluss, Sonderschule, Hauptschule) von 51% im Jahr 1998 auf ein Drittel in 2007 gesunken. Auch sank der Anteil der WolfsburgerInnen mit niedrigem Berufsstatus (von 40% auf 30%) und niedrigen Einkommen im Betrachtungszeitraum. Gleichzeitig gibt es in Wolfsburg immer mehr Bewohner mit hoher Bildung, hoher Berufsposition und hohem Einkommen. Im Vergleich zur Bildungssituation im Jahr 1998 hat sich z. B. der Anteil der Wolfsburger, die Abitur oder einen Hochschulabschluss haben, von 16% auf ein knappes Viertel im Jahr 2007 erhöht (Harth u. a. 2010: 71ff). In Gesamtdeutschland lag der Vergleichswert nur geringfügig höher bei 27% (Datenreport 2011: 168).

Abbildung 14: Arbeiter und Angestellte im VW-Werk Wolfsburg

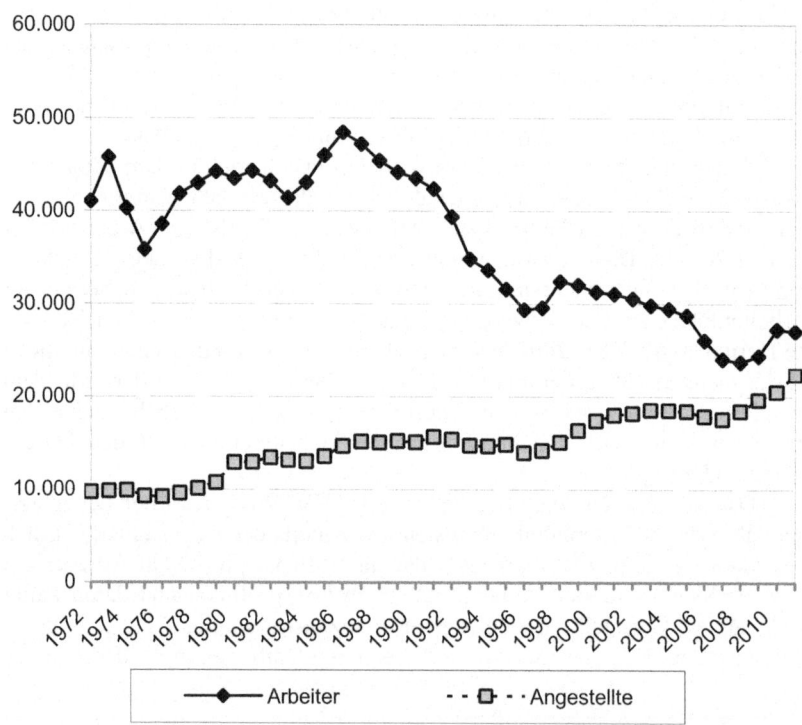

Quelle: Stadt Wolfsburg nachrichtlich; eigene Berechnungen

Neben den allgemein gestiegenen Bildungsaspirationen ist ein Grund für diese ‚Umschichtung nach oben' in der veränderten Rekrutierungs‚politik' von VW zu sehen. Anders als in früheren Zeiten, wo man als Ungelernter noch gute Chancen hatte, ‚irgendwie' bei VW reinzurutschen, werden nun verstärkt bildungshöhere und gut qualifizierte Arbeitskräfte – Ingenieure, IT-Spezialisten, Kontrolleure, kaufmännische Angestellte und Führungskräfte im mittleren Management – einstellt, von denen verstärkt in den letzten Jahren ein Teil nach Wolfsburg gezogen ist. Allein in der Forschungs- und Entwicklungsabteilung von VW sind mittlerweile knapp 9.000 Personen beschäftigt (Wolfsburg Marketing GmbH Hg. 2009: 47). In früheren Zeiten rekrutierte VW dagegen primär Facharbeiter, und die Eltern dämpften schon früh eventuelle Bildungsaspirationen ihrer Kinder und schickten sie auf die Realschule und nicht auf das Gymnasium (Schwonke/Herlyn 1967: 50ff). Das hat sich mittlerweile grundlegend geändert, mit den beschriebenen Konsequenzen für die Sozialstruktur der Stadt.

Auch wurde das Schulangebot in den vergangenen Jahren weiter verbessert und differenziert (bilinguale Kindergärten, Ganztagsschulen). Seit 1998 entsteht sogar – dies war das ‚Geschenk' VWs zum 70sten Geburtstag der Stadt – eine private internationale Schule. Auch die Fachhochschule Braunschweig/Wolfenbüttel am Standort Wolfsburg, die im Wintersemester 1988/89 ihren Betrieb aufgenommen hatte, wurde weiter ausgebaut. Die Zahl der Studierenden hat sich seither kontinuierlich erhöht und betrug im WS 2010/11 knapp 3.000 Studierende in verschiedenen Studiengängen, wie z. B. Fahrzeugbau, Betriebswirtschaft und Gesundheitswesen (Daten & Fakten, Wolfsburger Statistik 2011). Die einstige ‚Arbeiterstadt' hat längst die Bildung als wichtigen Standortfaktor erkannt und will sich nun verstärkt auf den ‚Weg zur Bildungsstadt' machen, wie im Kulturentwicklungsplan der Stadt zu lesen ist (2011: 49).

Die Gruppe der Arbeiterschaft schmilzt aber nicht nur quantitativ. Wie an anderen Orten industrieller Produktion hat sich auch in Wolfsburg parallel dazu eine Entproletarisierung und Ausdifferenzierung der Arbeiterschaft vollzogen. Gehörte traditionellerweise zum Arbeiterschicksal eine Lebensweise, die sich aufgrund niedriger Entlohnung und Unsicherheit durch Sorge und Mangel kennzeichnen ließ, so kam es in den 1960er und 70er Jahren zu einem deutlichen Anstieg der Arbeiterlöhne und einer Angleichung ihrer Arbeits- und Rentenrechte an die der Angestellten und somit zu einem kollektiven Anstieg des Lebensstandards der Arbeiterschaft, der den alten Graben zwischen Angestellten und Arbeitern weitgehend verschwinden ließ. Die Arbeiter konnten so den „Status des proletarischen Habenichtses" (Beck 1986: 123) überwinden und partizipieren zunehmend am bürgerlichen Wohlstand: Häuser und Wohnungen, Autos, Urlaubsreisen, Telekommunikation u. a. mehr finden sich immer häufiger auch im Besitz von ArbeiterInnen. Mechanisierung und Automatisierung haben zudem die Industriearbeit „zwischen Drehbank und Computer" (Bahrdt u. a. 1970) stark verändert. Im Zuge technischer Veränderungen hat sich die Arbeiterschicht qualifiziert und differenziert in „die Arbeiterelite der Meister und Poliere, der Facharbeiter und die Un- und Angelernten" (Geißler 2006: 193). Diese Ausdifferenzierung reflektieren auch die Arbeiter selbst. Früher, in den 1950er Jahren, rechneten sich noch sehr viel mehr Arbeiter subjektiv der Arbeiterschicht zu als heute (Datenreport 2011: 178). Trotz Entproletarisierung der Arbeiterschaft und Angleichungen an die soziale Mittelschicht ist die sogenannte Arbeiterschaft eine Gruppe geblieben, die einkommensmäßig unterhalb anderer Berufsgruppen lebt, die im Ganzen über weniger Bildung verfügt, deren Selbstrekrutierungsquote nach wie vor hoch ist und die körperlich immer noch trotz aller Erleichterungen stärker gefordert ist.

Arbeiterschaft ohne Tradition

Auf Grund der besonderen Ausgangslage der Stadt wies die Arbeiterschaft in Wolfsburg aber noch weitere Spezifika auf. Die „Arbeiter der ersten Stunde" in Wolfsburg, also während des Krieges, waren überwiegend ausländische Zwangsarbeiter, die noch 1945 mehr als die Hälfte der Bevölkerung ausmachten (ca. 9.000 von 17.000). Diese Ausländer verließen zu großen Teilen mit Kriegsende wieder die Stadt. Aber Ausländer spielten auch später noch eine große Rolle. Nach dem Mauerbau wurden bis Mitte der 1970er Jahre zu Zeiten der Vollbeschäftigung insgesamt ca. 38.000 Gastarbeiter angeworben, es waren überwiegend Italiener (von Oswald 1997). Sie blieben in der Regel nur für kurze Zeit, in den meisten Fällen nicht mal ein ganzes Jahr (Kap. 10).

Deutsche Arbeiter kamen überwiegend als Flüchtlinge nach Wolfsburg. In den letzten Kriegsjahren begann ein, zunächst nur mäßig, in der 2. Hälfte der 1950er Jahre jedoch stark anschwellender Flüchtlingsstrom in die Volkswagenstadt (Kap. 10). Obwohl die Fluktuation in den ersten Jahren zu den bedeutsamen Charakteristika der Belegschaft im VW-Werk gehört, hielt sich die Abwanderung der Flüchtlinge in Grenzen.

„In der Region um Wolfsburg (blieb es) nicht bei der erzwungenen Flüchtlingszuweisung (...) vielmehr warb das Volkswagenwerk über einen langen Zeitraum in regelmäßigen Abständen neue Arbeitskräfte in großer Zahl an" (Uliczka 1993: 11). Es gehört nun zu den Wolfsburger Besonderheiten, dass der intensive Arbeitskräftebedarf dazu führte, dass viele Arbeitssuchende berufsfremd eingesetzt wurden: Von den Lohnempfängern der Werksbelegschaft hatten 1957 56% eine abgeschlossene Lehre, aber nur 30%

waren als Facharbeiter beschäftigt. In dem gleichen Jahr „waren bei den Lohnempfängern im Volkswagenwerk über 700 gelernte Bäcker beschäftigt, ferner rund 500 Schneider, ebenso viele Schuhmacher, rund 200 Friseure und über 1.000 Arbeitnehmer im Lohnverhältnis, die eine abgeschlossene kaufmännische Lehre vorweisen konnten" (Schwonke/Herlyn 1967: 49). Dabei kam es entscheidend darauf an, in welcher Phase der Belegschaftsentwicklung man in das Werk eintrat: „Vertriebene Beamte oder Angestellte, die in den vierziger Jahren als Maschinenarbeiter eingesetzt wurden, konnten in den 50er Jahren versuchen, in eine Angestelltenabteilung versetzt zu werden. Erwerbslose Kaufleute, die in den fünfziger Jahren als ungelernte Kräfte eingestellt wurden, hatten diese Chance nicht mehr" (Uliczka 1993: 368).

Diese Buntscheckigkeit der regionalen und sozialen Herkunft war charakteristisch für die untypische Nachkriegsgeneration der Arbeiterschaft im VW-Werk. Die sonst üblichen Gemeinsamkeiten von Arbeitern ließen sie vermissen, und auch die Neigung, sich im Alltag des Stadtlebens als Arbeiter darzustellen, war äußerst gering. Das mag zu der Aussage des Journalisten Erich Kuby 1957 beigetragen haben: „Das heutige Wolfsburg macht einen durchaus bürgerlichen Eindruck (...). Die Menschen auf der Straße, von denen doch die Mehrheit (...) während der Schicht im blauen Overall an Pressen, Drehbänken und Fließbändern stehen, unterscheiden sich in Auftreten und Erscheinung nicht von Lehrern, Bankbeamten und Regierungsräten" (Kuby 1957: 409).

In der Tat: Die Wolfsburger Arbeiterschaft verdiente gut. Ihr Lohn lag um etliches über dem vergleichbaren Standard in anderen Arbeitsbereichen und Wirtschaftszweigen. Wolfsburg war zwar im statistischen Sinne eine Arbeiterstadt, aber sowohl das Aussehen der Stadt Wolfsburg als auch die in ihr dominierende Arbeiterschaft waren nicht typisch für eine Arbeiterstadt im traditionellen Sinne. Zu der soeben geschilderten bürgerlichen Herkunft vieler neuer Arbeiter kommt der gemeinhin als „Verbürgerlichung der Arbeiterschaft" beschriebene Prozess der Annäherung der Arbeiter an Verhaltensweisen und Denkformen bürgerlicher Schichten (Herlyn/Tessin 1988). Es handelte sich um eine Arbeiterschaft, die in der ersten Generation ‚Arbeiter' war und die in einer Stadt lebte, die frühere Phasen des Industrialisierungsprozesses nie erlebt und wo die Bevölkerung ihr (Arbeiter-)Bewusstsein in den Wirtschaftswunderjahren entwickelt hatte.

Die englischen Sozialforscher Goldthorpe und Lockwood (1970) hätten ihre Studien über den „wohlhabenden Arbeiter" auch in Wolfsburg machen können. Kennzeichnend für die dort gefundene moderne Arbeiterschaft war nach ihnen, dass sie in zukunftsträchtigen Branchen und dort wiederum in großen kapital- und technikintensiven Betrieben arbeitete, relativ gut verdiente, ein instrumentelles Verhältnis zur Arbeit, zum Betrieb und auch zu den

Gewerkschaften entwickelte und ein relativ ausgeprägtes Selbstbewusstsein über ihre betrieblichen Funktionen und Rechte hatte. Außerhalb der Arbeitszeit äußerte sich dieser Typus des „neuen Arbeiters" in steigenden Konsumbedürfnissen, einer wachsenden Freizeitorientierung, in der Herauslösung aus den traditionell engen Großfamilien- und Nachbarschaftsbeziehungen, in einer zunehmenden Konzentration auf die eigene Kleinfamilie. Dennoch, so Goldthorpe und Lockwood, unterschied die Arbeiter seinerzeit doch noch Einiges vom Kleinbürgertum. Noch immer seien ihre sozialen Kontakte außerhalb von Familie, Verwandtschaft und Nachbarschaft begrenzt, noch immer sei ihre Freizeit durch spezifische Arbeitsbelastungen, Überstunden und Schichtarbeit restringiert, noch immer gingen Arbeiterkinder seltener auf weiterführende Schulen als Kinder des (Klein-)Bürgertums, noch immer werde das Leben, insbesondere aber die Verwendung des Einkommens weniger und kurzfristiger geplant, noch immer sei die Partizipation der Arbeiterschaft am kulturellen und politischen Leben einer Stadt relativ gering (ebd.).

Diese Umschreibung der neuen, gut verdienenden Arbeiterklasse entsprach ziemlich genau dem, was Herlyn und MitarbeiterInnen (1982) in Wolfsburg zum Zeitpunkt der zweiten Wolfsburg-Studie vorfanden. Auch der gut verdienende VW-Arbeiter ging seinerzeit seltener ins Theater, war seltener im Verein organisiert, interessierte sich weniger für die Lokalpolitik. Die Arbeiterschaft, insbesondere die an- und ungelernten Arbeiter, lasen nicht nur signifikant weniger die Lokalpresse, sie waren auch in geringerem Maße über die kommunalpolitische Vertretung informiert, lebten stadtteilbezogener, waren hinsichtlich der Ausbildung ihrer Kinder weniger aufstiegs- und bildungsorientiert als Angestellte oder Beamte. Obwohl diese Unterschiede beobachtbar waren, so hatte sich in der Stadt aber nicht die traditionelle Arbeiterkultur[13] entwickelt. Nichts macht das besser deutlich, als die Wahlergebnisse. Zwar war die SPD als klassische Arbeiterpartei bis zur Gebietsreform 1972 fast immer stärkste Partei bei den Kommunalwahlen, aber in den Wahlergebnissen war sie, abgesehen von 1946, nie über 50% der Stimmen hinausgekommen. Nach der Eingemeindung gewann dann die CDU in Wolfsburg die Oberhand. Bei den Kommunalwahlen 1981 erlangte sie in der damaligen ‚Arbeiterstadt' sogar beachtliche 55% der Stimmen! Wenn auch nicht mehr auf diesem hohen Niveau blieb die CDU lange Zeit stärkste Partei bis im September 2011 die SPD 38% der Stimmen und damit mehr Stimmen erlangte als die CDU (32%). Am 1.1.2012 löste Klaus Mohrs (SPD)

---

[13] Unter diesem Begriff würden z. B. Verhaltensweisen fallen wie geringe Teilnahme am öffentlichen (kulturellen wie politischen) Leben, Konzentration der sozialen Beziehungen auf die Familie bzw. Verwandtschaft, z. T. das Stadtviertel, nachbarschaftliche Solidarität, Wertschätzung körperlicher Arbeit (auch in der Freizeit, z. B. im Garten), Interesse für Mannschafts- und/oder Kraftsportarten (Fußball, Boxen), Trennung der weiblichen und männlichen Lebenswelten

den seit 1995 amtierenden Rolf Schnellecke (CDU) als Oberbürgermeister ab (Statistisches Jahrbuch 2007-2008, Daten & Fakten, Wolfsburger Statistik 2011).

Diese mangelnde Orientierung der Wolfsburger (VW-)Arbeiter an der traditionellen Arbeiterkultur und der politischen Arbeiterbewegung hängt nicht nur mit ihrer besonderen sozialen Herkunft und mit den spezifischen modernen Arbeitsbedingungen im VW-Werk zusammen (hohes Lohn- und Sozialleistungsniveau, Mitbestimmung, zukunftsträchtige Branche, Sozialpartnerschaftsideologie etc.), sondern auch damit, dass es in Wolfsburg als neuer und moderner Industriestadt keine Traditionsbestände einer alten Arbeiterkultur gab (Herlyn/Tessin 1988: 140).

Die Stadt als Ganze und der Wohnungsbau in ihr boten kaum Anknüpfungspunkte für das Entstehen von Arbeitermilieus, wenn man einmal absieht von den Barackenlagern vor dem Beginn eines umfangreichen sozialen Wohnungsbaus. Die Prototypen des traditionellen Arbeiterwohnungsbaus, die Mietskaserne bzw. die Arbeitersiedlung, kamen in Wolfsburg bereits nicht mehr zur Anwendung. Die VW-Arbeiter und Arbeiterinnen lebten schon früh überwiegend in modernen, gut ausgestatteten Wohnungen, in durchgrünten, infrastrukturell ausreichend erschlossenen Siedlungen. Nichts erinnerte an das Wohnungselend der alten Arbeiterklasse.

Entsprechend war das Mietniveau in Wolfsburg im Vergleich zu älteren, gewachsenen Städten sehr hoch. Die Hälfte der in der ersten Untersuchung 1960 befragten Wolfsburger musste mehr als 20% des Einkommens für Miete und Heizung bezahlen. Die Wohnungsausstattung und -einrichtung lag ebenfalls deutlich über dem Niveau der befragten Pendler aus kleineren Umlandgemeinden. Schon damals wurde vermutet, dass die in Wolfsburg durchweg gut ausgestatteten Neubauwohnungen, die Qualität der neuen Häuser und Stadtviertel generell den Lebensstil der Wolfsburger maßgeblich beeinflussten (Schwonke/Herlyn 1967), denn auch die Konsumnorm der Wolfburger lag relativ hoch. Das ist sicherlich nicht von der Hand zu weisen, denn viele Wolfsburger wollten – wie sie selbst über ‚den Wolfsburger an sich' sagten – „mehr scheinen als sein". Eine weitere Begründung könnte auch darin liegen, dass die relative Gleichförmigkeit im Arbeitsbereich soziale Differenzierungen im außerbetrieblichen Lebensbereich förderte. In unseren damaligen Befragungen gab es immer wieder Hinweise darauf, dass die Ähnlichkeit der Arbeitsverhältnisse die Betroffenen dazu veranlasste, im außerbetrieblichen Bereich die Individualität auch und gerade gegenüber den Mitbewohnern im gleichen Haus bzw. Quartier zum Ausdruck zu bringen und sei es auch nur durch eine Oberflächendifferenzierung, indem man am Auto oder im Bereich der Wohnung bestimmte Accessoires bevorzugte.

Doch trotz des nicht arbeitertypischen Lebensstils der Arbeiter konnte sich in der Stadt über die Jahre kein bürgerliches Gepräge herausbilden. Die bürgerlichen Gruppen waren in den früheren Einwicklungsetappen der neuen Stadt dazu nicht in der Lage. Das ist einmal sicherlich eine Frage ihrer Quantität, wenn man bedenkt, dass es nur halb so viele Selbständige gab wie in anderen Gemeinden (Stat. Jahrbuch dt. Gem. 1972: 411), und auch andere bürgerliche Berufsgruppen unterbesetzt waren. Dementsprechend gab es auch ein deutliches Defizit an spezifischen Einrichtungen und Orten der Hochkultur; z. B. wurde erst 1973 das Theater eröffnet, erst 1994 ein Kunstmuseum eingerichtet.

Die Stadtverwaltung hatte schon immer bewusst der VW-geprägten Sozialstruktur durch Schaffung und Ansiedlung von Arbeitsplätzen im tertiären Bereich, entgegenzuwirken versucht. Der Erfolg blieb aber stets mäßig (Herlyn/Tessin 1988). Erst in den Jahren nach der damals größten VW-Krise Anfang der 1990er Jahre wurde vor allem mit der Hinwendung zu den erlebnisorientierten Großprojekten eine nennenswerte Anzahl von Arbeitsplätzen im Dienstleistungsbereich und im Bereich Handel, Gastgewerbe, Verkehr neu geschaffen. Sind dies zu großen Teilen niedrig qualifizierte und gering entlohnte Arbeitsverhältnisse, so sind verstärkt in den letzten Jahren auch bildungshöhere VW-Arbeitskräfte nach Wolfsburg gezogen (Harth u. a. 2010: 71f). Erstmals konnte am Ende der 2000er Jahre – wie anfangs beschrieben – eine deutliche Differenzierung der Wolfsburger Sozialstruktur mit mehr Schichthöheren erreicht werden. Dieser Trend könnte sich zukünftig noch fortsetzen, denn durch den aktuellen Aufschwung bei Volkswagen und die Neueinstellungen in den letzten Jahren gebe es – wie wir in aktuellen Gesprächen (März 2012) mit hochrangigen StadtexpertInnen erfuhren – eine große Nachfrage genau jener VW-Arbeitskräfte vor allem nach Mietwohnungen in Wolfsburg. Die Nachfrage sei aktuell so hoch, dass man sie gar nicht befriedigen könne. „Jetzt gibt es die Situation, dass für die rasch gestiegene Nachfrage durch die Einstellungswelle bei Volkswagen kein Angebot vorhanden ist, weder in der Innenstadt – weil der Trend dahin geht – noch im Bereich Eigenheim". Das sei insofern bitter, als diejenigen, die in der Wolfsburger Bevölkerungsstruktur fehlen (und die bei VW eingestellt werden: junge Ingenieure, Management, kaufmännisch Ausgebildete), nun nicht nach Wolfsburg ziehen könnten.

Lebensstilpluralisierung

Im Zuge der gesamtgesellschaftlich zu beobachtenden Prozesse von Individualisierung und Pluralisierung der Lebensstile haben sich auch die Mentalitäten quer zu Schichten und Klassen ausdifferenziert (z. B. Beck 1986). Diese

Pluralisierung von Lebensstilen hat auch vor Teilen der Arbeiterschaft nicht halt gemacht, wie wir Anfang der 1990er Jahre in einer die beiden Industriestädte Wolfsburg und Hamm vergleichenden Untersuchung ermitteln konnten (Herlyn/Scheller/Tessin 1994: 237f).

Auch Arbeiter und Arbeiterinnen wurden von der „alltagskulturellen Umbruchphase" (Brock 1993: 182) erfasst. Bemerkenswert war, dass wir seinerzeit in der Wolfsburger Arbeiterschaft ein ungleich weiter fortgeschrittenes Stadium der Lebensstildifferenzierung und -pluralisierung sowie der Freizeit- und Erlebnisorientierung ausmachen konnten als in der eher noch traditionellen Arbeiterschaft in Hamm. Die Wolfsburger Arbeiter und Arbeiterinnen ließen eine hohe Aufgeschlossenheit für Neues und ein nicht unerhebliches Interesse an besonderen, interessanten und aus dem Alltag hervorstechenden Erlebnissen erkennen. Schon immer waren die Wolfsburger ausgesprochen mobil. Sie reisten gerne und durchaus auch mal ganz spontan und mehrmals im Jahr in fremde Länder. Sie fuhren gerne in die umliegenden Städte nach Braunschweig, Hannover, manchmal auch nach Berlin, weil sie diese Städte interessanter fanden als Wolfsburg. Bereits Anfang der 1990er Jahre fanden die neuen Lebensformen eine hohe Zustimmung und die meisten konnten sich vorstellen, auch ohne Trauschein mit PartnerIn zusammenzuleben. Im Wohnbereich war bei den Arbeitern und Arbeiterinnen der Wunsch nach einem Rückzugs- oder gar Individualraum in der Wohnung sehr ausgeprägt.

Im Arbeitsbereich ließen sich traditionelle und moderne Einstellungen an der Auffassung zur Arbeitssolidarität unterscheiden. Gegenüber einer traditionalen klassenkämpferischen Bedeutung von Solidarität ließ sich ein stärker entpolitisiertes, individualistisches Solidaritätsverständnis erkennen; in dessen Zentrum „stehen nicht mehr die kollektiven Interessen der Arbeiterschaft, sondern verschiedene Einzelinteressen. Solidarität gilt hier als Synonym für Hilfsbereitschaft und Kollegialität" (Herlyn u. a. 1994: 55).

„Ja, es kann ja mal Tage geben, wo es mir dreckig geht und ich muss dann eine Arbeit machen, die mir wirklich keinen Spaß macht, dann haue ich eben meine Kollegen an, die tauschen dann mit mir, und eine andere Zeit gibt es dann wieder mal, wo einer sagt: Ich habe gestern gesoffen, kannste heute nicht mal meine Arbeit machen, ich schaffe das heute nicht. Dann tauschen wir beide, dann macht er meine und ich mache dann seine Arbeit." (Angel. Arbeiterin bei VW, 39 J.)

Im Freizeitbereich waren individualisierte Sportarten von Squash über Surfen, und Bodybuilding bis hin zu Tennis und Aerobic, die man allein und unorganisiert betreiben kann, stark verbreitet. Zwar dominierte die regenerativ-passive Freizeitverbringung, aber vielen war – so stellten wir (ebd.) seinerzeit fest – der Wunsch nach Selbstverwirklichung in der Freizeit wichtig. Freizeit sollte auch eine Erlebnisfunktion haben, wo man etwas Neues kennenlernen kann. Die sogenannte Kaufhof-Passage (Abb. 15), eine Straße im Zentrum Wolfsburgs mit Kneipen, Cafés und Restaurants war damals als besonderer Ort der Selbstdarstellung für den modernen Arbeitertypus sehr nachgefragt (ebd.: 216), was uns in den persönlichen Gesprächen ausführlich geschildert wurde:

„Für gewisse Leute, sag` ich zum Beispiel mal, weil ja nun auch diese Bodybuilding-Studios hier sprießen, die schön braungebrannt aus dem Urlaub kommen, die Kräftigen, die müssen sich natürlich immer da in der Kaufhof-Passage zeigen. Die müssen dann immer mit ihren teuren Autos hoch- und runterfahren." (Facharbeiter, 28 J.)

Abbildung 15: Die Kaufhofpassage in Wolfsburg

Foto: Michael von Hassel

Zur Erosion traditioneller Lebensstile hat neben der Verbesserung des materiellen Lebensstandards, der Bildungs- und Erwerbsbeteiligung der Frauen, dem Ausbau des Wohlfahrtsstaates, der Vermehrung freier Zeit sowie dem

Rückgang des familiengebundenen Lebens nicht zuletzt eine zunehmende berufsstrukturelle Heterogenität im engsten Kreis von Familie und Partnerschaft beigetragen. Von den erwerbstätigen Lebenspartnern der von uns befragten Arbeiter in Hamm und Wolfsburg war schon Anfang der 1990er Jahre fast die Hälfte nicht im Arbeiterstatus beschäftigt (ebd.: 238). Wenn man zusätzlich bedenkt, dass die Kinder nicht selten Bildungsvoraussetzungen erwerben, die sie aus der Arbeiterschaft hinausführen, dann wird die alltagskulturelle Durchdringung mit anderen Milieus nur allzu offensichtlich. Eine Vielzahl von Gruppenzugehörigkeiten bestimmt heutzutage den gesellschaftlichen Standort. Der seinerzeit in der Wolfsburger Arbeiterschaft weiter fortgeschrittene Individualisierungsprozess war nach unseren Erkenntnissen aber vor allem durch die unterschiedliche milieumäßige Ausgangslage in beiden Städten – das katholisch geprägte traditionelle Ambiente des Arbeitermilieus in der alt-industriellen Stadt Hamm und das offene Klima eines ‚zusammengewürfelten Volkes' ohne Arbeitergeschichte in der neuen und modernen Industriestadt Wolfsburg – bedingt (Herlyn u. a. 1994: 226).

War also schon zu Beginn der 1990er Jahre eine beachtliche Freisetzung aus traditionellen Lebensstilen gerade auch im Freizeitbereich zu verzeichnen, so hat sich der Individualisierungsprozess der Arbeiterschaft im Zuge der erlebnisorientierten Stadtpolitik sowie der Erweiterung der kulturellen und gastronomischen Angebote in Wolfsburg noch weiter fortgesetzt. Im Innenstadtbereich sind z. B. diverse kleinere Cafés, Bistros, italienische und ‚Trend-Lokale' entstanden. Diese Neueröffnungen nehmen zwar die aktuellen Geschmackvorlieben (Cafélatte, Enchilladas etc.) der jungen städtischen Angestelltenmilieus auf und unterscheiden sich mit mediterran angehauchter Korbstuhl-, Sofa-, Spiegel-, Zierpflanzen- und Kunstbilderästhetik deutlich vom ‚Charme' der traditionellen (Arbeiter-)Kneipenmeile Kaufhofpassage. Da die Angebote aber genauso wie die meisten der neugeschaffenen Großprojekte (Ausnahmen sind das Kunstmuseum und das Phaeno) auch von der Arbeiterschaft genutzt werden (Harth u. a. 2010: 105ff), gehen von ihnen auch Anregungspotenziale aus, indem sie zu neuen Verhaltens- und Erlebensformen auch in der Arbeiterschaft auffordern, z. B. sich eine der Tanz-Performances in der Autostadt anzusehen, sich mal anders zu kleiden, einen Cocktail auf dem Ponton im Allersee trinken, zu ‚chillen', sich darzustellen oder einfach nur zu flanieren und Leute zu begucken. Der folgende Auszug aus einem Interview mit einem Arbeiter, der seine Begeisterung für den Freizeitpark Allerpark ausdrückt, veranschaulicht das.

„Wenn Sie die Gestaltung mal sehen, man hat doch das Gefühl, das ist ganz angenehm. Man kann rumgehen, man muss nichts verzehren, man hat Sitzmöglichkeiten, das ist ganz wichtig. Ich finde es gut, wenn man da mal sitzt, da betätigen sich welche sportlich, also da ist was im Gange, da bewegt sich was an der Wasserskianlage. Man sieht die Leute, die abgestürzt sind, wie sie an Land schwimmen. Die ganze Ecke ist gut gestaltet. Man kann ein bisschen gucken, man geht spazieren, noch einen Kaffee trinken oder ein Eis essen." (ehem. Facharbeiter, 61 J.)

Mit den neuen Angeboten im Zuge der erlebnisorientierten Stadtpolitik sind viele Gelegenheiten hinzugekommen, die ArbeiterInnen, einfache und gehobene Angestellte und nicht zu vergessen die im Vergleich zur Wolfsburger Bewohnerschaft deutlich statushöheren Städtetouristen gemeinsam aufsuchen. Damit haben sich nicht nur die Überschneidungszonen der verschiedenen Schichten erweitert. Soziale Mischung beinhaltet immer auch die Chance, dass man sich an der jeweiligen Fremdgruppe orientiert und z. B. Verhaltensweisen und Werte der anderen Sozialgruppen in das eigene Verhalten integriert. Dies macht eine Erweiterung des Verhaltensrepertoires und eine weitere Ausdifferenzierung der Lebensstile in der immer kleiner werdenden Gruppe der noch überwiegend manuell Tätigen auch für die Zukunft wahrscheinlich.

Zusammenfassend lässt sich festhalten, dass die Titulierung Wolfsburgs als ‚Arbeiterstadt' von Anfang an wegen der Herkunft und Traditionslosigkeit des dortigen Arbeitermilieus im Prinzip nie richtig zutraf und inzwischen auch im statistischen Sinn ihre Berechtigung verloren hat. Auch mit den beschriebenen Prozessen der Schrumpfung und Lebensstildifferenzierung der Arbeiterschaft sowie der sozialstrukturellen Umschichtung Wolfsburgs ‚nach oben' ist die Prägnanz der früher häufig verwendeten Bezeichnung ‚Arbeiterstadt' für Wolfsburg verblasst. Wolfsburg ist eine moderne Industriestadt, die durch einen auf hohem Niveau produzierenden Industriezweig und die dazugehörige Facharbeiter- und Angestelltenschaft geprägt ist.

7. Freizeit

Betrachtet man die Befragungsbefunde zum Freizeitbereich, so handelt es sich inzwischen um einen relativ problemlosen Bereich in Wolfsburg. Schon Mitte der 1990er Jahre waren drei Viertel der Wolfsburger mit dem Freizeitangebot in ihrer Stadt zufrieden. Aber bei den jüngeren Befragten unter 40 Jahren sackten die Zufriedenheitswerte deutlich ab (Funke u. a. 1996: 7f). Die Befunde unserer dritten und vierten Studie zeigen, dass die Stadt ihrer Anspruchsgerechtigkeit in Bezug auf die Freizeit- und Erlebnisangebote weiterhin steigern konnte. Dies hängt mit den neuen Freizeit-, Kultur- und Erlebnisangeboten zusammen, die ab Anfang 2000 in Wolfsburg entstanden sind. So stimmte 1998 auf die Frage, ob Wolfsburg herausragende Ereignisse zu bieten habe, knapp die Hälfte der Befragten zu. 2007 waren es schon knapp 60%. Geringfügig besser wurde auch die Angebotsstruktur der Stadt in Bezug auf die ‚klassischen' Angebote der Hochkultur wie Theater oder Konzert bzw. Ausgehmöglichkeiten (Kneipen, Restaurants etc.) beurteilt. Und: Dass die Stadt viele Angebote bietet, etwas Interessantes zu erleben, gaben 2007 (nur 2007 erfragt) ebenfalls 45% der Wolfsburger und Wolfsburgerinnen an (Harth u. a. 2010: 100).

So befriedigend das Ergebnis im Ganzen ist, so waren und sind doch die Möglichkeiten der Freizeitverbringung in Wolfsburg spezifisch geprägt, und sie waren lange Zeit auch eingeschränkt, weil es – bedingt durch die einseitige Sozialstruktur der Stadt (Kap. 6) – an Angeboten für die kleine Gruppe statushöherer Bewohner mangelte.

Wenn im Folgenden beschrieben wird, wie die Wolfsburger ihre Freizeit verbringen, dann ist vorauszuschicken, dass hier nur jener Freizeitausschnitt untersucht wird, der sich außerhalb der Privatwohnungen, aber innerhalb der Stadt Wolfsburg abspielt. Es werden von vornherein sowohl alle häuslichen Freizeitbeschäftigungen (Fernsehen, Lesen, Gärtnern etc.) als auch alle touristischen Unternehmungen ausgeklammert. Uns geht es hier um Freizeitaktivitäten, die in Zusammenhang mit der vorhandenen Freizeitinfrastruktur, z. B. Jugend-, Bildungs-, Kultur- und Sporteinrichtungen bzw. durch Cafés, Kinos und Lokale, den örtlichen Vereinen und last not least der Atmosphäre der Stadt stehen. Dabei ist klar, dass mit diesem „öffentlichen" Freizeitbereich nur der für die Bevölkerung quantitativ gesehen eher weniger bedeut-

same Aspekt der Freizeitverbringung ins Blickfeld kommt, denn die Wohnung ist bekanntlich der Ort, an dem der allergrößte Teil der Freizeit verbracht wird.
Zunächst werden die spezifischen Bedingungen für die Freizeitverwendung, z. B. die Arbeitsbedingungen und die Freizeitinfrastruktur bis zum Ende der 1990er Jahre skizziert und dann das Freizeitverhalten. Die Phase der erlebnisorientierten Großprojekte ab 2000 wird wegen ihres herausragenden Stellenwertes für die Freizeitgestaltung der Wolfsburger gesondert verhandelt.

Bedingungen für die Freizeitverbringung

Zuerst ist die Frage zu beantworten, mit welchen Zeitressourcen die Wolfsburger Arbeitnehmer aus der Arbeit entlassen werden. Da in den 1950er Jahren ca. zwei Drittel und bis heute zwar abnehmend, aber 2008 immer noch ein gutes Drittel der Wolfsburger Beschäftigten im VW-Werk arbeitet, lässt sich der Rahmen für die Freizeit ganz gut mit den Arbeitsbedingungen im VW-Werk charakterisieren.
Zunächst einmal dominierte lange Jahre Zeit die Schichtarbeit. So arbeiteten 1980 ca. vier Fünftel im Wechselschicht- und Dreischichtbetrieb, und der Umfang der Schichtarbeit hatte sich über die Zeit (z. B. von 1960-1980) kaum verändert (Herlyn u. a. 1982: 139). „Die Schichtarbeit ist als ein Hauptbelastungsmoment der Arbeit bei VW anzusehen, deren Auswirkungen (...) zur Beeinträchtigung aller anderen Lebensbereiche führt", so lautete ein zentraler Befund der zweiten Studie (ebd.: 140). Insbesondere im Freizeitbereich befördert die Schichtarbeit die soziale Ausgliederung, wenn man nur an die Schwierigkeiten denkt, über längere Zeit an regelmäßigen Veranstaltungen teilnehmen zu können. Im Zusammenhang mit der Beschäftigungssicherung wurde am 1.1.1994 in allen Werken die sog. 28,8 Stunden-Woche in den VW-Werken eingeführt, die eine kollektive Arbeitszeitverkürzung um 7,2 Stunden vorsah. Auch wenn eine tatsächliche Verkürzung der individuellen Arbeitszeiten – besonders im Werk in Wolfsburg – wegen einer Konjunkturbelebung kaum stattgefunden hat (Jürgens/Reinecke 1998: 68), so waren damit doch Möglichkeiten zur Arbeitszeitflexibilisierung geschaffen. Diese Flexibilisierung führte kurzfristig zu ca. 150 Arbeitszeitmodellen, die z. T. den gewohnten Rhythmus sowohl im Werk als auch in der Stadt veränderten, die dann aber 1999 als Folge einer breiten öffentlichen Kritik (Kleine-Brokhoff 1998) wieder zurückgenommen wurden.
Neben den Zeitrhythmen waren es vor allem auch die spezifischen Belastungen der Industriearbeit im Automobilbau – hohe körperliche Belastungen, ungünstige Umgebungseinflüsse, strenge Taktbindung und monotone

Tätigkeiten – die lange Zeit die Bereitschaft eines Großteils der Wolfsburger minderten, nach Arbeitsende sich noch intensiv anderen Beschäftigungen zu widmen, so ein anderer Befund der zweiten Studie (Herlyn u. a. 1982: 141). Im Zeitverlauf sind dann aber durch Rationalisierungen und Automatisierungen die physischen Arbeitsbelastungen immer weiter zurückgegangen. Auch hat sich der Anteil der in der Fertigung Beschäftigten verringert. Von den 2010 knapp 50.000 VW-Beschäftigten in Wolfsburg arbeitet noch etwa die Hälfte in der Produktion, die aber längst nicht mehr alle Handarbeit verrichten. Die andere Hälfte ist als Angestellte tätig (Stadt Wolfsburg, nachrichtlich). Zu den spezifisch durch das VW-Werk geprägten Freizeitbedingungen gehörte immer auch das traditionell hohe Lohnniveau. Der zu allen Zeiten relativ gute Verdienst eröffnete unbestreitbar spezifische Chancen zur Verbringung der Freizeit, z. B. zur Benutzung der lokalen Infrastruktur, aber auch zum repräsentierenden Verhalten.

Seit Mitte der 1990er Jahre erfährt die Zeitarbeit über die Personalserviceagentur als Arbeitskräftepuffer für VW eine deutliche Ausdehnung. Im Jahresdurchschnitt 2011 gab es nach Expertenauskunft rund 8.500 Zeitarbeitende. Beinhaltet diese Arbeitszeitform für VW die Chance eines flexiblen Reagierens auf konjunkturelle Schwankungen, so geht sie für die Zeitarbeitenden, die ja nach Auftragslage eingestellt oder freigesetzt werden können, mit einem gehörigen Maß an Beschäftigungsunsicherheit und finanziellen Einbußen einher, was sich dämpfend auf die öffentlichen Freizeitambitionen dieses Personenkreises auswirken dürfte.

Daneben hat in den letzten Jahren eine gewisse Diversifizierung der Wirtschaftsstruktur mit zahlreichen Unternehmensneugründungen und mehr Arbeitsplätzen jenseits von Volkswagen stattgefunden. 2008 arbeiteten – wie gesagt –,nur' noch 36% der Wolfsburger Beschäftigten bei VW am Stammsitz, gegenüber 60% im Jahre 1960. Nichtsdestotrotz wird Volkswagen noch immer von den Wolfsburgern als rahmensetzend für das Leben in Wolfsburg (und damit auch für die Freizeitverbringung) angesehen. So stimmten 2007 noch fast zwei Drittel der Befragten der Aussage zu: „Die Stadt Wolfsburg ist nach wie vor durch und durch VW geprägt. Der Konzern durchdringt das gesamte städtische Leben und bestimmt die Lebensweisen der Menschen nachhaltig" (Harth u. a. 2010: 138).

Parallel hat in den letzten Jahren eine bildungsbezogene ‚Umschichtung' der Bevölkerung nach oben stattgefunden (Kap. 6). M. a. W.: Es gibt heute deutlich mehr Statushöhere, d. h. Bewohner und Bewohnerinnen mit höherer Bildung, hohem Berufsstatus und hohem Einkommen in Wolfsburg als noch vor 10 Jahren. Das heißt aber auch, dass die Ansprüche an die Freizeitinfrastruktur der Stadt, die ja lange Zeit auf den ‚Wolfsburger Durchschnittsbürger', also den Arbeiter bzw. die Arbeiterin, zugeschnitten waren, heute deutlich vielfältiger sind als zu der Zeit als die Arbeiterschaft noch die dominante soziale Gruppe war.

Ein weiteres, für Wolfsburg neues Phänomen stellt die Alterung der Bevölkerung dar (Kap. 5). Die einst ‚junge' Stadt Wolfsburg ist in die Jahre gekommen. Es gibt damit ein größeres Potenzial an Personen, die nicht mehr in den Erwerbsprozess eingebunden und ganztags frei für die Freizeit sind.

Zentrale Voraussetzung für die Freizeitverbringung sind schließlich die konkreten Freizeitgegebenheiten vor Ort. Dazu ist zu sagen, dass die kommunale Freizeitinfrastruktur in Wolfsburg schon immer recht gut war, d. h. es waren und sind sowohl in den dezentral angelegten Wohnquartieren jene Einrichtungen in ausreichendem Maße und Qualität vorhanden, die gemeinhin als Wohnfolgeeinrichtungen benannt werden, etwa Jugendzentren oder öffentliche Grünflächen. Bereits vor mehr als 30 Jahren kam diese überdurchschnittliche Ausstattung deutlich in einem 67 deutsche Großstädte vergleichenden Städtetest zum Ausdruck (Friedrichs 1980). Auch heute kann sich das Angebot sehen lassen mit neun Jugend- und Freizeitheimen, 27 Jugendtreffs, mit 315 öffentlichen Grünflächen und 176 Spiel- und Bolzplätzen (Daten & Fakten, Wolfsburger Statistik 2011).

Von Anfang an wurden aber auch größere Freizeit- und Kultureinrichtungen geschaffen, nicht selten mit Unterstützung von VW. Zu den stadtweit bedeutsamen und über die Stadt hinaus bekannten Einrichtungen, gehören z. B. das 1951 gebaute VW Bad, das 1962 eingeweihte Kulturzentrum neben dem Rathaus mit städtischer Volkshochschule und Stadtbücherei. 1973 entstand das damals langersehnte Theater, in dessen Nähe 1983 das Planetarium entstand. Wenn auch die Besucherzahlen des Planetariums nach 1985 rückläufig waren bis zuletzt 18.000 im Jahr 2009, so ist doch zu beachten, dass neun Monate nach der Wiedereröffnung (und Modernisierung) im März 2010 immerhin 41.000 Besucher ins Planetarium kamen. 1994 wurde das Kunstmuseum eröffnet. Darauf gehen wir später noch gesondert ein.

Hier bleibt festzuhalten, dass Wolfsburg im Vergleich zu anderen Städten ähnlicher Größenordnung im norddeutschen Raum (außer in den Anfangsjahren) schon immer eine relativ gute öffentliche Freizeitinfrastrukturausstattung hatte, während aber die Ausstattung bei kommerziellen bzw. privatwirtschaftlich betriebenen Einrichtungen lange Zeit vergleichsweise defizitär war, was sich erst in den letzten Jahren geändert hat.

Freizeitverhalten in der Arbeiterstadt bis zu den 90er Jahren

Über die Anfänge der Freizeitverbringung in Wolfsburg liegt wenig Material vor. Das hat damit zu tun, dass die nach dem Krieg nach Wolfsburg einströmende Bevölkerung zum einen durch die relativ ungewohnte und körperlich anstrengende Arbeit stark belastet und zum anderen mit der Absicherung der täglichen Daseinsfürsorge beschäftigt war. Es blieb einfach nicht viel disponible Zeit übrig, in der man tun und lassen konnte, was man wollte (Künne 1999: 43). Die Nachkriegsfreizeit war ganz der „Rekonstruktion des Alltags" im Rahmen der Familie und dem „privatistischen Konsum" gewidmet (Maase 1989: 346).

Auch fehlte es auf der Angebotsseite fast flächendeckend an Infrastruktureinrichtungen. Sicherlich, schon Ende der 1940er Jahre wurde ein großes Kino – das Delphinkino – gebaut, aber erst Ende der 50er Jahre entwickelte das Zentrum der Porschestraße mit einer Reihe von auch in der Freizeit zu nutzenden Einrichtungen eine gewisse Attraktivität. Daher war es auch nicht abwegig, dass in unserer ersten Wolfsburg-Untersuchung nur am Rande auf den Freizeitbereich eingegangen wurde. Während Grünanlagen bzw. Spielplätze damals – 1960 – von fast jedem dritten Befragten als Vorteile der Stadt genannt wurden, wurde das Fehlen weiterer Infrastrukturen von den Bewohnern kritisiert. Damals wurden vor allem das fehlende Theater, der Mangel an Lokalen, Gaststätten usw., die fehlende Geselligkeit und der Mangel an Urbanität und Atmosphäre bemängelt (Schwonke/Herlyn 1967: 160ff).

20 Jahre später – 1980 – hatte sich das Bild durch eine Reihe großer Infrastruktureinrichtungen erheblich gewandelt. Daher wurden in der zweiten Untersuchung als Indikatoren für die Teilnahme am gemeindlichen Leben der Besuch öffentlicher Veranstaltungen und die Teilnahme am Vereinsleben berücksichtigt. Bei unserer Befragung im Jahre 1980 dominierte unter den Veranstaltungen ganz deutlich der Besuch des Theaters, das – naheliegenderweise – sehr viel häufiger von Angehörigen der Mittelschicht als von der Arbeiterschicht besucht wurde (Herlyn u. a. 1982: 194). Eine hohe Anziehungskraft hatten damals auch die Veranstaltungen in der Stadthalle, vor allem für die jüngeren EinwohnerInnen. Hingegen spielte der Kinobesuch nach Spitzenwerten unmittelbar nach dem Kriege eine zunehmend geringere Rolle, bedingt auch durch die Verbreitung des Mediums Fernsehen.

In der damaligen Zeit begannen Stadtfeste eine große Rolle zu spielen, und so wurde nicht selten auf große Festveranstaltungen wie Cityfest, Rummel, Schützenfest, Stadtteilfest u. a. mehr hingewiesen. Ähnlicher Beliebtheit erfreuten sich Sportveranstaltungen. „Neben dem in unserer Gesellschaft als ‚Massenereignis' verbreiteten Fußballspiel zeichnet sich die Wolfsburger Sportszene auch durch ausgefallene Sportarten aus wie Judo, Badminton, Gewichtheben, Leichtathletik, die im Bundesleistungszentrum des Sportvereins VfL zielstrebig betrieben und von VW, Stadt und Stadtsportbund tatkräftig unterstützt werden", so bilanzierten Herlyn und MitarbeiterInnen in der zweiten Studie (1982: 195). Relativ geringen Zuspruch erfuhr damals die Volkshochschule und es schien, dass die Wechselschichtarbeit am ehesten diese Art der ein regelmäßiges Erscheinen erfordernden Teilnahme beeinträchtigte. Der Kulturbetrieb war in den 60er Jahren im sogenannten „Kulturring" organisiert, an dessen Veranstaltungen erwartungsgemäß sich die Mittelschicht stärker beteiligte als die Arbeiterschaft.

Die Stadt Wolfsburg hat schon früh die Förderung der Vereine, besonders aber der Sportvereine – als ihr Aufgabenfeld angesehen: Bei der Vielzahl neuzugezogener Bürger und Bürgerinnen „stellt sich für jeden Neubürger das Problem des Einlebens in die ihm neue Umgebung und Nachbarschaft. In dieser Situation bietet das Vereinsleben der Stadt dem Zugezogenen eine willkommene Möglichkeit, auch gesellschaftlich Fuß zu fassen. (...). Den Schwerpunkt des Einsatzes städtischer Mittel sah die Stadt bisher in der Unterstützung des Sports. An dieser Stelle sei auf die Schaffung von sechs Mehrzweckhallen in den ehemaligen Umlandgemeinden sowie die Bezuschussung der Vereinsheime der Wolfsburger Großsportvereine besonders hingewiesen" (Stadt Wolfsburg Hg. 1976: 102).

Ist die „Vereinsmeierei" der Deutschen schon geradezu sprichwörtlich, so wiesen die Einwohner Wolfsburgs Ende der 1950er Jahre nur eine relativ geringe Vereinsbindung auf. Dies änderte sich aber bis Anfang der 1980er Jahre: Damals war etwa die Hälfte der Wolfsburger in mindestens einem Verein involviert, und damit war eine Vereinsbindung erreicht, die in etwa dem Bundesdurchschnitt entsprach. „Die Mitgliedschaft in kommunal geförderten Vereinen hat sich in der Kernstadt, also ohne Berücksichtigung der 1972 eingemeindeten Ortschaften, gegenüber 1958 mehr als vervierfacht, was (selbst wenn man Doppelmitgliedschaften im Auge behält) über dem bundesweiten Trend liegt", so Herlyn u. a. (1982: 199). Wie nicht anders zu erwarten, waren es vor allem Sportvereine, die das Gros der Bevölkerung an sich gebunden hatten.

Insgesamt wurden damals im Jahre 1980 von den in der zweiten Untersuchung befragten Wolfsburgern die Möglichkeiten zu körperlich-aktiver Erholung in der Stadt, angefangen von der frischen Luft über das Spazierengehen und Wandern bis hin zum Sport positiv hervorgehoben. Ganz ausdrücklich wurde die „freizeitinfrastrukturelle Auf- und Ausbauleistung der Kommune ohne Einschränkung gewürdigt" (ebd.: 207). So sagte ein leitender Angestellter bei VW im Jahre 1980: „Da sind Riesenfortschritte gemacht worden. Es war ja früher so, dass sich die Kultur woanders abgespielt hat. Wer also Wert auf Kultur legte, der musste eben nach Braunschweig oder Hannover fahren. Jetzt haben wir ein Theater, die Stadthalle usw.; es ist schon ganz erstaunlich, was da geschaffen wurde".

Neben den unmittelbaren Kultureinrichtungen mangelte es – wie schon 1960 – vielen Bürgern und Bürgerinnen, besonders Jugendlichen und bildungsbürgerlichen Gruppen aber weiterhin an „lebenskulturellen Momenten" in der Stadt. Sie beklagten das Fehlen von Treffmöglichkeiten in Lokalen und Restaurants, was dann häufig in der Feststellung endete, in Wolfsburg gäbe es keine städtische Atmosphäre, die man eher in Braunschweig, Lüneburg und Celle zu finden glaubte.

In der dritten Studie haben wir die Wolfsburger gefragt, wie sie die verschiedenen Wolfsburger Kultur- und Freizeitangebote (z. B. Konzerte, Schwimmbäder, Volkshochschule und Kino) nutzen. 1998 sagten 40%, dass sie die Angebote intensiv nutzen (Harth u. a. 2000: 91f). Vor allem die jungen Wolfsburger unter 24 Jahren und die Vorruheständler, die wieder über mehr Zeit für ihre außerhäusliche Interessenentfaltung verfügten, nutzten die Angebote verstärkt. Daneben zeigte sich eine Steigerung der Nutzungsintensität bei Befragten mit höherem Berufsstatus, womit sich die häufig belegte These bestätigte, dass die Teilnahme an kulturellen Angeboten mit der Schichtzugehörigkeit korreliert.

Die Häufigkeit, mit der sich die Befragten den in einer Liste abgefragten Aktivitäten in der Freizeit zuwandten, ergab im Ganzen ein recht unspektakuläres Bild. Von den außerhäuslichen Freizeitbeschäftigungen zählte das abendliche Ausgehen zu den beliebtesten Aktivitäten der Wolfsburger: Immerhin ein Drittel der Befragten ging 1998 regelmäßig aus. Insgesamt wurden Sportveranstaltungen, Kino, Tanzveranstaltungen und Diskotheken, aber auch Fest- und Vereinsveranstaltungen von jeweils fast 30% besucht. Zur starken Beachtung von Sportveranstaltungen trug vor allem der bekannteste Sportverein der Stadt, der VfL Wolfsburg, bei, der 1997 in die 1. Fußball-Bundesliga aufgestiegen war und 2009 Deutscher Meister wurde.

Gegenüber der Nutzung der genannten Veranstaltungen fiel die Teilnahme an Kultur- und Bildungsangeboten ab. Nur ein Viertel der Wolfsburger partizipierte regelmäßig, d. h. mindestens zweimal im Monat an kulturellen Ereignissen oder nutzte Bildungsangebote, d. h. suchte Vorträge auf, ging zur Volkshochschule oder zur Stadtbücherei, die meisten jedoch seltener oder nie. Auch wenn die Bildungsträger aufgrund des absoluten Teilnehmerrückgangs (und damit verbundenen geringeren Zuschüsse) Anzeichen für eine Krise sahen, so war doch das Interesse der WolfsburgerInnen an Bildungsangeboten nach wie vor konstant. Dies war umso bemerkenswerter, als in den letzten Jahren nicht nur die Kursgebühren gestiegen waren, sondern auch erhebliche Konkurrenz auf dem Weiterbildungsmarkt in Wolfsburg entstanden war. Das Bildungsangebot der VHS zeigte sich also konkurrenzfähig, indem man z. B. auf die veränderten Schichtrhythmen Rücksicht nahm oder sich für neue Klientel (besonders Jugendliche, Vorruheständler) verstärkt öffnete.

Was nun eine Spezifizierung der Nutzergruppen anbelangt, zeigte sich auch hier, dass junge WolfsburgerInnen und solche mit höherem Sozialstatus zu denjenigen Personen gehörten, die die verschiedenen Gelegenheiten häufiger in ihrer Freizeit nutzten. Zu gleicher Zeit waren es exakt diese Personengruppen, die mit dem vorhandenen Infrastrukturangebot eher unzufrieden sind. D. h. gerade jene Personengruppen, die das vorhandene Angebot auch nutzten, wollten, dass es noch reichhaltiger wird.

Infolge der sozialstrukturellen Umschichtungen nach oben, d. h. dem Anstieg von Bildungshöheren und einkommensstarken Gruppen (Kap. 6), entsprach das weitgehend auf die VW-Arbeiterschaft zugeschnittene Angebot an Freizeitangeboten in Wolfsburg immer weniger den Ansprüchen. Entsprechend setzte sich ein schon bereits in der ersten Studie festgestelltes Verhalten, seine Interessen auch außerhalb der Stadt zu befriedigen, weiter fort (Schwonke/Herlyn 1967: 48). Dies betraf insbesondere Jüngere und Schichthöhere. Diese nutzten nicht nur Freizeit- und Kulturangebote in Braunschweig oder Hannover, sondern gaben auch nicht unbeträchtliche Einkommensanteile beim erlebnisorientierten Shopping in der urbaneren Atmosphäre anderer Städte aus.

Ein weiterer Grund für die Neigung eines doch recht großen Teils der Wolfsburger, vor allem aber der Führungsschichten bei VW, nicht am öffentlichen Leben der Stadt Wolfsburg teilzunehmen, liegt auch in der Unausweichlichkeit der sozialen Kontrolle, der man infolge der monoindustriellen Stadtstruktur unweigerlich ausgesetzt ist. So resümierte eine Expertin aus dem Rat der Stadt im Jahre 1999: „Wenn man 12 Stunden bei VW arbeitet, dann will man am Abend die restlichen Stunden nicht noch mal VW-Leute sehen. Und sie treffen dann halt VW-Leute, wenn sie hier irgendwo hingehen. Also ist es nicht zu vermeiden (...) Leitende Angestellte wollen nicht in den wenigen Angeboten ihren Mitarbeitern bzw. Mitarbeiterinnen begegnen. Es ist in Wolfsburg zu eng, zu klein". Auch wenn noch heute die fehlende Anonymität und damit auch die mangelnde Urbanität der Stadt (Kap. 8) als ‚Flucht'motive genannt werden (Harth u. a. 2010: 139), so hat doch in den letzten zehn Jahren ein deutlicher Wandel des Freizeitverhaltens stattgefunden, der mit der erlebnisorientierten Stadtentwicklungspolitik zusammenhängt, die Gegenstand unserer vierten Studie war.

Die neuen erlebnisorientierten Freizeitangebote

In den letzten Jahren sind diverse freizeit- und erlebnisrelevante Einrichtungen erstellt worden. Da diese Phase der Stadtentwicklung durch erlebnisorientierte Großprojekte in Wolfsburg sowohl von der Anzahl der fertiggestellten Großprojekte als auch in Bezug auf die Qualität des Angebots einmalig war, haben wir in unserer vierten Studie den Fokus sehr stark auf die stadtkulturellen Folgen dieser Art von Stadtentwicklungspolitik gerichtet und andere Freizeitangebote und -aktivitäten, denen wir ja in den vorherigen Studien ausführlich nachgegangen waren, nicht berücksichtigt. Hierbei muss man allerdings in Betracht ziehen, dass die neuen Erlebnisangebote eher dem sporadischen, nicht-alltäglichen Freizeitverhalten zuzuordnen sind.

1994 eröffnete das Kunstmuseum seine Pforten (Abb. 16). Es stellt eine Art Vorläufer der eigentlichen Phase der Stadtentwicklung durch erlebnisorientierte Großprojekte dar (Kap. 4), in deren Gefolge es einen regelrechten Entwicklungsschub bezogen auf außergewöhnliche Freizeit- und Erlebniseinrichtungen in Wolfsburg gegeben hat.

Abbildung 16: Kunstmuseum 2009

Foto: Zooey Braun

Eigentliche Initialzündung und bedeutender Auftakt der erlebnisorientierten Großprojektreihe in Wolfsburg war aber die Autostadt auf dem VW-Werksgelände, die anlässlich der Expo 2000 in Hannover gebaut und am 31. Mai 2000 eröffnet wurde (Abb. 6 in Kap. 3). Die Autostadt ist nicht nur ein Auslieferungszentrum mit einer damals vollkommen neuartigen Form der Markenpräsentation, sondern bietet dauerhaft (hoch-)kulturelle Events an, teils von überregionalem Interesse. Es finden dort verschiedenste Veranstaltungen statt, z. B. das jährliche Tanztheater-Festival Movimentos, Großkonzerte, Sommerprogramme, ein Wintermarkt oder kulturelle Veranstaltungen wie Literaturlesungen, Diskussionen, Vorträge oder klassische oder moderne Musikkonzerte. Die Autostadt ist mittlerweile zum zentralen Kulturanbieter in Wolfsburg aufgestiegen.

Im gleichen Jahr wie die Autostadt entstand in der Nähe des Bahnhofs ein Multiplex-Kino des CinemaxX-Konzerns. Vorher gab es so etwas nicht in Wolfsburg. Ein Jahr später wurde das Shopping Center ‚City Galerie' der ECE-Gruppe in zentraler Lage in der Porschestraße eröffnet. Neben Mode-Boutiquen, einem Fachmarkt für Unterhaltungselektronik und einem Textilhaus finden sich dort auch Angebote im Bereich Sport, ein Lebensmittelmarkt, eine ‚Schlemmerzone' sowie verschiedene Dienstleistungs- und Gastronomiebetriebe (Abb. 17).

Abbildung 17: City Galerie in der Porschestraße 2009

Foto: Gitta Scheller

Ende 2002 wurde mit der Volkswagen Arena ein neues Fußballstadion eröffnet, weil das alte durch den Aufstieg des VfL-Wolfsburgs in die erste Fußball-Bundesliga im Jahr 1997 nicht mehr erstligareif erschien. Die Volkswagen Arena dient gelegentlich auch als Bühne für Konzerte großer Stars wie z. B. Herbert Grönemeyer, Anastacia oder Elton John. Es gehe darum – so ein Experte des VfL Wolfsburg – „den Eventcharakter der Arena zu unterstreichen".

Im selben Jahr wie die Volkswagen Arena wurde das Erlebnisbad Badeland in vollkommen modernisierter Form im Allerpark eröffnet, nachdem das alte Schwimmbad mit gleichem Namen 1998 bis auf die Grundmauern abgebrannt war. Das Badeland ist ein Sport- und Freizeitbad und beinhaltet auf über 3000m² viele Attraktionen für Erholung, Entspannung, Sport und Spaß. Dazu gehören Großrutschen, verschiedene Saunen, Wellenbecken, Außenbecken, Wildwasserlauf, Massagebecken sowie diverse Veranstaltungen wie Mitternachtssauna, Sommersauna Grillabend und Sonntagsbrunch.

Nordöstlich der Autostadt – wo sich Volkswagen Arena und Badeland befinden – entstand der Freizeitpark Allerpark. Hier wurde auf dichtem Raum eine Fülle von Freizeitangeboten entwickelt, die in Wolfsburg bislang fehlten. Dazu zählt z. B. eine Eis Arena, die 2006 eröffnet wurde. Neben den sportlichen Zwecken des Eishockeyvereins Grizzly Adams, dient die Eis Arena als Schlittschuhbahn für die Bevölkerung. Auch werden dort verschiedene Eis-Shows angeboten.

Abbildung 18: Allerpark im Jahr 2009

Quelle: Wolfsburg AG

Der Parkbereich des Allerparks (Abb. 18) ermöglicht zudem ohne Eintritt vielfältige Freiraumaktivitäten, wie Spazieren gehen, Laufen, Radfahren, Inline-Skaten. Es gibt einen mit Sand aufgeschütteten Badestrand, wo sich auch ein besonderes Ausgeh-Angebot befindet: der Kolumbianische Pavillon, der von der Expo 2000 in Hannover stammt. Dort kann man in einem Restaurant drinnen und draußen oder auf einer Art Insel essen, trinken oder Partys feiern. Auf der Plaza, einer Art Amphitheater, oder dem Festplatz gibt es ebenfalls Gelegenheit für Feste, Open-Air-Veranstaltungen. Im Allerpark kann man darüber hinaus Wassersport jeder Art ausüben: vom Schwimmen im Allersee oder im Erlebnisbad Badeland bis hin zum Wakeboarden. Außerdem befinden sich Yacht-, Kanu-, Ruder- und Motorbootclub auf dem Areal. Darüber hinaus gibt es noch eine Skateranlage, ein Bowling-Center, einen Spielpark und einen Hochseilgarten. 2007 wurde dort außerdem die SoccaFive-Arena, eine moderne Hallen-Fußball-Anlage eröffnet. Im Allerpark gibt es noch ein großes Baufeld, wo weitere Freizeitattraktionen entstehen. Auch ist dort laut Expertenauskunft noch eine Hotelansiedlung vorgesehen.

In der Nähe des Bahnhofs entstand 2007 das Wissenschaftsmuseum Phaeno (Abb. 19), eine Experimentier-, Erfahrens- und Erlebnisstätte, dessen Architektur auf einem Entwurf der britisch-irakischen Stararchitektin Zaha Hadid basiert. Hier finden auch diverse Events, z. B. Modenschauen, Lesungen, Performances, Bankette für bestimmte Zielgruppen (Firmen) oder Public Viewing im Außenbereich unterhalb der Gebäudescheibe statt.

Abbildung 19: Phaeno 2009

Foto: Gitta Scheller

Ebenfalls 2007 wurden die Designer Outlets (Abb. 20) als erste Factory Outlets im innerstädtischen Bereich eröffnet und in den folgenden Jahren um weitere Gebäude erweitert. Sie befinden sich gerade mal drei Gehminuten vom Hauptbahnhof entfernt. Hier werden internationale Designermarken angeboten. Neben Bekleidungsartikeln kann man hier auch Kochgeschirr, Porzellan, Tischkultur, Badetücher und Reisegepäck kaufen.

Im Bereich des Nordkopfes wurde außerdem eine Markthalle eröffnet, die allerdings derzeit Vermarktungsprobleme aufweist. Laut den aktuellen Expertengesprächen wird ein größeres Kongresshotel gegenüber dem Bahnhof gebaut, und man bemüht sich, zwischen Markthalle und Jobcenter eine Einzelhandelansiedlung zu realisieren.

Abbildung 20: Designer Outlets Wolfsburg im Jahr 2009

Foto: Gitta Scheller

Die Großprojekte decken insgesamt eine recht breite Palette von Freizeit- und Erlebnisangeboten ab. Doch auch hinsichtlich anderer Freizeitangebote in Wolfsburg lassen sich seit Ende der 90er Jahre deutliche Veränderungen feststellen. Die ‚herkömmlichen' Angebote, z. B. im Sportvereinsbereich, wie Sportplätze und Sporthallen, kleinere Schwimmbäder für Vereins- oder Schulschwimmen, haben unter der Politik der großen Projekte eher gelitten. Bei ihnen ist in dieser Zeit ein nicht unerheblicher Sanierungs- und Modernisierungsbedarf aufgelaufen, der erst langsam abgearbeitet wird.

Dagegen haben die kommerziell bzw. privatwirtschaftlich betriebenen Angebote, die noch bis in die 90er Jahre Defizite aufwiesen, zum großen Teil von der freizeitbezogene Aufwertung der Stadt profitieren können. So wurde das gastronomische Angebot in Wolfsburg in den letzten zehn Jahren um Cafés, Trend-Lokale und Restaurants erweitert, nicht zuletzt im Zuge der Neugestaltung und Attraktivierung der Innenstadt (Kap. 8). Auch die Kulturszene außerhalb der Großprojekte ist deutlich lebendiger geworden. Zum einen sind die vorhandenen Angebote (z. B. Kulturverein, Städtische Galerie) z. T. renoviert, ausgebaut und für ein breiteres Publikum weiterentwickelt worden bzw. es sind zukünftig Umstrukturierungen geplant, wie beim Theater (Kulturentwicklungsplan der Stadt Wolfsburg 2011: 15). Zum anderen haben sich auch neue Angebote im Kunst- und Kulturbereich etablieren können, z. B. neue Galerien, ein weiterer 1998 gegründeter Kunstverein für ‚junge Kunst', die Heidersberger Gesellschaft und insbesondere das ‚Hallenbad', ein Zentrum für junge Kultur. Mit dem ‚Hallenbad' ist eine Einrichtung für eine ganz neue, bislang in Wolfsburg nicht umfangreich vorhandene, geschweige denn kulturell versorgte Bevölkerungsgruppe entstanden: ein junges bildungs- und kulturinteressiertes Publikum. Hier finden z. B. Lesungen junger Autoren, schrille Konzerte und Tanzveranstaltungen statt und hier wurde auch ein Wolfsburg-Musical zur Geschichte der Stadt gezeigt.

Nutzung und Bewertung der neuen Angebote

Wir konnten also aufgrund unserer vierten Studie konstatieren, dass das aktuelle Freizeitangebot Wolfsburgs – nicht nur für Städtetouristen, die ja im Besonderen mit den neuen erlebnisorientierten Angeboten angesprochen werden sollten, sondern auch für die Bewohner und Bewohnerinnen umfänglich ist und so gut wie alle Sparten abgedeckt werden: Vom hochwertigen hochkulturellen Kunstgenuss (z. B. im Kunstmuseum oder einem Konzert in der Autostadt) über leichte Unterhaltung sowie das Ausüben von Trend- und Fun-Sportarten bis hin zum Naturerleben beim Spaziergang im Allerpark wird den Bewohnern und Bewohnerinnen viel geboten. Und die Wolfsburger schätzen ihr gutes Infrastrukturangebot. Sie heben besonders die Angebote im Sportbereich, aber auch die Bildungs- und Kulturangebote in der Stadt hervor (Harth u. a. 2010). Die erlebnisorientierten Angebote haben den Freizeitwert der Stadt für die Bewohnerschaft grundlegend gesteigert und vor allem für die bislang kaum angesprochenen Zielgruppen der jungen gut ausgebildeten Angestelltenschaft und Schichthöheren Freizeitmöglichkeiten in der Stadt geschaffen.

Dies gilt natürlich insbesondere für das Kunstmuseum, das – wie in anderen Städten auch – nur für einen kleinen Teil der Bevölkerung von Interesse ist. So war ein knappes Drittel der Wolfsburger war bis 2007 noch nie im Kunstmuseum (Harth u. a. 2010: 97). Auch das Science Center Phaeno war am Anfang wegen seiner modernen Architektur – als ‚Architekturskulptur' bewusst als Fremdkörper in die Stadt gesetzt – eher bei Bildungshöheren beliebt und beim Rest der Bevölkerung eher umstritten.

Insbesondere schichtniedrigere Wolfsburger (vor allem Arbeiter) haben eine gewisse Distanz zu Kunstmuseum und Phaeno, die als Symbole der Hochkultur wohl eher dem Anspruch auf kulturelle Selbstdarstellung und Differenzierung der Mittelschichten entsprechen. Hingegen besitzen sie für die bislang in der Wolfsburger Kulturpolitik wenig bedachten Bevölkerungsgruppen eine besondere Integrationsfunktion, wie wir in unserer vierten Studie festgestellt haben. Für jene Milieus, die sich bisher vorwiegend nach außen orientiert hatten – das kunstinteressierte, das alternative und das Hochkulturmilieu – gab es nun in der Stadt Treffpunkte und Selbstdarstellungsorte. Kunstmuseum und Phaeno haben (neben der Autostadt) wesentlich dazu beigetragen, dass sich die höher Qualifizierten und Besserverdienenden in der Stadt wohler fühlen. „Endlich gibt es hier auch mal Angebote für Leute mit kulturellem Anspruch" – so und ähnlich lautet der Zuspruch vieler statushöherer Bewohnergruppen auch in Bezug auf die Architektur:

„Zaha Hadid, die Architektin, die hier nach Wolfsburg zu holen für so ein Projekt, also da muss ich sagen, ‚Hut ab', also das war schon echt doll und das kommt ja auch super an. Ich finde es gut, dass sie hier nicht so einen billigen Bau hingesetzt haben von irgend 'ner Architektin, die nur ein Drittel von dem bekommt, was die Zaha Hadid da bekommt. Nein, das finde ich toll, dass man auch den Mut hat und sagt, was da steht, steht dann 100 Jahre und das muss super sein." (Selbständiger, 65 J.)

Alle anderen Großprojekte – vom Badeland bis hin zur Autostadt – sind dagegen nur wenig selektiv im Hinblick auf ihre Besucherschaft aus Wolfsburg und damit attraktiv für viele Bevölkerungs- und Sozialgruppen. In besonderer Weise gilt dies für den Allerpark und die City Galerie, die nahezu alle Statusgruppen in gleicher Weise ansprechen. Sie wurden von der Bevölkerung (im Jahr 2007) recht gut angenommen und von allen Bildungs-, Berufs- und Einkommensgruppen in nahezu gleicher Häufigkeit aufgesucht. Die City Galerie stand im Hinblick auf ihre Nutzung ganz an der Spitze (Tab. 2).

Tabelle 2: Nutzung der Großprojekte durch die Wolfsburger Bevölkerung 2007 in %

Großprojekt	noch nie besucht	einmal besucht	mehrmals besucht	regelmäßig	Insg.	N
City Galerie	1	1	40	58	100	971
Allerpark	8	7	58	27	100	971
Autostadt	6	9	62	23	100	971
Badeland	25	13	47	15	100	971
VW Arena	31	20	36	13	100	971
Cinemaxx	27	13	49	11	100	971
Kunstmuseum	32	28	35	5	100	971
Eis Arena	65	15	17	3	100	971
Phaeno	56	27	16	1	100	969

Quelle: Harth u. a. 2010: 97

Mehr als die Hälfte der Befragten suchte sie regelmäßig auf. Das erstaunte insoweit nicht, als man hier eher alltägliche Bedürfnisse, wie Einkaufen oder mal einen Kaffee trinken, an zentraler Stelle erfüllen kann. Auch Allerpark und Autostadt wurden durchaus von beachtlichen Minderheiten hin und wieder oder regelmäßig aufgesucht. Die Besuche der anderen Großprojekte hatten dagegen allesamt eher Ausnahmecharakter. Man besucht sie ein, zwei Mal pro Jahr – auch gern wenn Besuch da ist, um ihm die Wolfsburger ‚Highlights' zu zeigen, aber diese Einrichtungen gehören ganz offensichtlich nicht zum Alltagsleben der Wolfsburger Bevölkerung.

Die neuen Angebote hatten bei der Bevölkerung ganz eindeutig einen Mobilisierungsschub in Richtung der eigenen Stadt ausgelöst. Das Gros der befragten Wolfsburger nutzte 2007 die Angebote in der eigenen Stadt häufiger als noch vor zehn Jahren. Mit den Großprojekten, so wurde in den Intensivinterviews betont, seien „viel mehr Attraktionen entstanden, auch für die Freizeit", das sei bezogen auf die Einwohnerzahl der Stadt schon beachtlich. Die ganzen Attraktionen hätten „die Stadt sehr bereichert". Man müsse jetzt nicht mehr „weiter wegfahren, weil man jetzt alles vor Ort hat".

„Man kann sehr viel in der Freizeit hier jetzt machen, also es gibt sehr viele Möglichkeiten. Das ist für mich das Wichtigste, was die Stadt auch sehr attraktiv macht. Für mich ist das perfekt. Man kann viel in der Stadt machen" (Referendarin, 25 J.)

Besonders junge Erwachsene und Statushöhere, eben jene mit Interesse an Kultur, Unterhaltung und Selbstverwirklichung, die ja noch in den 90er Jahren regelmäßig die Angebote außerhalb Wolfsburgs aufsuchten, nutzten 2007 deutlich häufiger die Einkaufs-, die Ausgehmöglichkeiten und die Kulturangebote in der Stadt.

„Ich liebe klassische Musik. Wir sind früher immer woanders hingefahren. Aber seitdem es die Autostadt gibt – das Angebot ist da ganz hervorragend – da brauchen wir das gar nicht mehr. Wir gehen natürlich zu den Pfingst- und Weihnachtskonzerten. Das Orchester ist ganz hervorragend und erstklassig, das gilt auch für die Diskussionen mit Fernsehgrößen, die sind schon interessant." (ehem. ltd. Angestellter, 74 J.)

Alles in allem konnten wir in unserer vierten Studie feststellen, dass das Paket aus erlebnisorientierten Großprojekten und neuen kulturellen und freizeitbezogenen Angeboten jenseits der Großprojekte die Attraktivität Wolfsburgs als Freizeit-, Einkaufs- Kultur-, und Erlebnisort für die eigene Bewohnerschaft deutlich gesteigert hat. Das Interesse der Wolfsburger an den neuen Angeboten war groß. In früheren Jahren gab es einen gewissen Nachholbedarf an stärker erlebnisbezogenen Einrichtungen in der eigenen Stadt, der offenbar jetzt befriedigt ist.

„Wolfsburg war früher keine richtige Stadt. Das war ja eigentlich Volkswagen und drum herum wurden Häuser gebaut, damit da welche wohnen konnten, aber das war's auch schon. Genau so grau eben wie VW war Wolfsburg auch und das hat sich eben jetzt geändert durch die ganzen Projekte." (Erzieherin, 56 J.)

Die Wolfsburger sind deutlich ‚stadtaktiver' geworden und nutzen die Freizeit-, Konsum- und Kulturangebote in Wolfsburg häufiger als noch vor einigen Jahren. Insofern trifft auch die noch vor etwa zehn Jahren beklagte Diskrepanz zwischen überdurchschnittlichem Angebot und zögerlicher Inanspruchnahme durch die Einwohner und Einwohnerinnen (Herlyn/Tessin 2000: 111f) heute in dieser Schärfe nicht mehr zu.

Diese Befunde sind schon erstaunlich, wenn man bedenkt, dass in der Literatur die Folgen der Stadtentwicklung über Großprojekte für die Bewohnerschaft ja eher kritisch gesehen werden. Als Negativfolgen gelten besonders soziale Ausgrenzungen (Siebel 2007: 83ff, Schäfers 2006: 164f, Ronneberger 2000: 19). Den Bewohnern werde von außen ein Spektakel aufgezwungen, mit dem sie nichts anfangen könnten. Dass davon in Wolfsburg nur wenig zu spüren ist und die Großprojekte doch recht gut von den BewohnerInnen angenommen werden, hängt sicherlich damit zusammen, dass es sich um eine recht ‚ausgewogene' erlebnisorientierte Großprojektpolitik von Stadt, VW und Wolfsburg AG handelt, in deren Kontext für fast jeden etwas dabei war. Auch passt sie recht gut zum Selbstverständnis der Stadt als einer modernen, mobilitäts- und technikorientierten Stadt, in der viel Geld erwirtschaftet und auf Qualität geachtet wird.

Auch die lange Zeit beklagten erheblichen Defizite im Hochkulturbereich, aber ebenso bei den kommerziell betriebenen Freizeitangeboten, wie z. B. Cafés und Kinos (Herlyn u. a. 1982: 190) im Zuge der veränderten Stadtpolitik am Ende der 1990er Jahre insofern behoben werden, als zunehmend Angebote des höherwertigen Konsums entstanden sind. Entsprechend fallen auch die Klagen, dass es an informellen Treffmöglichkeiten für verschiedene Bevölkerungsgruppen, z. B. Cafés, Lokalen, Restaurants und ganz generell an Ausgehmöglichkeiten fehle, in den letzten Jahren längst nicht mehr so scharf aus wie in früheren Zeiten. Im Zuge der erlebnisorientierten Stadtpolitik, die ja über die Großprojekte hinaus zu einer weitreichenden Angebotserweiterung in der Stadt geführt hat, ist es offenbar gelungen, über den Normalstandard hinausreichende Erlebnisangebote zu schaffen und damit einen schon lange – insbesondere aber bei Teilen der Jugendlichen und des Bildungsbürgertums – bestehenden Nachholbedarf zu befriedigen.

Vor diesem Hintergrund erstaunt es dann auch nicht, dass – wie schon eingangs betont – die Bewohner und Bewohnerinnen ihrer Stadt inzwischen einen hohen Freizeitwert attestieren. In der aktuellen Stadtimageanalyse von 2009 sind so zum Beispiel 80% der Bürger und Bürgerinnen der Meinung, „dass Wolfsburg ... einen hohen Freizeitwert hat und herausragende Attraktionen und Sehenswürdigkeiten bietet. Damit erreicht die Stadt im Deutschlandvergleich Spitzenwerte" (Imageanalyse 2009: 3). Die vielfältigen Freizeitmöglichkeiten und das umfängliche Kulturangebot sowie die entsprechenden Einrichtungen werden als größte Stärken der Stadt gesehen und von den BewohnerInnen 2009 noch positiver beurteilt als vor einigen Jahren. Im Ganzen sind sich die Wolfsburger also bewusst, dass ihre Stadt inzwischen ein breitgefächertes und im Vergleich zu anderen Städten unverhältnismäßig qualitativ entwickeltes Infrastrukturangebot bereithält.

Von den ersten Jahren der Stadtentwicklung mit all den Defiziten im Freizeit- und Kulturbereich über die Phase der auf die VW-Arbeiterschaft zugeschnittenen Einrichtungen im ‚kulturellen Niemandsland' bis zur heutigen breiten Angebotspalette, die die Stadt sogar für Touristen interessant macht, hat die Stadt Wolfsburg einen weiten Weg zurückgelegt, den wohl kaum jemand aus der Gründergeneration für möglich gehalten hätte.

8. Innenstadt

In der ersten Wolfsburg-Studie wurde das Innenstadt-Problem Wolfsburgs mit Blick auf die möglichen Funktionen eines Stadtzentrums wie folgt umrissen: „Für jede Stadt (...), besonders für eine neue und so weiträumig angelegte wie Wolfsburg, ist ein Zentrum mit einem unverwechselbaren Gesicht für das ‚Gemeindebewusstsein' seiner Bewohner von entscheidender Bedeutung. Das Zentrum ist der Stadtteil, den alle Bürger in gleicher Weise kennen. (...) Erst wenn dieses Zentrum intakt ist, haben die Einwohner einer Stadt für alltägliche Besorgungen ein gemeinsames Ziel, einen gemeinsamen Interaktionsbereich. (...) Das Stadtzentrum ist jedoch nicht nur eine Zusammenfassung von attraktiven Funktionen, welche die Bewohner zum häufigen Besuch anlockt. Das Zentrum soll auch Orientierungspunkt des Stadtbildes sein und die Individualität der Gemeinde bildhaft repräsentieren. Es muss ein ins Auge fallendes und unverwechselbares Gesicht haben" (Schwonke/Herlyn 1967: 34f).

Es gehört nun zu den zentralen Problemen der Wolfsburger Stadtentwicklung, dass das Zentrum dieser Stadt diesen Anforderungen zunächst gar nicht entsprach. Und auch nach mehr als 70 Jahren nach der Stadtgründung ist die Stadtmitte nicht das, was sie eigentlich sein könnte und sollte. Allein ein Drittel der in der vierten Studie, also 2007, befragten Wolfsburger war der Ansicht, dass die Stadt keine lebendige und städtische Atmosphäre habe, und 43% der WolfsburgerInnen und (damit genauso viele wie 1998) beurteilten die Innenstadt mit ihren Einkaufsmöglichkeiten negativ, obgleich beides für das Wohlbefinden in einer Stadt von fast allen hoch eingeschätzt wurde (Harth u. a. 2010: 141ff). In der verbreiteten Kritik an der Wolfsburger Innenstadt kamen im Wesentlichen drei (miteinander verknüpfte) Aspekte zusammen: die Unzufriedenheit erstens mit den Einkaufsmöglichkeiten, zweitens mit der Gestaltung der Hauptgeschäftsstraße als Fußgängerzone, und drittens mit der Atmosphäre, dem Ambiente, der mangelnden Urbanität (Behn u. a. 1989).

Schaut man sich die Übersicht der Wolfsburger Innenstadt heute an (Abb. 21), so erstaunt diese so offenkundig gravierende Kritik vielleicht ein wenig. Um sie richtig verstehen und einordnen zu können, ist es notwendig, in die Geschichte der Innenstadtentwicklung zurückzugehen.

Abbildung 21: Stadtzentrum 2011

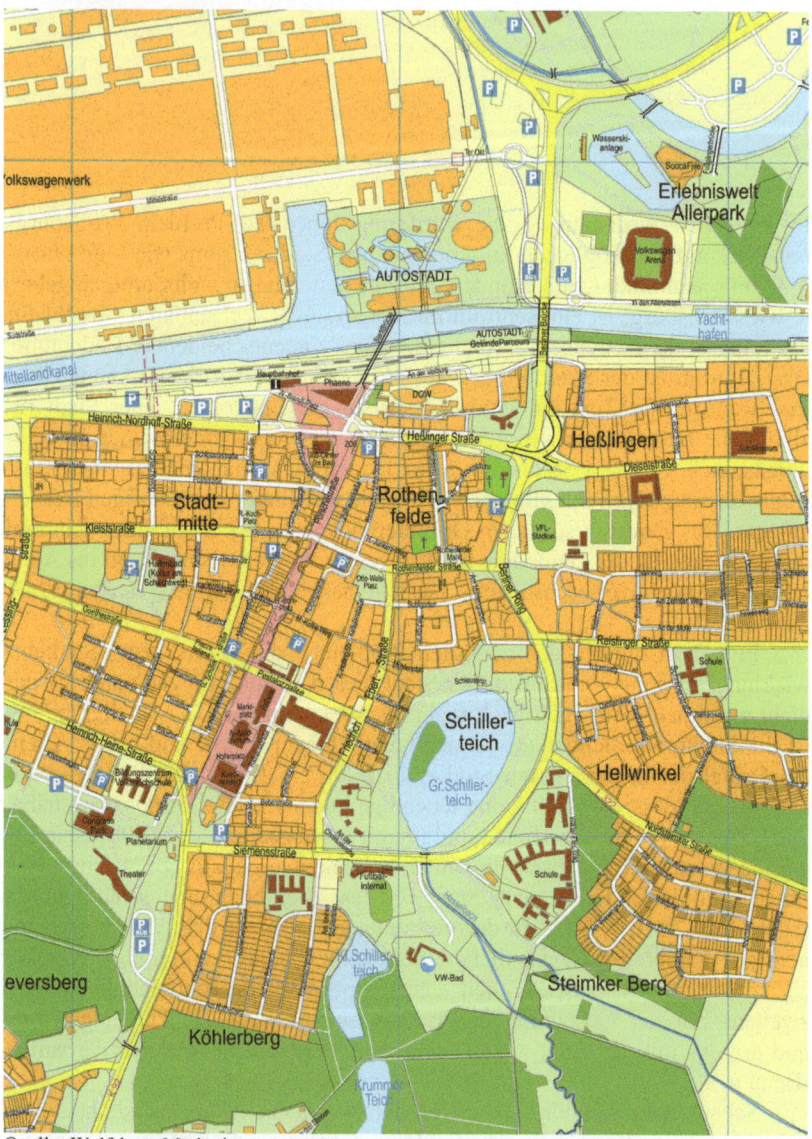

Quelle: Wolfsburg Marketing

Der ‚Geburtsfehler' der Stadtgründung

Überlegungen zu einem kommerziellen Stadtzentrum, einer City, spielten bei der Stadtgründung kaum eine Rolle; der Stadtgrundriss Kollers weist keinen derartigen Ort aus. Bezeichnend sind die Überlegungen Ueblers, eines Mitarbeiters von Koller aus jener Zeit der Stadtgründung, zur Verteilung der Läden in der Stadt. Zunächst einmal spricht er nur von Apotheken, Friseur, Schreibwarengeschäften, Banken, Blumenläden, Pelzgeschäften, Buchgeschäften, Antiquitätenhändlern – Kaufhäuser, Restaurants kommen bei ihm bezeichnenderweise gar nicht vor. Hinsichtlich der räumlichen Anordnung der Geschäfte des nicht alltäglichen Bedarfes, die er unterteilt in die Gruppe der Läden, die jeder Mensch nicht jeden Tag braucht (Gruppe 2) und Läden, die nicht jeder Mensch nicht jeden Tag braucht (Gruppe 3) schreibt er: „Die Einrichtungen der Gruppe 2 werden an den Hauptstraßen liegen, vor allem auf den Straßen, die aus den Wohnblocks zum Werke führen, so dass der Werktätige auf dem Heimwege ohne viel Umwege dort seine Einkäufe tätigen kann. Die Institutionen der Gruppe 3 hingegen werden vorwiegend an den markanten Punkten der Stadt liegen, an den bevorzugten Plätzen und an den breiten Hauptachsen. Diese breiten Straßen bedürfen zur Verstärkung ihrer städtebaulichen Wirkung großer Bauten und schöner Läden. (...) Diese breiten Straßen müssen durch ihre Läden der Anziehungspunkt der Stadt werden" (Uebler 1940, wiederabgedruckt in Recker 1981: 123).

Abbildung 22: Der Schachtweg als provisorische Ladenzeile etwa 1955

Quelle: Institut für Zeitgeschichte und Stadtpräsentation, Stadt Wolfsburg

Also keine Rede von einem irgendwie gearteten Geschäftszentrum oder Citybereich. Auch ein zentraler Marktplatz, der doch für alle historischen Städte das Stadtzentrum symbolisiert, fehlt auffälligerweise in den Kollerschen Plänen (Kautt 1983: 81) – ein eigenartiger ‚Geburtsfehler' der Stadtgründung.

Entsprechend entwickelte sich zunächst einmal der Schachtweg (Abb. 22) zur Hauptgeschäftsstraße, wenn dort auch nur Verkaufsbaracken entstanden; es war die Straße, die von der Stadt direkt ins Werk führte.

In den 1950er Jahre vollzog sich allmählich eine Verlagerung zentraler Funktionen, insbesondere des Geschäftsbereiches der Stadt, in die Porschestraße, die 1955 in einem Gutachten über den Stadtkern von Wolfsburg offiziell als zukünftige Hauptgeschäftsstraße auserkoren wurde. Bei der Präsentation ihres Gutachtens vor dem Bauausschuss des Rates führten die Experten damals aus, „dass ‚eben dieser Stadt noch das, was sozusagen eigentlich das Herz einer Stadt ausmacht, fehle, und dass es darauf ankomme', das Leben in diesem Herz der Stadt so zu fördern und stark zu machen, d. h. hier alles zu konzentrieren (...)" (Kautt 1983: 340).

Wolfsburg bekommt eine ‚Innenstadt'

Entsprechend wurde in der Folgezeit verfahren. Schwonke und Herlyn berichten in der ersten Wolfsburg-Studie: „Für Wolfsburg bildet das Jahr 1958 den ungefähren Zeitpunkt, an dem die Porschestraße diese Funktion zu erfüllen begann. 1959 (...) entwickelt die Hauptstraße mit dem Rathaus, der Polizei, der Post, dem Amtsgericht, einem Kaufhaus, drei Kinos und zahlreichen anderen leistungsfähigen Einkaufsstätten schon eine beträchtliche Anziehungskraft. In den folgenden Jahren kamen noch zwei Kaufhäuser hinzu, und die Umbauung des Marktplatzes (vor dem Rathaus gelegen, d. V.) fand mit der Eröffnung des von dem finnischen Architekten Aalto errichteten Kulturzentrums, ihren Abschluss" (1967: 35).

Zu jener Zeit, 1960/61, war die Bedeutung Wolfsburgs als Einkaufsstätte aber immer noch weit unterdurchschnittlich. Mit seinen 562 Arbeitsstätten und 3.606 Arbeitsplätzen im Handel und seinen Umsätzen lag die Stadt Wolfsburg damals noch weiter unter dem Niveau von niedersächsischen Städten derselben Größenordnung: In allen drei Kategorien zeigt sich ein fast schon grotesk kleiner Handelsbesatz Wolfsburgs; der steuerbare Umsatz im Groß- und Einzelhandel Wolfsburgs betrug z. B. nur die Hälfte desjenigen von Celle, einer Stadt, die bevölkerungsmäßig noch kleiner als Wolfsburg war (Tessin 1986: 75).

Zwar kamen in den Befragungen Anfang der 60er Jahre die als mangelhaft empfundenen Einkaufsmöglichkeiten zur Sprache, aber es überwog in der damaligen Interpretation die stadtstrukurelle Bedeutung des Zentrums, durch die „das Eigengewicht der Gemeinde gegenüber dem Werk zur Gestaltung gebracht" wurde (Schwonke/Herlyn 1967: 38). Allerdings hatte die Linienführung der Porschestraße (Abb. 23) den nicht unbeträchtlichen Nachteil, dass „der weiträumige Durchblick nach beiden Seiten (auf das Schloss und den bewaldeten Klieversberg; d. V.) den Eindruck erweckt, als ob die Stadt am Straßenende bereits aufhöre" (ebd.: 34).

Mit Blick auf diese nicht zufriedenstellende Situation wurden Mitte der 1960er Jahre die Innenstadtplanungen intensiviert, wobei naturgemäß seitens der Stadt ökonomisch-fiskalische Überlegungen im Vordergrund standen. Da alle Versuche der Stadt, im industriellen Bereich neben dem VW-Werk weitere Betriebe anzusiedeln, gescheitert waren (Kap. 3), blieb nur noch der Handels- und Dienstleistungsbereich, um die Wirtschaftsstruktur der Stadt zu verbreitern und um insbesondere Arbeitsplätze für Frauen zu schaffen. Zugleich spielten aber auch, es war die Zeit der heftigen Urbanitätsdiskussion im Städtebau, repräsentative, symbolische Aspekte eine nicht unerhebliche Rolle: Die City als Rahmen einer urbanen Identifikation bzw. zur Bindung der Bevölkerung an ihre Stadt, die City aber auch als Selbstdarstellung der Stadt gegenüber dem VW-Werk: Es galt, den VW-Werkssiedlungscharakter der Stadt abzustreifen. Schließlich wurde der Ausbau der Innenstadt aber auch mit Blick auf das Umland betrieben um die Kaufkraft aus dem Umland nach Wolfsburg zu steigern.

Eine intensivere Abschöpfung der Umland-Kaufkraft einerseits und eine Verringerung des Wolfsburger Kaufkraftabflusses nach Braunschweig andererseits waren allerdings nur dann zu erwarten, wenn das verfügbare Angebot in Wolfsburg aufgewertet wurde. Im Einzelnen wurde vorgeschlagen: die Ansiedlung eines weiteren Kaufhauses, die Umwandlung der Hauptgeschäftsstraße in eine Fußgängerzone (Strauß 2002), die Verbesserung der Verkehrsbeziehungen aus dem nördlichen und östlichen Käufereinzugsbereich durch den Ausbau der dorthin führenden Straßen, Eisenbahn- und Omnibuslinien.

Aufgrund verschiedener Entwicklungen (Absage eines großes Kaufhauses, bundesweit stagnierende Entwicklung der realen Umsätze im Einzelhandel generell und speziell bei Kaufhäusern (Kolck 1977: 132), die VW-Rezessionen 1966/67 und 1971/72), konzentrierten sich die städtischen Planungen dann aber faktisch auf eine ‚Kleine Lösung'. Auch deren Umsetzung erwies sich noch als sehr konfliktträchtig, weil einerseits die Umwandlung der Hauptverkehrs- und Hauptgeschäftsstraße der Stadt in eine Fußgängerzone

Abbildung 23: Porschestraße – Blick nach Süden 1958

Quelle: Institut für Zeitgeschichte und Stadtpräsentation, Stadt Wolfsburg

Abbildung 24: Porschestraße 2011

Foto: Günter Poley

auf Widerstand stieß, andererseits Teile der Wolfsburger Geschäftswelt investitionsmäßig sich abwartend verhielten.

In der Porschestraße wurden seinerzeit (70er Jahre) zunächst nur 10.000 qm neuer Geschäftsflächen und nur einige 100 neue Arbeitsplätze geschaffen. Als die Fußgängerzone im Juni 1980 als Kernstück des Innenstadtausbaus eingeweiht wurde, zog man folgende Zwischenbilanz: „Es entstanden in der Zwischenzeit 20 neue Geschäfte. Ferner wurden 21 Läden erweitert. Die Stadt investierte insgesamt 30 Millionen Mark; der Privatbzw. Geschäftsbereich sogar rund 100 Millionen Mark" (Wolfsburger Allgemeine Zeitung v. 7.4.80).

Trotz der Bedeutsamkeit, die man der Umwandlung der Porschestraße in eine Fußgängerzone und dem Ausbau der Innenstadt einräumte, war doch eine eigenartige Gespaltenheit in der Beurteilung dieser Maßnahmen erkennbar: Nur rund die Hälfte der Befragten meinte, dass sie eindeutig positiv zu bewerten wären – für die Stadt wie für sich selbst. Die andere Hälfte der Befragten war sich da nicht so sicher. 20-30% von ihnen beurteilten sogar die neue Fußgängerzone als negativ für sich bzw. auch für die Stadt (Herlyn u. a. 1982: 248).

Die Ambivalenz der Beurteilung ist verständlich. Die Umwandlung einer Hauptgeschäftsstraße (in Wolfsburg gleichsam ein Autoboulevard noch mit dem Namen „Porschestraße") in eine Fußgängerzone ist seinerzeit in jeder Stadt kontrovers diskutiert worden (z. B. Heinz u. a. 1977). In Wolfsburg hatte sich sogar – mit großem Erfolg – eine Unabhängige Wählergemeinschaft (UWG) gegen die Umwandlung der Porschestraße in eine Fußgängerzone gebildet. Aber neben dieser allgemeinen Problematik spielte in Wolfsburg das besondere Erscheinungsbild dieser Fußgängerzone seit jeher eine Rolle: die Randbebauung bestand überwiegend nicht aus repräsentativen oder gar imposanten, sondern aus höchst unscheinbaren, schlichten, eher niedriggeschossigen Gebäuden im Stil der 50er Jahre, und die Umbaumaßnahmen hatten daran nicht viel geändert. Zugleich war die Porschestraße als Autoboulevard mit rund 40 Metern Breite überdimensioniert (Abb. 23). Umgewandelt in eine Fußgängerzone (mit wenig attraktiver Randbebauung und wenig attraktiven Geschäften) wären sich die Leute wahrscheinlich verloren vorgekommen, und zugig wäre es wahrscheinlich auch gewesen. Deshalb (aber auch um externen Investoren Platz für ihre Investitionen zu schaffen) wurden in den Straßenraum eine Reihe von Kiosken und Pavillons eingebaut (Abb. 24), dazu Skulpturen aufgestellt und eine Art Wasser- und Brunnenlandschaft angelegt, so dass die Fußgängerzone manchem eher als überladen und zu voll vorkam, zudem als provisorisch und billig, ein Eindruck, der durch die vielen Schnellimbisslokale und Billigkaufhäuser noch verstärkt wurde.

Mitte der 1990er Jahre umfasste das Marktgebiet der Stadt Wolfsburg rund 350.000-370.000 Einwohner (GWH 1995: 14f) zum Teil auch in Sachsen-Anhalt. Diese Vergrößerung des Marktgebietes wurde durch die Wiedervereinigung möglich, denn früher endete das Käufereinzugsgebiet Wolfsburgs ja an der Grenze zur DDR. 1989/90 strömten dann zunächst viele Ostdeutsche nach Wolfsburg: „Eine neue Aufbruchstimmung war in der Stadt zu spüren, als die City-Parkplätze voller Trabbis standen, die neuen Nachbarn aus Oebisfelde, Gardelegen und Klötze sich an den Wühltischen der Kaufhäuser drängten und volle Kassen in den Geschäften klingelten. (...) Zwei Jahre später war die Situation ganz anders. Die Anfangseuphorie der Deutschen Wiedervereinigung war verklungen, die zugewonnene Kaufkraft verebbte" (Krämer 1996: BN 10). Davon, dass Wolfsburg wieder in der Mitte Deutschlands lag, hatte der Einzelhandel nur kurzfristig profitiert.

Eine City ohne Urbanität?

Es dürfte insgesamt schon deutlich geworden sein, dass man in Wolfsburg bei allem Fortschritt in der Innenstadtfrage nie so recht zufrieden war mit dem Zustand des Zentrums. Neben dem rein ökonomischen Aspekt der Kaufkraftabschöpfung und des Kaufkraftabflusses spielte dabei der stadtkulturelle Aspekt fehlender Urbanität eine zentrale Rolle. Wolfsburg sei insgesamt, aber auch gerade in seiner City, keine ‚urbane' Stadt. Dieses Defizit hat zum einen mit der Innenstadt selbst zu tun, zum anderen aber mit der Stadt Wolfsburg insgesamt.

Urbanität ist ein sehr schillernder Begriff. Häußermann und Siebel schreiben: „Urbanität verbinden wir (...) mit Größe, Dichte und Vielfalt, aber auch mit einer bestimmten Gestalt der Stadt. Dieses Bild enthält drei formale Elemente: Zentralität, also ein bauliches und funktionales Gefälle von Zentrum zur Peripherie; Gegensatz zum Land, also ein klar ausgeprägtes Gegenüber von Stadt und Land; funktionale und soziale Mischung, also ein Nebeneinander von Wohnungen, Geschäften, Betrieben, Cafés, Vergnügungsstätten, Armen und Reichen, Jungen und Alten auf engem Raum" (1998: 8). Zugleich verbindet sich mit urbanem Verhalten eine bestimmte Lebensart (hierzu Bahrdt 1961). Urban ist jemand, der sich gern und frei im öffentlichen Bereich der Stadt bewegt, der sich interessiert für das, was dort vor sich geht, der sich selbst in diese Situation einbringt (und sei es in der Rolle des blasierten Zuschauers, des Bettlers, des Flaneurs etc.), der sich mit einem gewissen Maß an Muße an den entsprechenden Orten aufhält, ja, dort verweilt, und nicht einfach durchhetzt in Erledigung eines bestimmten (Einkaufs-)Zweckes.

Orte, wo zumindest etwas Derartiges anklingt sind z. B. Märkte, Bahnhöfe, Fußgängerzonen, historische Plätze usf.. Wenn Wolfsburger daraufhin angesprochen werden, verweisen sie gern auf Braunschweig, ja selbst Fallersleben und Gifhorn wirken ihnen noch (wenn auch kleinstädtischer) so doch urbaner. Es ist dort interessanter, man verweilt dort lieber, man fühlt sich wohler. Das liegt zum einen an den baulich-gestalterischen Gegebenheiten: Fachwerkhäuser, Gründerzeitbauten, Kirchen, aber auch moderne Bauten können bisweilen attraktiv sein und Interesse wecken; in der Wolfsburger Fußgängerzone gibt es kein derartiges Gebäude mit Ausnahme vielleicht des neugeschaffenen Kunstmuseums, auf das noch zurückzukommen sein wird. Viele Wolfsburger Experten und Expertinnen meinen auch, die Fußgängerzone sei mit über einem Kilometer Länge zu lang. Das potenziell urbane Leben würde dadurch zu sehr gestreckt und ausgedünnt, das für Urbanität wichtige Dichtemoment ginge dadurch verloren. Mangelnde Multifunktionalität, ein häufig genannter Grund für fehlende Urbanität, lässt sich der Wolfsburger Fußgängerzone dagegen nur bedingt vorwerfen. Zwar dominieren Einzelhandelsgeschäfte, aber es gibt auch Restaurants, Aufenthaltsmöglichkeiten im Freien, auch öffentliche Einrichtungen wie Rathaus, Post und Kunstmuseum; schließlich findet ein Wochenmarkt auf dem Rathausvorplatz als einem Teil der Fußgängerzone statt.

Will man die mangelnde Urbanität der Wolfsburger Innenstadt aber wirklich verstehen, dann reicht es nicht, sich nur die Gestaltung und Funktionsmischung der Fußgängerzone anzuschauen, sondern man muss sich die Stadt insgesamt vergegenwärtigen.

Wolfsburg ist in seiner gesamtstädtischen Struktur im Stil des landschaftlichen Städtebaus (Kap. 2) dezentral angelegt worden, d. h. als eine lockere, gleichsam in die Landschaft verstreute Ansammlung von Wohnsiedlungen, Kleinstädten und Dörfern. Das, was Häußermann und Siebel (s. o.) als konstitutiv ansehen für Urbanität, der ausgeprägte Gegensatz von Stadt und Land, ist im Falle Wolfsburgs also gerade nicht gegeben.

Urbanität ist zudem wesentlich eine Eigenschaft der historischen Stadt, der Stadt des 19. Jahrhunderts und der Zeit davor und reicht eigentlich mehr nur noch als historisches Überbleibsel in die heutige Zeit hinein. Diese Traditionsbestände und historischen Anknüpfungspunkte gibt es freilich nur in jenen Städten, die diese stadtgeschichtliche Phase miterlebt haben. Wolfsburg als neue Stadt verfügt über diese urbanen Traditionsreste nicht, umso schwerer hat sie es, Urbanität auszubilden.

Auch aus der Sozialstruktur der Stadt Wolfsburg als moderner Industriestadt (Kap. 6) erwächst der Stadt nicht gerade ein Urbanitätspotenzial. Für die lange Zeit stark dominierende Gruppe der Arbeiterschaft war bis in die 1950er und 60er Jahre typisch, sich lieber im Stadtteil, in der Nachbarschaft, im Verein aufzuhalten, wo man sich wechselseitig kannte. Dort fühlte man sich – sozusagen unter Seinesgleichen – wohler als in der anonymen Öffentlichkeit, wo man schnell spürte und man es einen merken ließ, dass man nicht dazugehörte, weil man nicht genügend Geld, keinen Stil, nicht genügend Mußefähigkeit, kein sicheres Auftreten aufzuweisen hatte. Auch wenn inzwischen diese schichtspezifischen Unterschiede längst nicht mehr so eindeutig und ausgeprägt sind, und Wolfsburg selbst keineswegs mehr so eindeutig und ausschließlich Arbeiterstadt ist, so wirkt die sozialstrukturelle und soziokulturelle Basis der Stadt doch noch stark nach (und sei es auf der Vorurteilsebene):

„Also Braunschweig hat für mich zum Beispiel ganz andere Menschen. Also man kann wirklich schon 'n paar Kilometer von Wolfsburg wegfahren, und es sind schon ganz andere Menschen, nicht so dieses Eingefahrene, diese Menschen mit Scheuklappen. Also ich finde, Wolfsburg ist 'ne furchtbare Stadt. Das hat auch mit den Menschen zu tun." (angel. Arbeiterin, 33 J.)

Damit ist ein weiterer Aspekt angesprochen, der verständlich macht, warum sich Wolfsburg in seiner Innenstadt schwer tut, eine urbane Atmosphäre auszubilden. In der Sphäre der Öffentlichkeit, wo im Prinzip keiner keinen kennt, gibt es unbegrenzte Möglichkeiten zur (harmlosen) Täuschung, zum Spiel der Selbstinszenierung und Fremdinterpretation, was den eigenartigen Reiz von Urbanität ausmacht. In Wolfsburg wird dieses Spiel der Selbstdarstellung zwar auch gespielt (Herlyn u. a. 1994: 216ff), aber es ist von vornherein reizlos, nicht weil jeder jeden persönlich kennen würde, wohl aber jeder den anderen mit großer Sicherheit kategorial richtig einstufen kann, nämlich als VW-Beschäftigten:

„Die Menschen, die sich dort aufhalten, sind also hauptsächlich – man sieht es – die Leute arbeiten bei VW, man kann es förmlich sehen." (angel. Arbeiterin, 32 J.)

Für die höheren Angestellten bei VW stellt sich das Problem ihres Verhaltens in der Öffentlichkeit noch etwas anders dar, weil es für sie ab einer bestimmten Stufe der Betriebshierarchie keine Anonymität in Wolfsburg gibt. Sie sind der Mehrheit der Anwesenden nicht nur kategorial als Werksangehöriger, sondern oft genug namentlich bekannt – in der Regel kein Grund für sie, sich gern in der Wolfsburger Innenstadt aufzuhalten, die noch dazu über die Jahre für Statushöhere kaum Interessantes zu bieten hatte.

Urbanität lebt von der Überraschung, dem Unvorhergesehenen, dem Fremden. Fremde kamen freilich lange Zeit nicht nach Wolfsburg und wenn, dann meist aus beruflichen Gründen. Von einem (Stadt)Tourismus konnte lange Zeit überhaupt keine Rede sein. Gerade er spielt aber im Zusammenhang von Urbanität eine große Rolle: Urbane Orte werden gern von Touristen aufgesucht, zugleich tragen die Touristen durch ihren Aufenthalt wesentlich zum Erhalt der Urbanität bei, nicht nur zu deren ökonomischer Basis, sondern auch kulturell, nicht nur weil sie das Fremde symbolisieren, sondern weil sie auch ein bisschen Müßiggang in das geschäftige Treiben einer Innenstadt bringen. Die Rolle des bislang in Wolfsburg unterentwickelten Tourismus hat sich allerdings in den letzten Jahren stark geändert.

Erlebnisorientierte Großprojekte und Urbanität

Mitte der 1990er Jahre überraschte der VW-Konzern die Stadt mit der Mitteilung, man wolle, nördlich der Kernstadt von Wolfsburg, in gerader Verlängerung der Porschestraße, nicht weit vom Bahnhof, jenseits des Mittellandkanals und direkt neben dem Werk, also auf dem Werksgelände, eine sogenannte ‚Autostadt' (vgl. dazu Wolfsburg Saga 2008: 333) bauen. Wenn hier das Autostadt-Projekt noch einmal wieder aufgegriffen wird (vgl. schon Kap. 3 und 4), so mit Blick auf seine urbanitätsrelevante Bedeutung. Ausgangspunkt war die Marketing-Überlegung des VW-Werks, den Käufern ihrer Autos die Möglichkeit zu bieten, ihr Auto selbst aus Wolfsburg abzuholen und dabei auch den Konzern richtig kennenzulernen. Man rechnete mit über einer Million Besuchern pro Jahr. Es war klar, dass diese Investitionsmaßnahme jenseits des Kanals, eine entsprechende Reaktion auf städtischer Seite diesseits des Kanals zur Konsequenz haben musste, war doch der sogenannte Nordkopf, also der nördliche Bereich der Porschestraße und die Gegend um den Bahnhof schon seit jeher ein von der Wolfsburger Stadtentwicklung vergessenes urbanes ‚Niemandsland', ein „Unort" (Stadt Wolfsburg 2008: 5). Der Druck, hier etwas zu machen, ergab sich zusätzlich aus der Tatsache, dass der Bahnhof Wolfsburg im Zuge des Ausbau der ICE-Strecke Hannover-Berlin seitens der Bundesbahn zu einem ICE-Haltepunkt erklärt worden war und damit der Bahnhof und Bahnhofsvorplatz nun erstmals in seiner Funktion aufgewertet und zu so etwas wie einer Eingangssituation und Visitenkarte der Stadt werden sollte. Handlungsbedarf ergab sich – nicht zuletzt auch mit Blick auf das AutoVision-Projekt (Kap. 3) und seinem Baustein ‚Erlebniswelt', in Wolfsburg Freizeit- und Unterhaltungsparks einzurichten, teils um Arbeitsplätze zu schaffen, teils um die Attraktivität und Urbanität der Stadt zu erhöhen. Man hoffte auf Touristenströme, die nach dem Besuch eines der erlebnisorientierten Großprojekte in die Wolfsburger Innenstadt gehen und dort zu mehr Bevölkerungsdichte und Bevölkerungsheterogenität beitragen würden. Entsprechend wurde ab 2000 und in einem rasanten Tempo in Wolfsburg ein Großprojekt nach dem anderen projektiert und vornehmlich im innerstädtischen und innenstadtnahen Bereich fertig gestellt (Abb. 25).

Wollte sich Wolfsburg nach außen öffnen und Touristen in die Stadt holen, war aber auch klar, dass weder der Eingangsbereich in die Stadt – der Nordkopf – noch die Innenstadt so grau und langweilig bleiben konnten.

Entsprechend wurde die Innenstadt ab Ende der 1990er Jahre ein weiteres Mal umfänglichen stadtgestalterischen Umbaumaßnahmen unterzogen. Es wurde ein neuer Natursteinbelag verlegt, eine Baumallee mit Sitzgelegenheiten geschaffen, ein Pavillon abgerissen, eine neue Wasserlandschaft angelegt und die Überdachung eines zentralen Bereichs vorgenommen, um das geschützte Einkaufsgefühl der City Galerie in den Außenraum zu verlängern. Auch private Investoren und Geschäftsbetreiber haben sich zu erheblichen Umbaumaßnahmen entschlossen. Es hat eine beachtliche gestalterische Aufwertung der zentralen Einkaufsstraße stattgefunden. Dennoch ist vieles nach wie vor im Argen, was auch mit den grundsätzlich begrenzten Möglichkeiten der Umgestaltung zusammenhängt (kleinteilige Eigentumsstrukturen mit Erbbaurecht, ‚übermäßige' Länge der Porschestraße).

Abbildung 25: Innenstadt und Lage der Großprojekte 2009

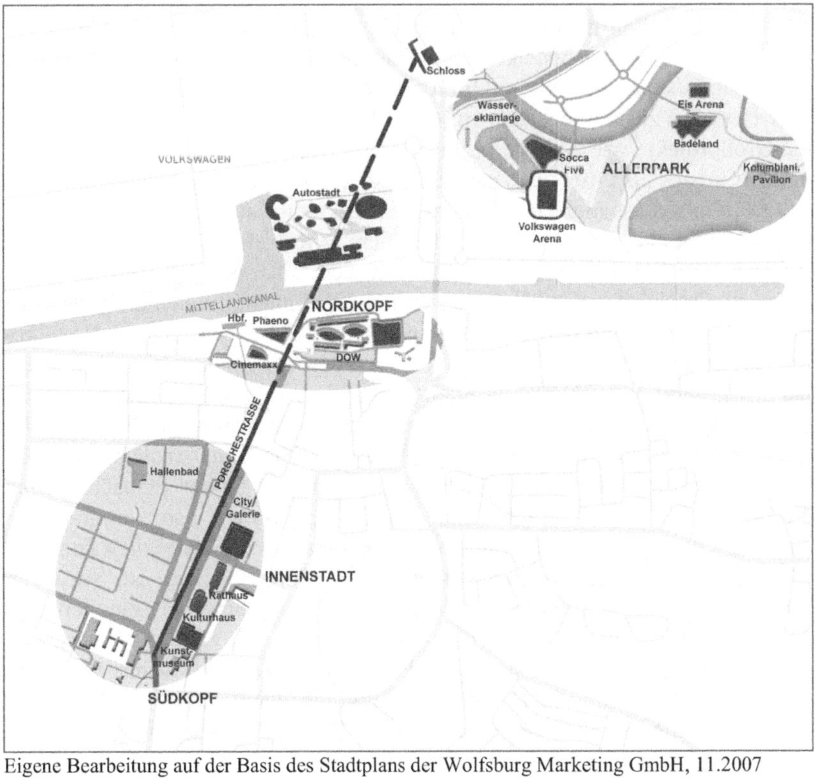

Eigene Bearbeitung auf der Basis des Stadtplans der Wolfsburg Marketing GmbH, 11.2007

Der Nordkopfbereich als Eingangspforte sowohl in die Stadt als auch in die Autostadt von VW, wurde städtebaulich durch verschiedene architektonisch anspruchsvolle Erlebnisprojekte (Multiplexkino, Phaeno, Designer Outlets bzw. DOW) aufgewertet und zum Dienstleistungszentrum weiterentwickelt. Ferner wurde der gesamte Bahnhofsvorplatz neu gestaltet (Harth/Scheller 2011). Was die erwarteten Urbanitätseffekte durch die Großprojekte betrifft, zeigt unsere vierte Studie (Harth u. a. 2010: 137ff), dass tatsächlich gewisse derartige Wirkungen festzustellen sind. Sie beziehen sich zum einen auf die Stadt insgesamt, die aufgrund ihres nun erheblich ausgeweiteten Angebotes an Freizeit- und Kultureinrichtungen in gehobener bzw. höchster Qualität gleichsam ‚Großstadtformat' erreicht hat. Allein das Vorhandensein dieser Einrichtungen macht Wolfsburg ein bisschen ‚urbaner' im Sinne von ‚großstädtischer', ganz zu schweigen von den Touristen, die nun vermehrt die Stadt besuchen, sei es zum Einkaufen und/oder um die Kultur- und Freizeiteinrichtungen zu besuchen (vgl. auch Imageanalyse 2009: 17). Auch die Wolfsburger haben nun vermehrt Orte in der Stadt, die sie außerhalb ihres Wohnquartiers aufsuchen können. Die erlebnisorientierten Großprojekte selbst haben sich zum Teil zu Orten entwickelt, wo Menschen unterschiedlicher Herkunft zusammenkommen. Gerade die ‚gehobenen' erlebnisorientierten Großprojekte wie Autostadt, Phaeno und Kunstmuseum präsentieren sich darüber hinaus als Orte, an denen sich insbesondere auch statushöhere Personen treffen, so dass hier Publikum zusammenkommt, das in Wolfsburg bisher so nicht in Erscheinung trat und das nicht sofort als ‚typisch Wolfsburg', ‚typisch VW' erkennbar ist. Auch das hat die Stadt ein Stück weit ‚urbaner' gemacht. Da sich die Sozialstruktur Wolfsburgs ohnehin in den letzten Jahren und Jahrzehnten pluralisiert hat (Kap. 6) und diese gewachsene Bevölkerungsheterogenität an den entsprechenden Orten in der Stadt nun auch sichtbar wird, wirkt Wolfsburg ‚als Stadt' tatsächlich urbaner. Insgesamt hat die erlebnisorientierte Großprojektpolitik also zu einer gewissen Belebung der Stadt geführt. 71% der Wolfsburger vertraten 2007 die Ansicht, dass die Großprojekte das städtische Leben vielfältiger und bunter gemacht hätten (Harth u. a. 2010: 140). Auch wenn sich die Wolfsburger also ziemlich einig sind, dass die Stadt ‚urbaner' geworden ist, so ist aber die Mehrheit doch der Meinung, dass Wolfsburg (noch) keine ‚richtig urbane' Stadt ist. So waren 2007 nur 30% der Befragten der Ansicht, dass Wolfsburg über „eine lebendige, städtische Atmosphäre" verfüge (ebd.: 141). Auch wird Wolfsburg von den BewohnerInnen nur bedingt als ‚Stadt mit Flair' wahrgenommen (Imageanalyse 2009: 24). Das hängt wesentlich damit zusammen, dass die erlebnisorientierten Großprojekte bislang keine ausreichenden Ausstrahlungseffekte auf die Innenstadt, insbesondere die Fußgängerzone gehabt haben. Die Touristen, die sich (was Sozialstatus, Alter und Erlebnisorientierungen betrifft) durchaus vom Durchschnitt der Wolfsburger Bevölkerung unterscheiden, besuchen nur zu sehr geringen Teilen die ‚eigentliche' Innenstadt Wolfsburgs. Das Reiseziel sind die ‚Erlebniswelten', es ist nicht die Stadt Wolfsburg. Und die Großprojekte ihrerseits setzen alles daran, die Touristen so lange wie möglich in ihren Einrichtungen zu halten und sie zum Konsumieren anzuregen. Sie sind von der Konzeption her überhaupt nicht auf urbanitätsfördernde Ausstrahleffekte angelegt. Zudem liegen viele der erlebnisorientierten Großprojekte am Rande oder gar deutlich außerhalb der Innenstadt und sind verkehrlich auch so erschlossen, dass man an der Innenstadt Wolfsburgs regelrecht vorbeigeführt wird. Und die Großprojekte in innerstädtischer Lage verfügen über Tief- (z. B. Kunstmuseum, Phaeno) oder Hochgaragen (City Galerie) im Gebäude. Man kann die Attraktion also direkt anfahren, ohne dass die Notwendigkeit besteht, die Innenstadt überhaupt zu betreten. Auch dadurch wird eine Belebung der Innenstadt erschwert. Hinzu kommt, dass die Innenstadt gegenüber der Erlebnisqualität der Großprojekte und ihrer qualitativ hochwertigen Architektur deutlich abfällt; sie wirkt kleinstädtisch und bieder, so dass auch kein besonderer Anreiz besteht, sie aufzusuchen. Dieser negative Gesamteindruck wurde zeitweilig noch durch die Baustellen und Umbaumaßnahmen verstärkt (Imageanalyse 2009: 4, 28; Acocella 2010: 26).

Allein die am Nordkopf angesiedelten Designer Outlets (Acocella 2010: 22) und die in der Porschestraße angesiedelte City Galerie (Harth u. a. 2010: 164ff) haben unmittelbar ‚urbanitätsstiftende' Wirkung auf das Umfeld. Sie verlocken mehr Wolfsburger zum Einkaufen in der eigenen Stadt und ziehen auch Leute aus dem Umland und auch von weiter her an, letzteres gilt besonders für die Designer Outlets. Immerhin die Hälfte der Besucher der Designer Outlets beabsichtigt auch noch in die Innenstadt zu gehen oder hat das bereits getan (ebd.). Allerdings reicht das für einen Belebungseffekt der Innenstadt nicht aus. Hinzu kommt, dass die Belebung durch die City Galerie weitgehend auf den unmittelbaren Umkreis des Shopping Centers beschränkt bleibt, so dass man allenfalls eine Art ‚Inselurbanismus' konstatieren kann. Die ‚kritische Masse' aber, die notwendig wäre, um eine Konzentration an Vielfalt und Dichte zu erzeugen, kommt im Innenstadtbereich nicht zustande.

Alles in allem sind also die urbanitätsfördernden Effekte der Großprojekte gerade auch im Verhältnis zu den umfänglichen Maßnahmen eher als gering einzuschätzen. Dazu hat nicht zuletzt auch die Neuorientierung der Innenstadt-Planung in Richtung des Nordkopfes beigetragen, wo sich das Multiplexkino, die Designer Outlets, das Phaeno und ganz in der Nähe auf der anderen Seite des Mittellandkanals auch das beliebteste Großprojekt – die Autostadt – befinden (Abb. 25) und wo sich allmählich in Konkurrenz zur Innenstadt „eine neue Stadtmitte", ein lebendiges Zentrum mit Funktionsmischung herauszubilden scheint.

Natürlich gab es auch Bedenken gegenüber den Erlebniswelt-Planungen. Vor allem fragte man fragte sich, ob so etwas tatsächlich in einer Stadt wie Wolfsburg funktionieren würde. In der Fachliteratur hatten Häußermann und Siebel schon längst dargelegt, warum Urbanität nicht planbar ist: „Ebenso wenig, wie mit der gebauten Form der politische und kulturelle Gehalt der urbanen Stadt wiederbelebt werden kann, ebenso wenig kann es gelingen, Urbanität zu planen, also durch absichtsvolles Handeln herzustellen. Gerade weil es geplante Strukturen und inszenierte Bilder sind, fehlt ihnen das, was die Qualität von Urbanität ausmacht: die Überraschung, das Unvorhergesehene, das Fremde. Dass Stadt gezielt inszeniert wird, hat seinen Grund in der Art und Weise, wie Städte heute produziert werden: durch die Kommune und/oder private Investoren, in jedem Fall durch ein planendes Subjekt, das Stadt bewusst herzustellen sucht" (1998: 13). Wolfsburg ist hierfür paradigmatisch.

9. Stadt – Umland – Region

Bei der Stadtgründung im Jahre 1938 war die Idee, die gesamte einmal im VW-Werk arbeitende Belegschaft mit ihren Familien ausschließlich in der Stadt unterzubringen. „Das Fassungsvermögen der damals geplanten Baugebiete betrug 90.000 Einwohner und war so auf die geplante Werksgröße abgestellt, dass alle Werksangehörigen einschließlich der notwendigen Folgeberufe in Wolfsburg hätten ein Unterkommen finden können" (Koller 1958: 2). Es bestand ganz offensichtlich die (freilich illusionäre) Vorstellung, man könne eine Stadt von (damals geplanten) 90.000 Einwohnern bauen, ohne das Umland in irgendeiner Weise beanspruchen zu müssen. Aber schon bald nach dem II. Weltkrieg zeigte sich, dass die Gegend, in die hinein Wolfsburg gleichsam wie ein Meteorit einschlug, sich verändern und sich allmählich auf die Stadt hin ausrichten würde. So wie die wirtschaftsregionale Bedeutung des VW-Werks rahmensetzend war für die Entwicklung der Stadt-Umland-Frage, so ist die Entwicklung des VW Konzerns in der Region Wolfsburg-Braunschweig-Salzgitter rahmensetzend für die aktuelle Entwicklung zu einer größeren Region.

Stadt-Umland-Beziehungen bis zur Gebietsreform

Wolfsburg wurde für das Umland – naheliegender Weise – zunächst relevant als Arbeitsort. Der enormen Produktionsausweitung entsprechend stieg die Zahl der VW-Mitarbeiter in Wolfsburg von gut 8.000 Ende 1946 auf knapp 60.000 Anfang der siebziger Jahre (Übersicht im Anhang).

Schon unmittelbar nach dem Krieg wurde ein Großteil der VW-Belegschaft aus dem Umland rekrutiert (Meibeyer 1972: 245). Der Raum Wolfsburg war durch die Teilung Deutschlands in Folge des II. Weltkriegs zu einem Grenzgebiet und zugleich Durchgangslager für Millionen von Vertriebenen und Flüchtlingen geworden (Kap. 10). Und ein ganzer Teil der Betroffenen blieb dort, weil durch das VW-Werk Aussicht auf Arbeit bestand. Dies führte dazu, dass sich nach 1945 die Bevölkerungszahl in der Gegend gegenüber 1939 mehr als verdoppelte. Die Zahl der Berufspendler nach Wolfsburg erhöhte sich schnell von rund 7.000 (1950) über 24.000 (1961) auf rund

35.000 (1970). Stets waren über 40% aller Arbeitsplätze in Wolfsburg durch Pendler besetzt; im VW-Werk selbst betrug der Pendleranteil rund 50%.

Schon in der ersten Wolfsburg-Untersuchung zeigte die Umfrage aus dem Jahr 1959 nur eine sehr geringe grundsätzliche Bereitschaft (10%) der Einpendler nach Wolfsburg zu ziehen (Schwonke/Herlyn 1967: 83). Zwar fuhren damals immerhin schon 30-40% in die Stadt, um Veranstaltungen zu besuchen, einzukaufen, um Bekannte zu besuchen oder auch um einen Arzt aufzusuchen; immerhin fast ein Drittel suchte die Stadt aber nur zu Arbeitszwecken auf (ebd.: 94).

Pendler aus eher städtisch geprägten Umlandgemeinden (Helmstedt, Gifhorn) hatten seinerzeit aber Wolfsburg noch so gut wie gar nicht als ‚ihren' zentralen Ort entdeckt. Das hing – neben traditionellen Bindungen an ihre bisherigen Einkaufsorte – damit zusammen, dass Wolfsburg zu jener Zeit überhaupt erst begann, als Einkaufsort interessant zu werden (Kap. 8). Eine fast jahrzehntelange (im Nachhinein schwer verständliche) Unsicherheit über die wirtschaftliche Entwicklung und letztendliche Größe der Stadt hat lange Zeit größere, überlokale Handels- und Kaufhäuser daran gehindert, sich in Wolfsburg anzusiedeln, zumal man im nur 30 km entfernt liegenden Oberzentrum Braunschweig bereits präsent war und bei der typisch hohen Mobilität der Wolfsburger davon ausgehen konnte, deren Kaufkraft in Braunschweig abzuschöpfen. Seit Anfang der sechziger Jahre intensivierte die Stadt im Rahmen ihrer Innenstadtplanungen (Kap. 8) die Bemühungen um Ansiedlung von Kaufhäusern und Ähnlichem, allerdings zunächst mit nur mäßigem Erfolg.

Man hätte nun erwarten können, dass das VW-Werk nicht nur für Arbeitskräfte im Umland attraktiv war, sondern auch für eine auf das VW-Werk bezogene Zuliefererindustrie. Tatsächlich ist aber das Gegenteil der Fall gewesen. Statt dass es im Umland eine Zunahme an Arbeitsstätten und Arbeitsplätzen im produzierenden Gewerbe gab, ging dort die Zahl der Arbeitsstätten zwischen 1950 und 1970 deutlich zurück, und auch die Zahl der Arbeitsplätze blieb weit hinter der Entwicklung in Wolfsburg zurück (Tessin 1986: 73). Die Gründe hierfür liegen auf der Hand: Das VW-Werk schöpfte das gesamte regionale Arbeitskräftereservoir aus und ‚verdarb' mit seinem hohen Lohn- und Sozialleistungsniveau die Arbeitsmarktbedingungen für weniger florierende Branchen mit der Folge, dass selbst vorhandene Betriebe in der Stadt und im Umland unter einer permanenten Abwanderung von Arbeitskräften in das VW-Werk zu leiden hatten. Aufgrund der spezifischen Erbnachfolge in der Landwirtschaft (fehlende Realteilung, d. h. der Grundbesitz wurde im Erbfall nicht geteilt, sondern ‚ganz' einem Erben vermacht) hatte sich im Raum Wolfsburg keine Kleinindustrie wie etwa im Schwäbischen herausgebildet. Als das VW-Werk gegründet wurde, konnte es daher

nicht auf eine (klein-)gewerbliche Struktur zurückgreifen, die sich zu einer Zuliefererindustrie hätte entwickeln lassen, sondern es musste seinen Zuliefererbedarf von woanders her, oft von weit her, decken. Insofern muss man konstatieren, dass sich zwar die im Umland wohnenden Menschen auf die Stadt Wolfsburg als Arbeitsort konzentrierten, dass sich aber die Wirtschaftsstruktur des Umlands kaum auf die Stadt bzw. das VW-Werk ausrichtete.

Auch die Ansiedlung staatlicher Behörden und Institutionen in der Stadt Wolfsburg erfolgte in diesen Jahren nur schleppend und insgesamt etwas unbefriedigend. Immerhin: als Amtsgerichts-, Post-, Kataster-, Zoll- und Polizeibezirk, auch als Arbeitsamtsbezirk, im Lehrerausbildungs- und Sportwesen (Leistungszentrum) hat Wolfsburg in den sechziger und siebziger Jahren eine gewisse regionale Bedeutung erlangt, wenn es sich auch beim Arbeitsamt z. B. nur um eine Nebenstelle des Arbeitsamtes Helmstedt handelte und der langgehegte Wunsch nach einem eigenen Finanzamt sich zerschlug. Ebenso ließ sich bis 1988/89 der Wunsch, Standort einer (Fach-)Hochschule zu werden nicht verwirklichen. Fragt man sich, warum Wolfsburg in Bezug auf die Ansiedlung staatlicher Behörden und Einrichtungen lange Jahre vergleichsweise wenig erfolgreich war, so schälen sich drei zentrale Gründe heraus:

- Die Stadt Wolfsburg wurde in ein bestehendes und teilweise lang tradiertes Netz von Zentren staatlicher Einrichtungen hineingesetzt (Braunschweig, Celle, Lüneburg, Gifhorn, Helmstedt). Eine Umsiedlung der dort ansässigen Behörden nach Wolfsburg hätte also in festgefügte Besitzstände von anderen (Behörden-)Städten eingegriffen, was politisch immer schwieriger zu machen ist als die Umverteilung von Zuwächsen bzw. Neugründungen.
- Die Stadt Wolfsburg als Arbeiter- und zunächst einmal nicht besonders attraktive Stadt war für die Angestellten- und Beamtenschaft des öffentlichen Dienstes kein attraktiver Standort. Versetzungen nach Wolfsburg wurden bisweilen fast als ‚Strafversetzungen' empfunden.
- Die Bundes- und Landesregierung bzw. die staatlichen Behörden hatten und haben bis heute bei der Allokation ihrer Dienststellen gewisse Standortkriterien zu berücksichtigen, einmal strukturpolitische Überlegungen und zum anderen Bündelungseffekte und sogenannte Fühlungsvorteile. Wolfsburg als VW-Stadt war zwar monostrukturiert, aber nicht strukturschwach, deshalb rein ökonomisch auch nicht angewiesen auf staatliche Arbeitsplätze. Zum anderen sieht das „Zentrale-Orte-Prinzip" vor, sowohl aus Sicht der Behörden selbst wie auch mit Blick auf die Bevölkerung, Behörden an wenigen Orten zu konzentrieren, um die zwischenbehördliche Kommunikation und den Publikumsverkehr zu rationalisieren. Jede nach Wolfsburg ausgelagerte Behörde hätte so gesehen

eine isolierte Existenz führen müssen. Nicht zuletzt aus diesen Gründen wurde selbst die VW-Stiftung nach Hannover vergeben, obwohl es (aus Sicht der Stadt) doch gerade in diesem Fall hätte machbar sein können, sie in Wolfsburg anzusiedeln.

Im Bereich der kommunalen Infrastruktur mit zentralörtlicher Bedeutung war die Stadt Wolfsburg dagegen sehr viel erfolgreicher. Fast von Beginn an nahm Wolfsburg im Schulwesen eine zentralörtliche Funktion war. Der Anteil auswärtiger Schüler an den Wolfsburger Schulen stieg von 1951 bis 1971 im Realschulbereich von 10% auf 20%, im Oberschulbereich stagnierte er bei knapp 40%, und im Berufs- und Fachschulenbereich stieg er von 24% auf 44%. Im Krankenhauswesen schwankte der Anteil auswärtiger Patienten zwischen 40% und 50%. Zentralörtliche Bedeutung erlangten auch schnell die 1958 gebaute Stadthalle und das 1962 vom finnischen Architekten Alvar Aalto entworfene Kulturzentrum (Wang 1998). Das Wolfsburger Schloss wurde gekauft und nach aufwändigen Sanierungs- und Restaurierungsarbeiten zu einem Zentrum der Kunst entwickelt (mit Kunstgalerie und Ateliers für Künstler). 1967 wurde die städtische Musikschule eröffnet, 1973 das von Hans Scharoun entworfene Theater.

Die Stadt hat den Ausbau ihrer Zentralörtlichkeit auch unter ökonomischen und stadtkulturellen Gesichtspunkten betrieben: Da im industriell-gewerblichen Bereich ohnehin schon der wirtschaftliche Schwerpunkt der Stadt lag und dort auch nichts mehr im Schatten des VW-Werks zu machen war, galt es, im tertiären Bereich Arbeitsplätze zu schaffen und dadurch auch die ‚arbeiterlastige' Sozialstruktur durch Beamte und Angestellte abzurunden. Zugleich galt es, eine ‚richtige' Stadt zu werden, d. h. den Werkssiedlungscharakter der Stadt abzubauen und urbane Lebensbedingungen für die Wolfsburger Bevölkerung zu schaffen nicht zuletzt mit Blick auf die leitenden Angestellten dort. Das Umland war in diese Politik zunächst nur als Mittel zum Zweck einbezogen, um die zentralörtlichen Einrichtungen auszulasten bzw. privatwirtschaftlich rentabel zu machen (Theater, Stadthalle, Kaufhäuser, staatliche Behörden). Aber im Verlaufe dieses Prozesses wurde der Fremdkörper Wolfsburg mehr und mehr in seinem Umland verankert.

Die Gebiets- und Verwaltungsreform 1972

Seit Mitte des 19. Jahrhunderts gehört die Eingemeindung von Teilen des Umlands in die Stadt zu einer universellen Erscheinung im Prozess der Großstadtbildung (z. B. Matzerath 1978, Krabbe 1980). In Wolfsburg bestand dagegen bei der Stadtgründung das Ziel, die gesamte einmal im VW-Werk arbeitende Belegschaft mit ihren Familien in der Stadt unterzubringen. Mit

Blick auf diese Zielvorstellung wurden die Gemeindegrenzen der Stadt relativ großzügig gezogen. Mit knapp 30 qkm hatte Wolfsburg von Anfang an sehr viel bessere Ausgangsbedingungen gegenüber gewachsenen Großstädten, die Anfang des 19. Jahrhunderts oft weniger als 15 qkm Gemarkungsfläche hatten. Zudem besaß die Stadt seit 1955, nach der Regelung der sogenannten Erstausstattung (Kap. 1), praktisch das gesamte Bauland in der Stadt bzw. rund 50% der Stadtgebietsfläche (der Rest gehörte besitzrechtlich dem VW-Werk und dem Land Niedersachsen). Dadurch war eine geordnete, langfristig orientierte und flächensparende Stadtentwicklung auch bodenrechtlich möglich. Dennoch zeichnete sich bereits Mitte der fünfziger Jahre ab, dass es illusorisch war anzunehmen, das Wachstum der Stadt Wolfsburg auf einer Fläche von unter 30 qkm organisieren zu können.

In Wolfsburg beginnt die ‚Eingemeindungspolitik' gegen Ende der fünfziger Jahre, ausgelöst durch eine Ratsentscheidung, die riesige Waldfläche auf dem Wolfsburger Stadtgebiet nicht weiteren Siedlungsmaßnahmen zu opfern (Kap. 2). Damit war mit einem Schlag das Baulandpotenzial der Stadt mehr oder weniger zur Gänze ‚aus dem Verkehr' gezogen. Angesichts weiter steigender Zuzugszahlen und nach wie vor vorhandener Wohnungsnot in der Stadt, begann deshalb die Verwaltung Ende der fünfziger Jahre mit einer umfänglichen Bodenvorratspolitik im Umland, die auch in den sechziger Jahren verstärkt fortgesetzt wurde. Bis zur Gebietsreform im Land Niedersachsen in den frühen siebziger Jahren hatte Wolfsburg insgesamt rund 13 qkm Land im Umland aufgekauft. Mit dem Aufkauf von Grund und Boden in den Umlandgemeinden war aber natürlich noch nicht gewährleistet, dass dort auch im Sinne Wolfsburgs gebaut werden konnte. Man versuchte auch gar nicht erst, die dortigen Gemeindevertretungen zu Baumaßnahmen auf den von Wolfsburg aufgekauften Flächen zu bewegen. Stattdessen spekulierte man langfristig auf eine Gebietsreform; kurzfristig setzte man seine ganze Hoffnung auf die Wolfsburger Losung ‚Wo Geld ist, da ist auch ein Weg'. Die Lösung des Problems lag in einer hoheitsrechtlichen Umgemeindung von Gebietsteilen benachbarter Gemeinden nach Wolfsburg. Wenn Krabbe bezogen auf die Umland-Politik der Großstädte vor dem I. Weltkrieg schreibt: „Der Ankauf größerer Geländestücke in Vorortgemeinden durch die benachbarte größere Stadt signalisierte ... deren Eingemeindungsabsichten" (1980: 384), so findet diese Strategie in der Wolfsburger Umland-Politik der späten fünfziger und frühen sechziger Jahre ihre Entsprechung. Tatsächlich gelang es der Stadt noch vor der Gebietsreform in Form freiwilliger interkommunaler Vereinbarungen, bereits in fünf Fällen (Nordsteimke, Kästorf, Mörse, Fallersleben, Sandkamp) unbewohnte, direkt an der Wolfsburger Stadtgrenze liegende Flächen aus dem Umland einzugemeinden.

Abbildung 26: Gebietsreform im Raum Wolfsburg 1972

Quelle: Wolfsburger Nachrichten

Die Wolfsburger Stadtgebietsfläche erweiterte sich dadurch immerhin um rund 5 qkm, d. h. um rund 15% der bisherigen Gemarkungsfläche. Wolfsburg hätte diesen Weg der kommerziellen Umgemeindungspolitik weiter beschritten, tatsächlich waren entsprechende Verhandlungen im Osten der Stadt (Reislingen, Vorsfelde) schon weit gediehen, aber gegen Ende der sechziger Jahre zeichnete sich ab, dass die seitens der Landesregierung in Angriff genommene allgemeine Gebiets- und Verwaltungsreform im Raum Wolfsburg zu einer territorialen Neuordnung führen würde, die die Baulandengpässe der Stadt mit einem Schlag beheben würde. Daraufhin stellte die Stadt die bisherige Umgemeindungspolitik ein, um sie im Rahmen der Gebietsreform mit anderen Mitteln fortzuführen.

Die allgemeine Gebiets- und Verwaltungsreform in Niedersachsen kam für die Stadt Wolfsburg zu einem stadtentwicklungspolitisch einmalig günstigen Zeitpunkt (Tessin 1986). Sie führte zur Eingemeindung des gesamten stadtentwicklungspolitisch bedeutsamen Umlands in die Stadt: 1972 wurden zwanzig (!) Umlandgemeinden eingemeindet, wodurch das Wolfsburger Stadtgebiet von rund 34 qkm auf über 200 qkm ausgedehnt, also in etwa versechsfacht wurde (Abb. 26) und die Bevölkerung von gut 90.000 auf über 130.000 Einwohner wuchs, was einen Anstieg um 40% bedeutete (Übersicht im Anhang). Dieses außergewöhnliche Ergebnis ist im Wesentlichen auf drei Faktoren zurückzuführen:

- Die Stadt Wolfsburg hatte Interesse an einer möglichst großen Eingemeindungslösung vor allem wegen der sich abzeichnenden Erschöpfung der Baulandreserven in der Stadt. Diese Gefahr war für die Stadt Wolfsburg umso bedrohlicher, als man damals, Ende der sechziger Jahre, noch von enormen Wachstumsraten für die Wolfsburger Stadtregion ausging. Damals wurde bis 1990 für den engeren Raum Wolfsburg ein Bevölkerungswachstum von rund 100.000 auf ungefähr 200.000 Einwohner, also eine Verdoppelung prognostiziert! Angesichts dieses vermuteten Bevölkerungswachstums, das praktisch nur noch im Umland hätte stattfinden können (mit all den fiskalischen, planerischen und machtpolitischen Konsequenzen für die Stadt), schien eine großflächige Eingemeindung für Wolfsburg geradezu existenznotwendig.
- Bei den meisten Umlandgemeinden bestand eine Bereitschaft, sich mit Wolfsburg zusammenzuschließen, um am Steueraufkommen der Stadt bzw. des VW-Werks besser als bisher partizipieren zu können. Man erwartete infrastrukturelle Verbesserungen, die die Stadt Wolfsburg in den entsprechenden Verhandlungen auch in Aussicht stellte. Für die kleinen Ortschaften bestand zudem im Rahmen der allgemeinen Verwaltungs- und Gebietsreform dieser Jahre nicht die Alternative zwischen dem Er-

halt der kommunalen Selbständigkeit einerseits und dem Zusammenschluss mit Wolfsburg andererseits, sondern nur die Wahl zwischen letzterem und dem Zusammenschluss mit anderen (armen) Umlandgemeinden zu Einheits- oder Samtgemeinden. Die Aufgabe der kommunalen Selbständigkeit war also in keinem Fall zu vermeiden. Widerstand ging im Umland nur von den Landkreisen (Gifhorn, Helmstedt) und insbesondere den beiden benachbarten Kleinstädten Fallersleben und Vorsfelde mit einer deutlich längeren Geschichte als Wolfsburg aus, die um ihre kommunale Selbständigkeit fürchteten (Tessin 1988: 211f). Ein Ausdruck des auch heute noch virulenten Eigenständigkeitsstrebens ist die hohe Zustimmung, die eine Partei erfährt, die die Vertretung der Fallersleber Ortsteilinteressen gegenüber den gesamtstädtischen zum Programm gemacht hat[14].

- Die Landesregierung stimmte der großen Eingemeindungslösung zu. Dabei waren bestimmte, zunächst einmal Wolfsburg-unabhängige Grundsatzentscheidungen maßgeblich: Erstens wurden (auch großflächige) Eingemeindungen im Stadt-Umland-Bereich grundsätzlich als Lösung des sogenannten Stadt-Umland-Problems befürwortet (das war nicht in allen Bundesländern so), zweitens sollten freiwillige Zusammenschlüsse zwischen Gemeinden so weit wie möglich akzeptiert werden, und drittens sollten Städte ihren Status der Kreisfreiheit nur dann behalten, wenn sie bereits 130.000 Einwohner hätten bzw. diese Einwohnerzahl (z. B. durch Eingemeindungen) in absehbarer Zeit erreichen würden.

Das VW-Werk im Übrigen beeinflusste zwar durch seine bloße Existenz und die Pendlerverflechtungen mit dem Umland den Prozess und das Ergebnis der Gebietsreform maßgeblich, übte selbst aber keinen aktiven politischen Einfluss aus. Man war zwar dafür, aber man engagierte sich nicht. Selbst als es zeitweise so aussah, als würden nicht einmal alle VW-Betriebsgemeinden im Raum Wolfsburg mit der Stadt zusammengeschlossen werden (und tatsächlich blieb dann auch die allerdings unbedeutende VW-Betriebsgemeinde Weyhausen ‚draußen vor'), rührte sich im VW-Werk kein Widerstand, einfach deshalb, weil die bestehenden Gemeindegrenzen für das VW-Werk nie eine Schranke oder auch nur ein Hindernis im Wachstumsprozess gewesen waren – was bis heute der Fall ist (s. u.).

---

[14] Die PUG wurde 1984 auf Grund eines Konflikts der Stadt mit Fallersleben gegründet. Der damalige Oberbürgermeister (CDU) wollte eine Justizvollzugsanstalt in Fallersleben errichten. Die dortige Ortsbürgermeisterin (damals auch CDU) trat aus Protest aus der Partei aus und gründete die PUG, die seitdem fester Bestandteil der Wolfsburger Parteienlandschaft ist und in Fallersleben um die 60% der Wählerstimmen, in der Gesamtstadt ca. 10% erreicht.

Die Integration der eingemeindeten Ortsteile

Die Gebietsreform war ein wichtiger Einschnitt in der Wolfsburger Stadtentwicklung. Durch sie wurde Wolfsburg, 33 Jahre nach der Stadtgründung, statistisch gesehen Großstadt, auch wenn Wolfsburg nun eher einem ‚Landkreis' ähnelte. In der 2. Wolfsburg-Studie sahen 1980, also acht Jahre nach der Gebietsreform, nur rund 12% der ‚Alt-Wolfsburger' in diesem Ereignis einen neuen Abschnitt oder gar eine Zäsur (Herlyn u. a. 1982: 52). Anders dagegen die Meinungen in den eingemeindeten Ortsteilen: über 40% der dortigen Befragten vertraten die Auffassung, die Gebietsreform sei wichtig für die Stadt gewesen, 37% von ihnen sahen sie auch als bedeutsam für sich selbst an (ebd.: 99). Immerhin fast drei Viertel gaben aber damals an, sich als Bürger ihres Ortsteils und nicht als Wolfsburger zu fühlen. In der damaligen Studie wurde daraus geschlussfolgert, „dass der Verwaltungsakt der Eingemeindung von 1972 im Bewusstsein der Bürger kaum eine Relevanz für ihren Ortsbezug hat" (ebd.: 170).

Die ersten zehn Jahre nach der Gebietsreform waren kommunalpolitisch auch nicht ganz einfach gewesen, es kam zu Verteilungskämpfen zwischen eingemeindetem Umland und der Kernstadt. Dabei ging es um Flächenausweisungen, infrastrukturelle Standortentscheidungen, Gebühren- und Beitragsanhebungen, Mittelzuweisungen usf., wobei insbesondere Projekte wie die Erweiterung der Mülldeponie, der Bau einer Abwasserkläranlage, einer Strafvollzugsanstalt für Jugendliche oder Gewerbegebietsausweisungen zwischen Kernstadt und eingemeindetem Umland äußerst kontrovers diskutiert wurden, schien es doch so, dass alle problembehafteten Projekte ins eingemeindete Umland abgeschoben werden sollten. Obwohl in diesen Fällen das eingemeindete Umland sich nicht hat durchsetzen können, war es gerade in dieser Zeit nicht machtlos. Dieser Rest an politischem Einfluss manifestierte sich im Falle Wolfsburgs einerseits in der Institution der Ortsräte, die im eingemeindeten Umland (als Ersatz für den Verlust der kommunalen Selbständigkeit) geschaffen wurde, andererseits im Rat der Stadt selber, wo das eingemeindete Umland relativ stark vertreten war und bis heute ist. Schließlich lebt über die Hälfte der heutigen Wohnbevölkerung Wolfsburgs im eingemeindeten Umland. Bis 1986 war sogar ein Vertreter aus dem ehemaligen, nun eingemeindeten Umland Oberbürgermeister der Stadt Wolfsburg, was den kommunalpolitischen Integrationsprozess sicherlich befördert hat.

Die damalige Macht des eingemeindeten Umlands in der Wolfsburger Kommunalpolitik lässt sich verdeutlichen einerseits an der Baulandausweisungspolitik der Stadt, andererseits am Abbau der Infrastrukturdisparitäten im Bereich der unmittelbaren Daseinsvorsorge. So gelang es den eingemeindeten Ortsteilen, die Pläne der Stadt zu durchkreuzen, im Rahmen der Erarbeitung des neuen Flächennutzungsplanes die Baulandausweisung im eingemeindeten Umland sehr selektiv und insgesamt restriktiv zu handhaben. „Eigengemeindliches Denken hatte wieder Vorrang", wie ein Stadtplaner 1981 resümierte. Und ebenso gelang es den neuen Ortsteilen Wolfsburgs, ihre infrastrukturelle Versorgung im Bereich der unmittelbaren Daseinsvorsorge nachhaltig zu verbessern. Die Stadt versuchte dabei, ihr in den Eingemeindungsverhandlungen gegebenes Versprechen, einen möglichst gleichwertigen Versorgungsstandard im neuen Gemeindegebiet zu schaffen, einzulösen. Es wurden Schulen gebaut, Sport- und Mehrzweckhallen, Wege und Straßen wurden ausgebessert, Baugebiete erschlossen, vorhandene Ortsteile an die Kanalisation angeschlossen, Sport- und Schützenvereine wurden wie nie zuvor unterstützt, die Ausrüstung und der Ausbildungsstand der freiwilligen Feuerwehren wurde verbessert, neue Ortsteilwappen wurden kreiert, Dorfchroniken verfasst. Dieser Abbau von Disparitäten im Erschließungs- und Versorgungsbereich zwischen Stadt und eingemeindetem Umland hat aber zugleich auch zu einer Vereinheitlichung, d. h. im Ortsteilbereich zu einer Erhöhung der kommunalen Steuern, Gebühren und Erschließungsbeiträge geführt. Die Durchsetzung städtischer Erschließungs- und Versorgungsstandards mit den damit verbundenen Kosten war lange Zeit ein wesentlicher Konflikt zwischen Kernstadt und eingemeindetem Umland.

Die eingemeindeten Ortschaften wurden aber nicht nur als ‚arme Verwandte' und als ‚Baulandreserve' aufgenommen, sondern sie brachten etwas mit, was Wolfsburg fehlte: Tradition, Heimatverbundenheit, Gemeindeleben, Beschaulichkeit und ein zum Teil über Jahrhunderte gewachsenes Ortsbild. Wolfsburg hat sich sozusagen Vergangenheit, Heimat und regionale Verankerung eingemeindet. Das eingemeindete Fallersleben wurde geradezu zu einer ‚Traditionsinsel' ausgebaut.

In struktureller Hinsicht kann in den achtziger Jahren die Eingemeindung als weitgehend abgeschlossen gelten (Tessin 1988: 214f), auf emotional-affektiver Ebene dagegen dauerte dieser Prozess deutlich länger. In der 3. Wolfsburg-Studie gaben in der Umfrage aus dem Jahr 1998 (immerhin mehr als ein Vierteljahrhundert nach der Gebietsreform) noch knapp 60% der Bewohnerschaft der bis 1972 selbständigen Randgemeinden an, sich mehr als Bewohner ihres Ortsteils denn als Wolfsburger zu fühlen. Die Distanz zur Stadt Wolfsburg war damals aber nicht mehr in dem Umfang spürbar. Obgleich sich die Hauptbezüge des Alltags bei der Ortsteilbewohnerschaft weiterhin überwiegend auf ihren Nahbereich richteten, war man bisweilen sogar ein wenig Stolz auf die Stadt:

„Ich fühl' mich hier wohl in Fallersleben, ich hab' hier alles, was ich für meinen Alltag brauche: ich geh' hier einkaufen, hab' hier meine Ärzte, bin hier im Chor und im Ortsrat – also ich fühl' mich hier richtig zu Hause. (...) Auf Wolfsburg kann man richtig stolz sein. Wenn Sie noch mal an die Barackensiedlungen denken, und dann das erste Kino – die Stadt hat sich doch ganz toll entwickelt." (Rentnerin, 64 Jahre, Fallersleben)

Dass sich Ortsteilbindung und die Identifikation mit der Stadt Wolfsburg nicht (mehr) ausschlossen, wurde auch daran deutlich, dass sich hinsichtlich des Heimatgefühls gegenüber der Gesamtstadt in der Umfrage keine Unterschiede zwischen den eingemeindeten Ortsteilen und der Gesamtstadt mehr feststellen ließen. Sowohl in den ehemaligen Kleinstädten Fallersleben und Vorsfelde als auch in den übrigen Ortsteilen entsprach 1998 der Anteil derer, die sich in Wolfsburg heimisch fühlten, mit ca. drei Vierteln dem gesamtstädtischen Durchschnitt.

Die zweite große Integrationsaufgabe – nach der Integration des ‚zusammengewürfelten Volkes' (Kap. 10) – kann also als weitgehend erfolgreich abgeschlossen betrachtet werden, und auch kommunalpolitisch ist die Eingemeindung heute meist ‚kein Thema' mehr. Es hat sich eine gewisse Eigenständigkeit im eingemeindeten Umland erhalten, die aber nicht (mehr) mit einer Ablehnung oder auch nur Fremdheit gegenüber der Stadt Wolfsburg einhergeht.

Ansätze zur Regionsbildung

Sahen die Pläne bei der Stadtgründung also vor, die Stadt allein auf ihrem damaligen Territorium zu entwickeln, wovon man aber recht schnell abrückte, so war man aber nach der Gebietsreform nun wirklich davon überzeugt, mit der Versechsfachung des städtischen Gemeindegebiets ein für alle Mal das grundsätzliche Problem der Stadt gelöst zu haben, eventuell mit ansehen zu müssen, wie sich die Dynamik der Wirtschafts- und Bevölkerungsentwicklung ins Umland verlagert. Das Planungsleitbild der Stadt aus dem Jahr 1972 legte damals für das Jahr 1990 noch eine Zahl von 200.000-240.000 Einwohner für das erweiterte Stadtgebiet zugrunde.

Dennoch setzte sich nicht nur der Suburbanisierungsprozess als Auslagerung der Wohnstandorte noch über die neuen, nun erweiterten Stadtgrenzen weiter fort (Kap. 2), sondern es wurden auch die regionalen Verflechtungen der Stadt Wolfsburg im Zeitverlauf immer weiträumiger. So verstärkte sich der deutliche Einpendlerüberschuss im Laufe der Jahre sogar noch. Ende 2010 betrug der Anteil der Einpendler an allen in Wolfsburg Beschäftigten immerhin 63% (Wolfsburg in der Region 2011: 55). Und ‚nur' noch 36% der Belegschaftsangehörigen der VW AG Wolfsburg wohnten 2008 in der Stadt (Harth u. a. 2010: 69). In den nähergelegenen Ortschaften und den umgebenden Regionen ist der Einpendleranteil nach Wolfsburg natürlich am höchsten. 24% der in Wolfsburg Beschäftigten kommen heute aus dem Landkreis Gifhorn, 11% aus dem Landkreis Helmstedt, 8% aus Sachsen-Anhalt und 7% aus Braunschweig (Abb. 27). Nach der Wiedervereinigung Deutschlands hat sich also der Einpendlerradius auch ins östliche Umland Wolfsburgs verschoben. Infolge des ICE-Anschlusses im Jahr 1998 gibt es auch vermehrt Einpendler aus weiteren Entfernungen, aus Hannover zum Beispiel 2% und sogar 1% aus Berlin.

Abbildung 27: Einpendler nach Wolfsburg und Anteil an den in Wolfsburg Beschäftigten 2010

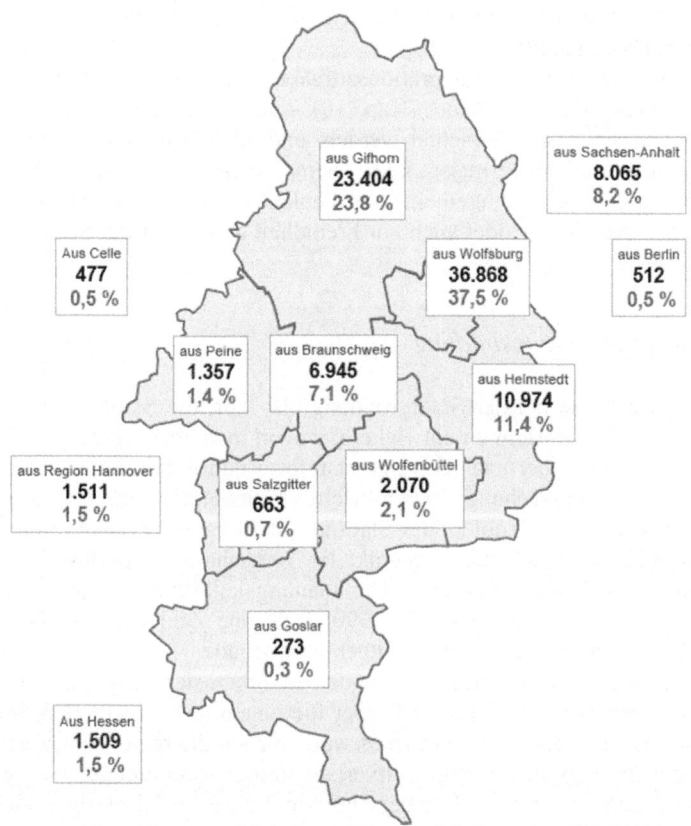

Arbeitsplätze = sozialversicherungspflichtig Beschäftigte am Arbeitsort; Stand 30.6.2010
Quelle: Statistik der Bundesagentur für Arbeit (Wolfsburg in der Region 2011: 55)

Darüber hinaus konnte Wolfsburg in den letzten Jahren seine überörtliche Bedeutung auf Grund der verstärkten Ausrichtung der Stadt auf den interkommunalen Wettbewerb um qualifizierte Arbeitskräfte und Stadtbesucher

(Kap. 4) deutlich ausbauen. Durch die konzertierten Aktivitäten in Bezug auf den Ausbau der Infrastruktur (ICE-Anschluss, Fachhochschulgründung und -ausbau etc.), der Verwaltungszentralität (Wolfsburg wird 2002 Oberzentrum), der erlebnisorientierten Großprojekte (Autostadt, Phaeno etc.) und auch der Einkaufs- und Shoppingqualitäten (City-Galerie, Designer Outlets Wolfsburg etc.) konnte die Stadt ihre Anziehungskraft für außerhalb Wohnende, besonders aus der Region, merklich steigern. Es ist der Stadt Wolfsburg dadurch zum Beispiel gelungen, die Kaufkraftbindung, die bis über die Jahrtausendwende hinaus noch weit unter der anderer Städte vergleichbarer Größenordnung lag, deutlich zu erhöhen. So gaben immerhin über 40% der Befragten 2007 in unserer 4. Wolfsburg-Studie an, dass sie sehr viel häufiger besondere Anschaffungen in der Stadt erledigten als vor einigen Jahren, und dies galt – was besonders bemerkenswert war – vor allem für die Jüngeren und Statushöheren, die man ja in früheren Jahren nie so recht hatte für Wolfsburg begeistern können (Harth u. a. 2010: 142f).

Seitens der Landesregierung wie auch seitens des VW Konzerns wird in den vergangenen Jahren aufgrund der weiteren faktischen Regionalisierung der wirtschaftsstrukturellen und bevölkerungsbezogenen Verflechtungen die Bildung übergeordneter Verbünde vorangetrieben. Im Jahr 2002 wurde im Landesraumordnungsprogramm die Bildung eines „oberzentralen Verbundes zwischen Braunschweig, Salzgitter und Wolfsburg" festgelegt. Mit dieser Regelung, so heißt es auf Seiten des zuständigen Ministeriums, „wird der landesweit einmaligen regionalen Sondersituation im Großraum Braunschweig Rechnung getragen und der Region die entwicklungspolitischen und instrumentellen Möglichkeiten für die Umsetzung koordinierter gemeinsamer Entwicklungsstrategien gegeben. Die Bildung eines oberzentralen Verbundes ermöglicht zwischen den Zentren und innerhalb der gesamten Region neue Planungs- und Abstimmungsformen. Die derzeitigen Kooperations- und Innovationskräfte in der Region sind bereits vielversprechend" (www.ml.niedersachsen.de, 8.3.12). Wie aber eine solche Kooperation aussehen könnte, ist bislang ungewiss. Es gibt seit vielen Jahren eine gewisse Rivalität Wolfsburgs zur Nachbarstadt Braunschweig, die als gewachsene Stadt immer schon Wohnstandort, Einkaufsstadt mit urbanem Flair und Kulturdestination für viele in Wolfsburg Arbeitende bzw. Wohnende war. Als wirtschaftlich viel stärkerer Standort will man sich in Wolfsburg nun nicht auch noch in kommunal- und regionalpolitischer Hinsicht hineinreden oder gar dominieren lassen. Diverse Gutachten wurden angefertigt (Hesse u. a. 2011, Bogumil u. a. 2010, Hesse u. a. 2010, Bogumil u. a. 2008), und der derzeitige Sachstand geht wohl (vorerst) in Richtung einer Art Zweigleisigkeit:

- In Bezug auf politisch-administrative Belange läuft es wohl auf einen irgendwie gearteten Zusammenschluss der Stadt Wolfsburg mit den

Landkreisen Helmstedt und Gifhorn zu einer „Autoregion" unter Regie Wolfsburgs hinaus. Die „Großregion Braunschweig" ist offenbar nicht konsensfähig.

- In Bezug auf die Entwicklung der wirtschaftsstrukturellen und regionalen Attraktivität kooperiert man aber durchaus mit Braunschweig und seiner Region.

Von Seiten des VW-Konzerns wurde die Ausweitung der Wolfsburg AG (Kap. 4) auf die Region vorangetrieben. Anfang 2012 haben die Städte Wolfsburg, Braunschweig und Salzgitter zusammen mit den Kreisen Goslar, Helmstedt, Wolfenbüttel, Gifhorn und Peine nun eine „Allianz für die Region" gegründet. Hintergrund dafür ist, dass Volkswagen in der Region die qualifizierten Arbeitskräfte und hochkarätigen Manager vorfinden will, die VW zukünftig benötigt. Da sich der Personalbedarf längst nicht mehr nur am Standort Wolfsburg rekrutieren lässt, sollen in der gesamten ‚VW-Region' lebenswertere Bedingungen geschaffen werden, um gegenüber den Standorten der Konkurrenz (BMW, Mercedes, Audi, Porsche) – Leipzig, Ingolstadt, München oder Stuttgart – attraktiver zu werden. Volkswagen, so ein hochrangiger VW-Experte, sei als Weltkonzern ausdrücklich gegen „Kleinstaaterei". VW denkt naturgemäß in erster Linie an ‚seine' Beschäftigten, und es ist vor diesem Hintergrund nicht ganz einleuchtend, warum es seine ‚kulturellen Wohltaten' allein auf die Stadt beschränken sollte, leben doch die meisten seiner Beschäftigten nicht in der Stadt.

In diesen Kontext des großmaßstäblicheren Denkens gehört auch die Konstituierung der sogenannten Metropolregion Hannover Braunschweig Göttingen Wolfsburg im Jahr 2009. Diese Vernetzung von Wirtschaft, Wissenschaft, Kommunen und Land will mit unterschiedlichen Projekten die Kooperation und Entwicklung dieser Region (innerhalb Europas) befördern. Bei dieser zunächst vor allem durch die Region Hannover im Zuge der Expo 2000 vorangetriebenen regionalen Kooperation ist die Stadt Wolfsburg erst seit 2008 im Titel aufgeführt, und in der Geschäftsführung wechseln sich Hannover und Braunschweig ab (www.metropolregion.de, 8.3.12).

Die Stadt Wolfsburg hat gegenüber diesen Regionalisierungsanstrengungen durchaus gemischte Gefühle. Einerseits ist man sich laut Expertenauskunft im Klaren darüber, dass man nur als große Region langfristig zukunftsfähig sei. Andererseits aber fürchtet die Stadt Wolfsburg auch ein wenig um ihre privilegierte Stellung als ‚Hauptstadt des VW-Imperiums' und die damit verbundene Sonderstellung in Bezug auf das Infrastruktur-, Kultur- und Sportsponsoring des VW-Konzerns am Standort.

10. Soziale Netzwerke

„Soziale Netzwerke bezeichnen die spezifischen Webmuster unserer alltäglichen sozialen Beziehungen. Sie bilden den Kitt in einem widersprüchlichen und zerfallenden gesellschaftlichen Alltag" (Keupp 1987: 7). Traditionellerweise vermitteln sich durch das Geflecht privater Sozialkontakte nicht nur Chancen zum kommunikativen Austausch und zur Geselligkeit, sondern auch Chancen zu Formen praktischer Solidarität wie Hilfeleistungen, Ausleihe etc., zu denen dann noch Bestätigungen des Selbstwertgefühls sowie emotionale Unterstützungen hinzutreten können. Sie sind Ressource und Verpflichtung zugleich (Diewald 1986: 52) und bilden den Kern von sozialen Milieus, ohne die die Integration in einen gemeindlichen Lebenszusammenhang nicht zu denken ist. Das ist auch und vor allem für die frühen Phasen der Entstehung dieser Neuen Stadt anzunehmen, als es noch vergleichsweise wenige Möglichkeiten institutionell vermittelter Sozialkontakte gab.

Jede Gemeinde vom kleinsten Dorf bis zur großen Stadt bedarf eines gewissen Grades an Integration. Eine solche Kohäsion beruht auf sehr verschiedenartigen Faktoren: seien es Gründe, die mit der Arbeit bzw. dem Beruf oder Lebenschancen in außerbetrieblichen Bereichen zusammenhängen oder aber bei denen lediglich eine unreflektierte Gewohnheit dominant ist. Wenn dabei auch die sozialen Beziehungsarrangements der Einzelnen eine große Rolle spielen, so haben sie in der (großen) Stadt einen oft anderen Charakter und eine andere Bedeutung als im dörflichen Kontext. Während das dörfliche Zusammenleben idealtypischer Weise auf der fast lückenlosen Kenntnis privater Lebensumstände basiert, ist die Integration in der Stadt als „unvollständig" charakterisiert worden (Bahrdt 1961); die stadttypische, distanzierte Lebensweise stellt sich dort ein, wo private und öffentliche Kommunikationssphären auseinandertreten und damit ein lückenloses Beziehungsgeflecht nicht mehr möglich ist.

Wenn Hartmut Häußermann davon spricht, dass „Städte gigantische Integrationsmaschinen" waren (1998: 20), dann trifft das auch und gerade auf Wolfsburg zu, wo es kaum alteingesessene Bürger gab. Die Bevölkerung rekrutierte sich überwiegend aus Zuwanderern aus allen Teilen des ehemaligen Deutschen Reiches einerseits und aus ausländischen Zwangsarbeitern

andererseits, und sie bestand zum größten Teil aus jungen Leuten, die – wie man weiß – zu den mobilsten Personengruppen gehören.
Für die Stadt Wolfsburg stellte sich die besondere Situation, dass es so gut wie keine ‚Ureinwohner' gab, fast alle waren Zuwanderer. Für sie galt, dass sie gleichzeitig verschiedene neuartige Situationen bewältigen mussten: Sie alle bezogen eine *neue* Wohnung, in einem *neuen* Wohnquartier, in einer *neuen* Stadt und sie arbeiteten an einem *neuen* Arbeitsplatz. Das war ein Sonderfall, der sich in dieser Kumulation für größere Gruppen in keiner anderen Stadt Deutschlands bisher ereignet hat. Diese vielfache Neuheit der Umgebung stellte die Neuzuzügler vor erhöhte Probleme der Alltagsorientierung und der Integration. Wenn wir nun auf frühere Zeiten in der neuen Stadt zurückblicken, werden wir sehen, dass sowohl Quantität als auch Qualität der privaten Kontakte eines der wichtigsten, alltäglichen Probleme für die aus allen Regionen Deutschlands zuwandernden Personen war.

Herkunft der Wolfsburger: das ‚zusammengewürfelte Volk'

Bei Kriegsende war von der Wohnbevölkerung ca. die Hälfte als Zwangsarbeiter eingesetzte Kriegsgefangene, die nach dem Krieg jedoch schnell die Stadt verließen. Prägend für die Herkunft der Wolfsburger Bevölkerung nach dem Krieg waren zunehmend Flüchtlinge und Vertriebene, die im VW-Werk einen sicheren Arbeitsplatz suchten. „Das Volkswagenwerk schuf die Voraussetzung für die ökonomische Integration" (Uliczka 1993: 49), zu der im Laufe der Jahre die soziale Integration trat, so dass es – von heute aus gesehen – richtig ist zu sagen, dass die Stadt Wolfsburg nicht nur als Beispiel für das Wirtschaftswunder im Nachkriegsdeutschland steht (Beier Hg. 1997), sondern auch für die im Großen und Ganzen gelungene Integration der Heimatvertriebenen. Ja, man kann sogar sagen: „Ohne die Heimatvertriebenen wäre das Wirtschaftswunder in Deutschland kaum möglich gewesen" (Reichold 1998: 43), und das trifft mit Sicherheit auch auf den damaligen Erfolg des VW-Werks in Wolfsburg zu.
Zur Zeit unserer ersten Untersuchung, also gut zwanzig Jahre nach der Stadtgründung, waren nur 10% der erwachsenen Bevölkerung von Wolfsburg in der Stadt oder in der näheren Umgebung aufgewachsen, während über die Hälfte aus Gebieten stammte, die jenseits des ‚Eisernen Vorhangs' bzw. der Grenzen der Bundesrepublik lagen (Schwonke/Herlyn 1967: 64). Dabei darf nicht übersehen werden, dass etwa 5-8% der Befragten aus dem Ausland (Österreich, Sudetenland) stammten bzw. ‚Volksdeutsche' waren. Der prozentuale offizielle Anteil von Flüchtlingen und Vertriebenen in Wolfsburg betrug 1950 mehr als ein Drittel und stieg bis 1960 auf immerhin 43% an. „Der auffällig hohe Anteil der Heimatvertriebenen und Flüchtlinge an der

Wolfsburger Bevölkerung ist zum einen auf die Lage der Stadt im Zonenrandgebiet zurückzuführen, zum anderen auf die Expansion des VW-Werkes und die Aussicht auf gut bezahlte Arbeitsplätze" (Reichold 1998: 44). Die von außerhalb zuströmenden Neubürger – allein zwischen 1950 und 1960 zogen ca. 35.000 Personen aus den verschiedenen Regionen Deutschlands zu – können überwiegend als „Etappenwanderer" bezeichnet werden, die sich erst in den Nachbarkreisen der Umgebung niedergelassen hatten. Die Wolfsburger waren nicht nur für die Einheimischen in den umliegenden Gemeinden „zusammengewürfeltes Volk", sie waren sich auch gegenseitig fremd in dem Sinne, den der Topos vom „zusammengewürfelten Volk" meint (Schwonke/Herlyn 1967: 65).

Typisch für Einheimische ist die am Ort verlebte Jugend, denn dabei handelt es sich um jene Jahre, die eine Person am meisten in ihren Haltungen und Orientierungen prägen; plastisch wird dies in dem Ausdruck der „formativen Jahre". Diese aber hatte der überwiegende Teil der zuziehenden Bevölkerung in ganz verschiedenen Teilen des damaligen Deutschen Reiches verbracht, und dementsprechend unterschiedlich waren auch Alltagsgebräuche (z. B. zu Pfingsten einen Kranz vor die Tür zu hängen), kulturelle Erfahrungen, sprachliche Ausdrucksformen (Dialekte) und allgemeine Lebensorientierungen. „Die Landsmannschaft der Niederschlesier bildete Anfang der fünfziger Jahre die größte Flüchtlingsgemeinschaft, vor den Ostpreußen, den Pommern und den Oberschlesiern" (Reichold 1998: 44).

Was die politischen Aktivitäten anbelangt, so waren die Landsmannschaften das organisatorische Rückgrat von restaurativen politischen Bestrebungen. Diese bündelten sich in dem BHE (Bund der Heimatlosen und Entrechteten), der zunächst ab 1950 nur in den Ländern, später auch im Bundestag die Interessen der Vertriebenen wahrnahm. Bezeichnenderweise spielte er in den Wolfsburger Gemeindewahlen eine besondere Rolle und erhielt 1956 15%, 1959 10%, 1961 8% und sogar 1964 noch 4% der Stimmen (Schwonke/Herlyn 1967: 145), obwohl er schon in der Bundestagswahl von 1957 an der Fünf-Prozent-Klausel gescheitert war. „Seit Ende der vierziger Jahre hatten sich in Wolfsburg die verschiedenen Landsmannschaften je nach Herkunftsgebiet der Vertriebenen konstituiert. Mit geselligen Aktivitäten wie zum Beispiel Weihnachtsfeiern, Faschingsveranstaltungen oder Erntedankfesten (...) versuchte man, das Brauchtum in der neuen Umgebung zu erhalten" (Vogel 1997: 336). So wichtig auch die gesellige Funktion und die praktische Lebenshilfe der Landsmannschaften in der damaligen Zeit gewesen sein mögen, so bildete letztlich die „desintegrierende Programmatik der Landsmannschaften" (Siegfried 1997: 211) ein retardierendes Moment für das Zusammenwachsen der Stadtbevölkerung.

Die Rede vom zusammengewürfelten Volk verschwand im Laufe der nächsten Jahre zusehends und wurde in der zweiten Untersuchung im Jahre 1980 kaum noch von den Wolfsburgern erwähnt (Herlyn u. a. 1982). Die Fremdheit, mit der sich die früheren Bewohner so sehr beschäftigten und die sich in einem über lange Zeit sehr distanzierten Verhältnis zur Stadt und zu den Menschen (Kap. 11) festsetzte, hatte sich einmal dadurch verwandelt, dass die in den 1960er und 70er Jahren Zuziehenden sich kulturell nicht mehr so total fremd waren, zum anderen jedoch vor allem dadurch, dass die erste Generation der in Wolfsburg Geborenen in den 1970er Jahren zunehmend auch im öffentlichen Leben dieser Stadt in Erscheinung trat. Hinzu kam die Tatsache, dass durch die Eingemeindung von ca. 35.000 Menschen im Jahre 1972 der Anteil der in der Region Geborenen und dort Aufgewachsenen sich stark vergrößert hatte. Andererseits muss auch bei dem Prozess der Überwindung von Fremdheit in Rechnung gestellt werden, dass es nach 1960 einen neuen Schub von 5.000 bis 6.000 ausländischen Arbeitskräften, vor allem Italienern, gab (Kap. 6) und später einen Schub von Aussiedlern aus dem Osten – beides neue Aufgaben für die Integrationsmaschinerie der Stadt Wolfsburg.

Abbildung 28: Das „Italiener-Dorf" (1962)

Foto: Willi Luther

Besonders die konzentrierte Unterbringung von ca. 6.000 männlichen italienischen Gastarbeitern im sogenannten „Italiener-Dorf" am Mittellandkanal

(Abb. 28) „erhielt durch seine Baracken, seine Umzäunung und den bewachten Eingang einen kasernenähnlichen Charakter" (von Oswald 1997: 204). Das Getto war vor allem das Ergebnis eines akuten Wohnungsmangels in der Stadt. Im Vergleich zu damaligen Fluktuationsquoten von ausländischen Arbeitnehmern im Bundesgebiet (ca. 15% Anfang der 1970er Jahre) erreichte in Wolfsburg die „Abwanderungsziffer der Italiener im Zeitraum 1962-1975 von durchschnittlich 57,2 Prozent" eine Rekordhöhe (ebd.: 202). Die Autorin folgerte daraus, dass „von Stabilisierungs- bzw. Eingliederungsprozessen noch keine Rede sein konnte" (ebd.: 203). Der damaligen ‚Massenrotation' unter den ausländischen Arbeitnehmern kam sowohl eine „konjunkturelle Pufferwirkung" zu insofern, als je nach Auftragslage Arbeitskräfte entlassen oder angeworben werden konnten, als auch eine „soziale Pufferfunktion", insofern als durch diese die deutsche Belegschaft weitgehend von Kündigungen verschont bleiben konnte (ebd: 208). Die Italiener waren über lange Zeit die „Reservearmee" (Lochiatto 1996: 4), denen bei Rezessionen Aufhebungsverträge angeboten wurden und deren Arbeitnehmerrechte über viele Jahre viel schlechter waren (Herlyn u. a. 1982: 78).

Bis heute ist Wolfsburg eine Stadt der Zuwanderungen geblieben. Im Jahr 2007 waren, so zeigte unsere vierte Studie, von der erwachsenen Bevölkerung gerade einmal 27% in Wolfsburg geboren. Das ist nicht allzu viel, und es zeigt, dass Wolfsburg nach wie vor eine Stadt ist, für die Zuwanderung eine große Rolle spielt. Zudem ist Wolfsburg eine multikulturelle Stadt. So beträgt 2011 der Anteil der AusländerInnen 10% und derjenigen mit Migrationshintergrund (d. h. mit ausländischen Eltern) sogar bei 22% – ein knappes Drittel der Bewohnerschaft hat also Wurzeln außerhalb Deutschlands. Damit liegt Wolfsburg deutlich über dem Bundesdurchschnitt, wo 19% Ausländer und Personen mit Migrationshintergrund leben (destatis.de, Wolfsburger Bevölkerungsbericht 2011: 15). Auch in Wolfsburg zeigt sich – wie in vielen anderen Städten – eine recht ausgeprägte Ausländersegregation. So konnten wir in unserer dritten Studie (Harth u. a. 2000: 73) für das Jahr 1998 feststellen, dass sich die Ausländer in den werksnahen Stadtteilen der Kernstadt deutlich konzentrierten.

Die Integration der Migranten, allen voran aus Italien, hat in Wolfsburg immer schon einen besonderen Stellenwert besessen. Sie wird als langwieriger Prozess betrachtet, wie es im aktuellen Integrationskonzept (2012) der Stadt Wolfsburg heißt. Hier wurden in einem partizipativen Prozess verschiedenartigste Maßnahmen von der Sprachförderung bis hin zur Unterstützung von Vereinen entwickelt und in einem Umsetzungskonzept zusammengefasst.

Die Tatsache, ob es sich um eine alte Stadt handelt, in der manche Bewohner zum Teil über mehrere Generationen ansässig sind, oder um eine neue Stadt, die – wie Wolfsburg – erst etwas mehr als 70 Jahre existiert und in der ursprünglich fast alle Bewohner und Bewohnerinnen von außerhalb zugewandert waren, ist sehr bedeutsam für die Entfaltung sozialer Netzwerke.

Entwicklung der nachbarlichen Kontakte

In Wolfsburg verlief der Prozess des Einlebens wesentlich spannungsreicher und dynamischer als in älteren Städten – und vor allem verlief er langsamer insofern, als sich erst nach ca. zehn Jahren die nachbarschaftlichen Verhältnisse konsolidierten (Herlyn 2009: 189).

Anpassungsprobleme ergaben sich anfangs vor allem aus der Tatsache, dass viele ‚Neubürger' von zu Hause ganz verschiedene Erfahrungen mit in die neue Stadt brachten. Manches Mal war es nur die verschworene Schicksalsgemeinschaft der „Pioniere" gegenüber den Neuzuzüglern, häufiger wurden unterschiedliche Interessen und Gewohnheiten verschiedener Volksgruppen und auch die Mentalität von Großstädtern und Dorfbewohnern für die Konflikte verantwortlich gemacht. Auch andere Studien zur Zuwanderungsproblematik zeigen, dass der Grad der sozialen Andersartigkeit ein gewichtiger Faktor der (Des-)Integration sein und soziale Kontakte ganz erheblich behindern kann (Harth u. a. 2012: 174f).

Am problematischsten hat sich in Wolfsburg allerdings die Überlagerung von gemeinsamer betrieblicher Werkszugehörigkeit und Wohnnachbarschaft herausgestellt insofern, als diese Tatsache die Möglichkeit enorm erschwert hat, Privat- und Arbeitssphäre zu trennen. Dazu wurde in der ersten Untersuchung geschrieben: „Ein nicht zu unterschätzender, für Wolfsburg spezifischer Faktor ist die Tatsache, dass Menschen zusammenwohnen, die zum größten Teil im gleichen Industriebetrieb ihren Arbeitsplatz haben. Da man den Betrieb kennt und oft auch die Lohngruppen für die verschiedenen Arbeitsplätze, ist man über die Einkommensverhältnisse der Mitbewohner meist recht gut orientiert. Man prüft darum den materiellen Aufwand der Nachbarn besonders aufmerksam, was in der ersten Studie in folgenden Äußerungen über Nachbarn seinen Ausdruck fand (Schwonke/Herlyn 1967: 120).

„Einer ist auf den anderen neidisch, will höher hinaus als der andere." (40jähriger Werkzeugmacher im VW-Werk)

„Die Menschen harmonisieren nicht, alles Neid und Hass, man wird nicht warm. Trägt die Frau des Vorarbeiters einen Pelzmantel, dann muss die Nachbarsfrau auch einen haben. Einer will den anderen übertreffen." (33jährige Arbeiterin, seit 14 Jahren in Wolfsburg)

Nach einem anstrengenden Arbeitstag hatte man den Wunsch, am Feierabend ohne Arbeitskollegen „unter sich" zu sein. Andernfalls würden die Gespräche ohnehin nur um die Probleme am Arbeitsplatz kreisen. Auch wurde damals ein ungezwungener Umgang außerhalb der Berufssphäre durch die betrieblichen Vorgesetztenverhältnisse gehemmt, und so war die Unverbindlichkeit der sozialen Kontakte in der urbanen Öffentlichkeit empfindlich gestört. Die Werkshierarchie beeinflusste insbesondere für die Werksangehörigen die Rangordnung in der Freizeit. Die Erwartung möglicher Prestigeeinbuße führte zu schichtspezifischer Segregation. In der Aussage eines Wolfsburger Altbürgers wurde diese Problematik deutlich:

„Wir haben wenig Kontakt untereinander, weil das Werk alle zu sehr in Anspruch nimmt. Mein Nachbar z. B. arbeitet mit mir zusammen in einer Abteilung, die Gespräche würden immer wieder auf die Arbeit zurückkommen. Hier gehen alle abends zur selben Zeit zurück, man trifft dann nach Feierabend nur noch Mitarbeiter. Es ist z. B. auch so, dass ein Hallenmeister sich nicht mit einem Presser unterhalten würde, auch wenn sie beide gleich gut angezogen sind. (...) Hier in Wolfsburg sind die Leute befangen. In Dresden war das alles ganz anders." (Angestellter im Werk, 55 J.)

Von großem Vorteil war jedoch die Tatsache, dass die Einwohner und Einwohnerinnen von Anfang an leichter die großstadttypischen Leitvorstellungen des relativ unverbindlichen Umgangs in „distanzierter Vertrautheit" (Schwonke/Herlyn 1967: 20) in der Nachbarschaft umsetzen konnten: Man grüßt sich, aber man betont die Unverbindlichkeit, man möchte informiert sein, ohne als neugierig zu gelten und ohne die Intimsphäre zu verletzen, man hilft sich gegenseitig, aber vermeidet es möglichst, in eine verpflichtende Abhängigkeit zu geraten. Typische Antworten waren damals:

„Alle haben gewisse Distanz bewahrt, aber gutes Verhältnis; alle hilfsbereit – aber Distanz hat sich bewährt." (Facharbeiterin, 45 J.)

„Wir halten uns ziemlich neutral, das ist das Schlimmste: erst von Tür zu Tür, und nachher artet das aus; keine intime Freundschaft." (Angestellter, 40 J.)

„Wir waren uns alle fremd hier, grüßen uns, aber nichts weiter. Was soll ich davon halten, wir grüßen sie, sagen ‚Guten Tag', sonst nichts." (Motorenschleifer im Werk, seit 1945 in Wolfsburg)

Insgesamt lief der nachbarliche Integrationsprozess in den 1950er Jahren also verzögert ab, indem sich durchschnittlich erst nach einer Wohndauer von sechs und mehr Jahren Kenntnisse über die Nachbarn erweiterten, Verhaltensweisen aufeinander bezogen wurden und sich engere nachbarschaftliche Beziehungen herausbildeten. Dieser Befund stand im Kontrast gegenüber der Situation von Neubürgern in Gebieten mit überwiegend alt eingesessener Bevölkerung. So fand z. B. Elisabeth Pfeil nach einer Wohndauer von etwa zwei Jahren in einem Altbaugebiet von Dortmund die Teilnahme an der Nachbarschaft voll ausgebildet (1959: 172). Dagegen verhielt man sich in den neuen Wohngebieten, in denen alle mehr oder weniger zur gleichen Zeit eingezogen waren, eher abwartend. Die Formen der Interaktionen mussten sich erst gleichzeitig mit dem Abbau mitgebrachter Verhaltenserwartungen entwickeln. Die emotionale Zurückhaltung hing selbstverständlich auch mit der gerade im Anfangsstadium des Wohnens noch erhöhten Mobilität bzw. der Mobilitätswahrscheinlichkeit zusammen. Da sich bei längerer Wohndauer und damit durchschnittlich steigendem Alter der Bewohner die Umzugswahrscheinlichkeit verringert, könnten sich auch aus diesem Grunde veränderte Einstellungen zu Nachbarn ergeben haben.

Mit Zunahme der Wohndauer eines großen Teiles der Wolfsburger Bevölkerung haben sich dann aber im Laufe der Jahre die nachbarlichen Beziehungen intensiviert und normalisiert. So hatten schon die meisten der 1980 von uns zum zweiten Mal Befragten seit 1960 ihren Grußbereich erheblich ausgeweitet. Und sie waren eher der Meinung, dass das Verhältnis in der Nachbarschaft durch Unterhaltungen und gelegentliche Besuche vertrauter geworden war (Herlyn u. a. 1982: 176).

Parallel haben sich auch die für die Entfaltung nachbarschaftlicher Kontakte nachteiligen Bedingungen bis heute weiter abgeschwächt. Die Überschneidung von betrieblicher und Wohnnachbarschaft trifft inzwischen auf immer weniger Bewohner zu. Zum einen hat der Anteil der Wolfsburger, der im VW-Werk arbeitet, von über 60% im Jahr 1960 auf inzwischen (2008) ein gutes Drittel abgenommen. Zum anderen ist die Zahl der Einpendler auf gut 67.000 im Jahr 2011 angestiegen (Arbeitsmarktbericht 2011: 7). Die nachbarschaftlichen Beziehungen sind also längst nicht mehr so stark durch die räumliche Nähe von Menschen geprägt, die auch im gleichen Industriebetrieb arbeiten, was eine zentrale Bedingung für eine ‚Normalisierung' der nachbarschaftlichen Kontakte darstellt.

Entwicklung der Kontakte zu Bekannten und Verwandten

Was die Verkehrskreise der Wolfsburger zu Verwandten und Bekannten zum Zeitpunkt der ersten Untersuchung vor etwa 50 Jahren anbelangt, so entfalteten sie sich auch erst zögerlich und waren im Verhältnis zu anderen Städten unterdurchschnittlich ausgebildet (Herlyn 2009: 190). Für viele waren die Verwandten die erste ‚Anlaufstation', wenn sie mit geringen finanziellen Mitteln und mit nur geringer Aussicht auf eigenen Wohnraum in den Nachkriegsjahren nach Wolfsburg kamen. Die Wolfsburger hatten zwar im Durchschnitt weniger Verwandte als Bekannte, was angesichts der im Ganzen kürzeren Wohndauer der Familien am Ort nicht überraschend war, aber die durchschnittliche Besuchsfrequenz mit Verwandten war wesentlich höher, was sich auf das Fehlen von Alternativen und die größere Selbstverständlichkeit dieser Kontakte zurückzuführen ließ.

Der Besuchskontakt mit den Bekannten spielte dennoch 1960 eine viel größere Rolle als der mit den wenigen Verwandten in der Stadt (im Durchschnitt bestand in Wolfsburg Besuchskontakt mit zwei Bekannten-Familien). Allerdings erforderte der Aufbau des Bekanntenkreises – wie die erste Untersuchung zeigte – in Wolfsburg eine ausgesprochen lange Zeit: „Erst bei einer Anwesenheit von sechs bis zehn Jahren in Wolfsburg wird die durchschnittliche Bekanntenzahl von zwei Besuchskontakten erreicht (Schwonke/Herlyn 1967: 130). Neben einer Reihe von Gründen (verschiedene landsmannschaftliche Herkunft, Geld- und Zeitmangel, hoher Motorisierungsgrad, verbreitete Schichtarbeit und soziale Atmosphäre) wurde damals wiederum auf die gemeinsame Werksangehörigkeit als Hindernis für die Ausweitung des Bekanntenkreises verwiesen, insofern als Werkshierarchien außerbetrieblich Separierungen begünstigen – weil man das betriebliche Geschehen nicht so gerne in den privaten Bereich herübernehmen wollte –, wenn auch nicht zu übersehen war, dass bei weitem die meisten Bekanntenbeziehungen am Arbeitsplatz im VW-Werk entstanden. „Man muss auch mal die Kiste (Arbeit) zumachen können", sagte damals ein VW-Arbeiter. Man möchte Kontakte haben, aber „nicht mit Arbeitskollegen. Mit denen ist man sowieso den ganzen Tag zusammen".

Waren die 1960er Jahre durch ein häufig noch labiles Nachbarschaftsverhältnis mit einer relativen Kontaktarmut gekennzeichnet, so hatte sich das soziale Beziehungsgeflecht 20 Jahre später im Jahre 1980 grundlegend verändert. Das soziale Netzwerk mit Verwandten und Bekannten war erwartungsgemäß in dieser Zeit sehr viel dichter geworden (Tessin 2009: 272).

Der Umfang der Verwandten-Beziehungen am Ort hatte sich (insbesondere durch Heiraten) bis 1980 deutlich erhöht: Hatte 1960 gut die Hälfte keine Verwandten am Ort, so halbierte sich diese Zahl bis 1980. Der Anteil mit vier oder mehr verwandten Familien am Ort hatte sich sogar versechsfacht (von 4% auf 24%). In dieselbe Richtung einer deutlichen Zunahme verlief die Entwicklung der Kontakte mit Bekannten. Von 1960 bis 1980 halbierte sich die Anzahl von Personen, die keinerlei Besuchskontakte mit Bekannten in Wolfsburg unterhielten; die Zahl der Befragten mit großem Bekanntenkreis (sechs oder mehr Besuchskontakte) stieg sogar von 8% auf 46%. Diese Zunahme von Verwandten- und Bekanntenkontakten wurde in der zweiten Studie von den Befragten überwiegend positiv beurteilt (Herlyn u. a. 1982: 181).

Spätestens seit der zweiten Studie war also klar, dass die neue Stadt Wolfsburg kaum noch spezifische mit ihrer Entstehungsgeschichte zusammenhängende Integrationsdefizite aufwies. Man hatte sich in ihr eingerichtet, in soziale Netzwerke eingebunden, und für einen großen Teil war Wolfsburg zur Heimat (Kap. 11) geworden. In der dritten Studie Ende der 1990er Jahre sind wir deswegen der Frage nachgegangen, über welche Wege sich Integration herstellt. Es wurde untersucht, ob die These einer wachsenden Bedeutung der sogenannten „systemischen Integration" (Einbindung mittels Arbeitsplatz-, Wohnungs- oder Infrastrukturangeboten) auf Kosten der „sozialen Integration" (über soziale Beziehungen) und „symbolischen Integration" (als Identifikation mit der Stadt) sich tatsächlich für Wolfsburg bestätigen lässt. Dies war alles in allem nicht der Fall. Im Gegenteil hatte sich die ‚symbolische' und vor allem die ‚soziale Integration' auf recht hohem Niveau gehalten, wohingegen die ‚systemische Integration', besonders im Arbeitssektor (durch Arbeitsplatzabbau und wachsende Einpendlerzahlen) und im Wohnungssektor (Suburbanisierung wegen nicht mehr anspruchsgerechter Wohnungen) eher sogar abgenommen hatte.

Die soziale Integration, also die zwischenmenschliche Interaktion und Kommunikation unter Nachbarn, Verwandten und Bekannten, lockere Kontakte am Arbeitsplatz und in der Stadt hatte also nach wie vor eine große integrative Bedeutung (Harth u. a. 2000: 45ff). Fast zwei Drittel der Wolfsburger besuchten sich mindestens einmal wöchentlich mit Verwandten; ähnlich hoch war der Anteil jener, die mindestens einmal pro Woche ihre Bekannten und Freunde besuchen. Deutlich weniger intensiv war die soziale Integration bei Teilen der älteren (zumal allein stehenden) Bevölkerung, was aber kein spezifisches Wolfsburger Problem ist. Verwandten- und Bekanntenbesuche sind – wie erst jüngst die Imageanalyse (2009: 34) ergab – auch ein wichtiges Motiv für eine private Reise nach Wolfsburg. 2009 kamen laut Imageanalyse 21% der privat nach Wolfsburg Reisenden aus diesem Grund in die Stadt.

Die Verkehrs- und Besuchskreise konzentrierten sich für die meisten Wolfsburger (wie in anderen Städten auch) ganz überwiegend auf der lokalen Ebene des Stadtteils oder der Stadt. Wenn man zusätzlich noch berücksichtigt, dass ebenfalls rund 60% viele lockere Kontakte mit Leuten in Wolfsburg hatten und fast 40% aktiv am gemeinschaftlichen Leben teilnahmen, vor allem in Vereinen, dann wird deutlich, dass räumliche Nähe nach wie vor eine ganz wesentliche Voraussetzung für diese Art von sozialer Integration (geblieben) ist. Allein nahezu vier Fünftel der Bürger und Bürgerinnen fühlten sich 1998 deshalb in der Stadt eingebunden, weil sie „engere soziale Kontakte" zu Verwandten und Freunden unterhielten (Harth u. a. 2000: 54). Man fühlte sich vor allem deswegen an die Stadt gebunden, weil hier die eigenen Kinder, Verwandte, Bekannte und Freund lebten. Beim Großteil der Wolfsburger bestand entsprechend eine regelmäßige Einbindung in enge und lockere Kontaktformen sowie in das Gemeinschaftsleben (Harth/Scheller 2009:

368). Alles in allem zeichnete sich Ende der 1990er Jahre ein von vielen anderen Städten nicht mehr abweichendes Bild des sozialen Netzwerkes in Wolfsburg ab, dass wir diesem Aspekt in der vierten Studie nicht mehr weiter nachzugehen brauchten.

11. Heimatgefühl

In diesem Kapitel wird erörtert, ob die ‚Stadt aus der Retorte' für die Bevölkerung zur Heimat werden konnte und welche Faktoren das Heimischsein bzw. das Heimatgefühl begünstigt haben. Gewöhnlich wird der Begriff der Heimat auf den Herkunftsort bezogen, und die Bewältigung des Alltags am Ort des ständigen Aufenthaltes ist die eigentliche Herausforderung, auf die die Bewohner Antworten finden müssen.

Die Verbindung von heimatlichen Gefühlen mit einer Neuen Stadt wie Wolfsburg erscheint daher auf den ersten Blick widersprüchlich zu sein. War Wolfsburg nicht der Geburtsort der Bewohner und Bewohnerinnen, so fehlen dieser Stadt auch andere Elemente, die wir mit Heimat verbinden, nämlich dass es Orte mit Tradition sind. Wir denken zunächst an alte, gewachsene Städte, die aufgrund einer langen Geschichte eine bauliche Gestalt und einen kulturellen Raum haben, die uns helfen, ihn als einzigartig und unverwechselbar zu identifizieren. Aber eine Stadt aus der Retorte, eine neue Stadt, kann all dies nicht bieten, und es gibt zunächst einmal – wie wir gesehen haben – keine über Generationen ansässige Bevölkerung, die verschiedene Lebensphasen, insbesondere Kindheit und Jugend in ihr verbracht hat, geschweige denn ansässige Eltern- bzw. Großelterngenerationen, die ihre Erlebnisse und Erfahrungen in und mit diesem Ort hätten weitergeben und auf diese Weise spezifische Verbundenheit mit dem Ort hätten entstehen lassen können. Trotzdem ist gerade eine Neue Stadt, die ‚in die Jahre gekommen ist' ein interessantes Untersuchungsfeld, um zu prüfen, wie sich der Prozess des Heimischwerdens vollzieht. Immer wieder hat der Begriff gängige Ideologien wie ein Schwamm aufgesogen, man denke nur an die Phraseologie der „Bodenverbundenheit", die im Nationalsozialismus in der Ideologie von „Blut und Boden" gipfelte (Bausinger: 1980). Ohne hier den Gründen dafür nachgehen zu können, teilen wir die Auffassung von Erika Spiegel, „dass es keinen zweiten Begriff gibt, in dem die *Raumbezogenheit* und *Raumgebundenheit* der Menschen unmittelbarer zum Ausdruck kommt" (1995: 467). Es sind also immer Orte gemeint, an denen Menschen Erfahrungen zur Gewinnung von Identität sammeln und so sich den betreffenden Ort aktiv aneignen konnten.

Bei der Frage, wann für einen Menschen ein Ort zur Heimat wird, bestehen – grob sortiert – zwei Paradigmen nebeneinander:

Auf der einen Seite – so meint man – sind es die Orte, in denen Kindheit und/oder die Jugend verbracht wurde, denn die ersten Erfahrungen in den formativen Jahren der Kindheit und Jugend bilden für viele den Kern des Heimat-Phänomens. Sehr deutlich wird es bei Graf von Krockow, wenn er schreibt: „In der Kindheit also und nirgendwo sonst ist das angelegt, was wir Heimat nennen" (1989: 9), entsprechend der bekannten Spruchweisheit „Vergiss nie die Heimat, wo Deine Wiege stand, Du findest in der Fremde kein zweites Heimatland". Nun ist es sicher unbestritten, dass die (Raum-)Erfahrungen in der Kindheit besonders prägend und nachhaltig sind. Prozesse der Heimatbildung jedoch auf die Kindheit zu begrenzen, wird aus anderer Sicht angezweifelt. Danach wird Heimat nicht primär verstanden als der in der Kindheit mehr oder weniger zufällig mitgegebene, sondern als die aktiv angeeignete Umwelt, was prinzipiell in allen Altersphasen möglich ist. „Heimat ist eine Qualität von Aneignung der Welt, sie ist ein Aspekt von Arbeit, also Aufnahme und Veränderung von Wirklichkeit" (Führ 1985: 24). Der Philosoph Bernhard Waldenfels bringt diese Interpretationsrichtung auf den Punkt: „Zunächst ist Heimat etwas, was erworben und gestaltet und nicht bloß vorgefunden wird (...). Es gibt keine natürliche Heimat (...). Wir haben immer noch Heimat vor uns (...). Jedoch gibt es nicht beliebig viele Heimaten" (1985: 35f).

Tabelle 3: Stadtbindung an Wolfsburg 1998

Aussage	%
„Ich möchte immer, solange ich lebe, hier in Wolfsburg bleiben."	37%
„Ich ginge eigentlich ungern von hier weg."	37%
„Es ist mir egal, ob ich hier oder in einer anderen Stadt wohne."	13%
„Ich möchte lieber in einer anderen Stadt wohnen."	9%
„Ich will so schnell wie möglich weg von hier."	3%
Weiß nicht/keine Angabe	1%

Quelle: Harth u. a. 2000: 105

Trotz der ideologischen Belastungen und sentimentalen Aufladungen dieses Begriffes in der Vergangenheit (dazu Huber 1999: 41ff, auch Schwonke/Herlyn 1967: 175) wurde er in allen vier empirischen Untersuchungen über die Stadt Wolfsburg als Indikator zur Messung der sozialen Integration verwendet und die gleichlautende Frage gestellt: „Manche Leute sagen, man könne sich in Wolfsburg nicht heimisch fühlen. Was sagen Sie zu dieser Ansicht?" Durch die indirekte Frageform wurden die Befragten zu einer klaren Stellungnahme herausgefordert, und die reichhaltigen Antworten auf diese provozierende Frage in der ersten Untersuchung haben uns veranlasst, sie immer zu wiederholen.

Die Antworten auf die eben genannte Frage fielen in allen Erhebungen immer überwiegend positiv aus: Schon bei der ersten Befragung und auch bei der dritten im Jahr 1998 gaben fast drei Viertel an, sich in dieser neuen Stadt heimisch zu fühlen. Unserem Befund zum Heimisch-fühlen entspricht weitgehend, dass sich (1998) fast ebenso viele – nämlich drei Viertel – mit der Stadt derart verbunden fühlen, dass sie immer in Wolfsburg bleiben oder nur ungern fortziehen möchten (Tab. 3).

Doch wenden wir zunächst den Blick zurück und fragen nach dem Heimatgefühl, wie es sich zur Zeit der ersten Befragung darstellte, als das Thema der Vertreibung aus der Heimat in den Unterhaltungen der Betroffenen noch einen sehr hohen Stellenwert hatte.

Heimischwerden des zusammengewürfelten Volkes

Es erhebt sich die Frage, wann bzw. unter welchen begünstigenden Umständen sich eigentlich dieses Heimatgefühl in dieser neuen Stadt eingestellt hat. Sollte das zuerst genannte Paradigma, Heimat verbindet sich unzertrennlich mit dem Geburtsort, zutreffen, dann wäre zu erwarten gewesen, dass sich erst langsam mit einer Zunahme des in Wolfsburg geborenen Bevölkerungsanteils auch das Heimischwerden verbreitet hätte. Doch wenn bereits 1960 drei Viertel der Befragten angaben, sich heimisch zu fühlen (und damit genauso viele wie in der von 1998), kann diese Annahme nicht zutreffen. Dieses Ergebnis deutet vielmehr darauf hin, dass sich allein mit dem ersten Paradigma diese hohe Zustimmung zur Volkswagenstadt nicht erklären lässt. Um andere Erklärungen zu erhalten, schauen wir uns die Antworten verschiedener Personengruppen an.

Überaus deutlich ist das Gefühl des Heimischfühlens abhängig von der Wohndauer am Ort: Wer länger in der Stadt lebt, kann eher in ihr ein Heimatgefühl entwickeln. Die zustimmenden Werte zum Heimatgefühl nahmen kontinuierlich mit der Wohndauer zu, so dass von den vor 1945 zugezogenen Altbürgern bzw. im Wolfsburger Raum Geborenen schon damals gut drei Viertel der Befragten heimatliche Gefühle ausgebildet hatten. Die Wohndauer ist ein verlässlicher Indikator für ein höheres lokales Informationsniveau (Friedrichs 1955: 170) und eine fortgeschrittene Integration einer Person in den Lebenszusammenhang eines Ortes. Es fällt auf, dass die Akademiker und Freiberufler sich damals nicht so häufig vorbehaltlos in Wolfsburg heimisch fühlten. Das mag mit besonderen Anpassungsschwierigkeiten dieser in der damaligen Arbeiterstadt Wolfsburg unterrepräsentierten Gruppe zusammenhängen.

Was den Einfluss der geographischen Herkunft anbelangt, so wiesen erwartungsgemäß die Befragten aus dem unmittelbaren Umkreis, die Ureinwohner bzw. Einheimischen die höchste Zustimmung zu Wolfsburg als Heimat auf. Für 83% von ihnen war Wolfsburg die Heimatstadt.

Wichtiger jedoch für unsere Frage sind zwei andere Gruppen. Einmal antworteten die aus Niedersachsen bzw. der übrigen alten Bundesrepublik Zugezogenen am negativsten. Dies deutet darauf hin, dass die potenzielle Möglichkeit, die alte Heimat wieder aufsuchen zu können, neue Heimatgefühle an anderem Ort erschwert; selbst Ausländer antworteten positiver. Zum anderen erschien die Tatsache erklärungsbedürftig, dass die Vertriebenen und andere aus dem Osten Deutschlands zugewanderte Personen eine durchschnittlich hohe Heimatbindung an Wolfsburg aufwiesen. Wie wir aus Kapitel 10 wissen, war Wolfsburg ein besonderes Auffangbecken für Flüchtlinge und Vertriebene: Etwa zwei Drittel der damals von uns befragten stammten aus Gebieten jenseits des damaligen ‚Eisernen Vorhangs'. Gerade bei ihnen hätte man doch erwartet, dass sie, für die der Verlust der Geburts- bzw. Kindheitsheimat noch nicht so lange zurücklag, sich am ehesten kritisch gegenüber der neuen Stadt als Heimat äußerten.

Bei ihrem dennoch recht hohen Heimatgefühl spielte offensichtlich die Ausweglosigkeit, den ursprünglichen Heimatort wieder erreichen zu können eine große Rolle. Viele von ihnen konnten daher gar nicht anders, als diese Stadt zu ihrer *zweiten Heimat* zu machen. Die Vertriebenen und Flüchtlinge, waren praktisch gezwungen, nun diese Stadt Wolfsburg zu *ihrer* Stadt zu machen. Die unerwartet positive Beurteilung lässt sich daher z. T. aus den Kohortenschicksalen der befragten Vertriebenen erklären, dass den damals Befragten nach ihrer Lebensgeschichte praktisch nichts anderes mehr übrig blieb, als sich diesem Ort gegenüber zu öffnen und ihn anzunehmen und zu versuchen, ihr Leben an diesem Ort neu zu beginnen. Zudem wurde in Wolfsburg das Flüchtlingsschicksal von vielen damaligen Einwohnern geteilt, so dass eine integrationshemmende Frontstellung seitens der Einheimischen wie häufig in anderen Städten (Harth u. a. 2012: 170ff) sich hier nicht auftat. „Der hohe Anteil an Flüchtlingsbevölkerung bewirkte so viele Gemeinsamkeiten, dass Wolfsburg als neue Heimat akzeptiert wurde" (Uliczka 1993: 49).

Neben diesem speziellen Grund – jedoch mit ihm zusammenhängend – kann allgemein festgehalten werden, dass das sich allmählich entwickelnde soziale Netzwerk aus Freunden, Bekannten, Verwandten und Nachbarn (Kap. 10) eine der entscheidenden Voraussetzungen für das Entstehen eines Heimatgefühls war. Typische Antworten von Bewohnern, die im Jahre 1960 befragt wurden, belegen diese These nachdrücklich:

„Wolfsburg ist unsere zweite Heimat schon deshalb, weil wir hier Verwandte haben."
(kaufm. Angestellte, 52 J.)

„Man kann sich heimisch fühlen. Wenn man einen Bekanntenkreis hat, geht es ganz gut. Daran liegt es hauptsächlich." (Junger VW-Arbeiter, seit 5 Jahren in Wolfsburg)

„Ich finde es hier gut. Man muss sich aber Bekannte suchen, von vornherein ist das schwierig." (Flüchtling, 32 J.)

Die Bedeutung sozialer Kontakte für das Heimischfühlen ergibt sich auch aus der Analyse der Begründungen derjenigen, die sich in Wolfsburg nicht heimisch fühlten. Der entscheidende Grund lag für sie ganz eindeutig in den fehlenden personalen Beziehungen bzw. gestörten Kontakten. Eine Auszählung der genannten Gründe von 160 Befragten ergab, dass fast die Hälfte auf das „zusammengewürfelte Volk" hinwies, ein gutes Drittel meinte, man könne keinen Kontakt finden, weil die Menschen zu steif, stur, kalt und nüchtern seien, 15% beklagten die fehlende Gemeinschaft, den fehlenden Bürgersinn, und 12% kritisierten, die Wolfsburger wollten mehr „scheinen als sein" (Schwonke/Herlyn 1967: 179). Die Bedeutung zufriedenstellender sozialer Kontakte für die Entwicklung des Heimatgefühls – das sei hier schon einmal zusammenfassend konstatiert – hat sich auch in den nachfolgenden Studien bestätigt. Diese soziale Verortung stellt die entscheidende Voraussetzung für ein Heimischfühlen dar. Soziale Kontakte sind auch als Teile der Prozesse aktiver Aneignung von Situationen zu interpretieren, d. h. die soziale Integration wird davon abhängig gesehen, was der Einzelne aus einer bestimmten Situation macht. Dieses aktive Element unterstützt also die anfangs entwickelte These, dass Heimat bzw. Heimatgefühl nicht etwas Vorgefundenes bzw. in die Wiege Gelegtes ist, sondern aktive Schritte zum Aufbau eines positiven Bezugs zum Ort verlangt. Beleg dafür ist die Tatsache, dass sich das Heimatgefühl der Zugereisten nicht von dem der in Wolfsburg Geborenen unterschied.

Es gab auch Begründungen, die sich nicht auf das tatsächliche oder vermeintliche Kommunikationsgeflecht, sondern auf das landschaftliche Bild bzw. die bauliche Erscheinung der Stadt bezogen. René König spricht in diesem Zusammenhang von dem Vorgang einer „emotionalen Fixierung" (1965: 421), die bedeutet, dass Objekte der Umwelt durch mannigfache soziale Erlebnisse, für die diese Objekte zunächst lediglich Hintergrund bzw. Kulisse waren, mit der Zeit gefühlsmäßig aufgeladen werden. Die Objekte der Außenwelt lösen dann Erinnerungen an Vergangenes aus. Die Beziehung zur Umwelt bekommt dann einen symbolhaften Charakter insofern, als das Symbol auf etwas anderes hinweist, was es selbst nicht ist. „Das eigentlich Gemeinte bei der gefühlsmäßigen Bindung an Gebäude und Plätze sind vergangene oder noch bestehende personale und soziale Bindungen, die selbst nicht unmittelbar sichtbar sind und für die wir gerne sichtbare Zeichen suchen. Sie sind das Überdauernde, an das sich die Erinnerung heften kann" (Schwonke/Herlyn 1967: 186).

Nach diesem Rückblick auf eine neue, zur Zeit der ersten Befragung etwa 20 Jahre alte Stadt, in der die meisten Einwohner aus den verschiedensten Regionen Deutschlands zugewandert waren, muss die traditionelle Auffassung, Heimat könne nur der Ort sein, an dem man geboren und/oder aufgewachsen sei, in Frage gestellt werden. Vielmehr scheint richtig, dass Heimat die aktiv angeeignete Umwelt eines Ortes ist und dieser Prozess nicht zwingend an eine Lebensphase gekoppelt ist. „Heimat ist etwas, das ich mache" so hat es Beate Mitzscherlich 1997 mit einem Buchtitel treffender nicht formulieren können.

Die prinzipielle Entkopplung von Kindheit und Heimat gestattet es, das Heimatgefühl als Maßstab für einen erfolgreichen sozialen Integrationsprozess in das lokale System einer Stadt zu verwenden. Es sollte aber nicht vergessen werden, dass für diese unerwartet schnelle Integration darüber hinaus mitentscheidend der sichere und gut bezahlte Arbeitsplatz bei dem prestigeträchtigen Volkswagenwerk war, worauf – gerade auch in der Nachkriegszeit – immer wieder hingewiesen wurde (Uliczka 1993).

Zum weiteren Integrationsprozess

Im Ganzen hat sich 20 Jahre später in der zweiten Befragung im Jahre 1980 das dargestellte Meinungsbild bei denselben Leuten, die schon 1960 befragt wurden, nur unwesentlich verschoben, denn drei Viertel der 508 Personen blieben in ihrer Einschätzung konstant. Den Rest bildeten überwiegend Leute, die von einer negativen zu einer positiven Einstellung zum Heimatgefühl in Wolfsburg gewechselt waren. Nicht selten wurde auf die Zeit hingewiesen, die es dauert bis ein Gefühl des Heimischseins entsteht. Insgesamt scheint sich auch hier die Spruchweisheit zu bestätigen, dass „die Zeit alle Wunden heilt", denn über die Hälfte der 20 Jahre vorher zum ersten Mal befragten Einwohner waren Flüchtlinge oder Vertriebene, bei denen diese Thematik von 1960 wie auch noch 1980 nicht selten eine „Trauer über ein verlorenes Zuhause" (Fried 1971) weckte.

Es konnte in der zweiten Befragung erneut bestätigt werden, dass es vor allem die sozialen Beziehungen sind, die die Stadt zur Heimat werden lassen. Bei denjenigen, die sich 1980 heimisch fühlen, knüpft sich das soziale Netzwerk signifikant dichter als bei denen, die eine negative Einstellung zu Wolfsburg als Heimat zeigten: Intensivierung der nachbarlichen Interaktionsfelder, Konsolidierung des Verkehrskreises durch Expansion der Bekannten- und Verwandten-Beziehungen. Entscheidend für die erste Phase der sozialen Integration war, dass die Bevölkerung aus einem „zusammengewürfelten Volk" bestanden hatte, und dass diese Tatsache für die soziale Kontaktaufnahme oft genug sehr behindernd gewesen war. Der Topos „zusammengewürfeltes Volk" verschwand im Laufe der Jahre zusehends und wurde schon in der zweiten Untersuchung kaum noch erwähnt (Kap. 10). Viele waren zwar noch nicht mit letzter Selbstverständlichkeit Wolfsburger, aber die Kommunikationsstrukturen hatten sich – wie gesagt – doch erheblich verdichtet; ein Indiz dafür mag auch die über dem Durchschnitt der Bundesrepublik liegende Zunahme der Vereinsmitgliedschaft in dem diskutierten Zeitraum sein (Kap. 7, 10). Die Vorstellung vom ‚zusammengewürfelten Volk' verschwand in dem Maße, in dem immer mehr EinwohnerInnen in Wolfsburg geboren wurden und die ursprünglich aus den verschiedenen Regionen Deutschlands Zugewanderten sich in den neuen Sozialzusammenhang integrierten. Das heißt aber noch nicht, dass das soziale Klima von allen akzeptiert wurde. So beklagten 37% der von uns 1998 Befragten ein mangelndes Zusammengehörigkeitsgefühl in der Stadt (Harth u. a. 2000: 47).

Weiter gab es – wie in der zweiten Untersuchung ausgeführt – eine Parallelität zwischen der städtischen Entwicklung und der individuellen Lebensgeschichte. Das scheint typisch für eine neue Stadt zu sein, die erst allmählich ihre Konturen gewinnt und in der noch nicht alles ‚fertig' ist, was in folgenden Zitaten zum Ausdruck kommt:

„Man kann sagen, dass man sich hier in den Jahren eingelebt hat und ich fühle mich als Wolfsburger (...). Ich glaube nicht, dass ich in einer anderen Stadt die letzten 20 Jahre so gelebt haben könnte wie hier. Dies war eine Stadt, wie wir hierher kamen – wo nichts war. Und wir kamen ja auch von einem Nichts. Und wir hatten ja alle nichts. Dann hat sich das hier so gemeinsam hochentwickelt. Und dann freut man sich. Man freut sich, wie alles so schön geworden ist" (ungelernter Arbeiter, seit 1955 in Wolfsburg aus Ostpreußen).

„Wir haben den Aufbau mitgemacht und in diesem Sinne sahen wir beide, meine Frau genauso wie ich, damals Wolfsburg als 2. Heimat an. (...) Wir waren jung, wir hatten unsere Familie aufgebaut und die Wohnung gefunden. Und so durch den Aufbau der Stadt, so hat man das als 2. Heimat angesehen" (Facharbeiter aus Danzig, 55 Jahre).

Die Korrespondenz zwischen der Dynamik städtischer Expansion und Veränderung auf der einen und individueller Lebensgeschichte – oft im Rahmen der Familie – auf der anderen Seite scheint eine Lebenseinstellung zu begünstigen, die Voraussetzung einer Identifizierung mit dem Ort ist. Man muss dann – in Abwandlung einer auf die Wohnung bezogenen Metapher – nicht mehr „gegen die Stadt anwohnen", man fühlt sich aufgehoben, bestärkt, ja beflügelt, indem Gemeinsames zwischen städtischer und individueller Entwicklung erkannt wird (Herlyn u. a. 1982: 251ff).

Gerade am Beispiel Wolfsburgs lässt sich sehr deutlich zeigen, dass baulich-räumliche Besonderheiten für die Entstehung der Heimatbindung nicht unerheblich waren. Allen voran war hier die Umgestaltung des Stadtzentrums (Kap. 8) zu erwähnen, bei der – wie ein Experte damals ausführte – „die

Frage des Heimisch-Machens bzw. der Förderung der Identifikation mit der Stadt eine große Rolle gespielt hat". Die 1980 gerade angelaufene Umstrukturierung der Innenstadt, insbesondere die Umwandlung der mehrspurigen Porschestraße zu einem Fußgängerbereich bewirkte bei vielen Bewohnern trotz kontroverser Beurteilung einen Schub an Identifikation mit der Stadt. Das veränderte Stadtzentrum ist von heute her gesehen – trotz aller Kritik an dem städtebaulichen Entwurf (Kap. 8) eine der entscheidenden „Markierungen der Identität eines Ortes" (Mitscherlich 1965: 128), mit denen sich etwas verbinden lässt, die zu neuen Symbolen für persönliche Erlebnisse und Erfahrungen werden können. Auch der weitere Bau neuer Stadtteile, wie Detmerode und Westhagen, sowie die Schaffung neuer kultureller (z. B. der Bau des Theaters) und freizeitbezogener Angebote (z. B. der Allersee) trugen mit dazu bei, die Identifikation mit der Stadt zu befördern.

Wolfsburg hatte zwar inzwischen eine individuelle Gestalt, aber es fehlte eben die Atmosphäre, die ältere Städte mit Tradition eher vermitteln. Immer wieder tauchte in den Antworten das Attribut „nüchtern" auf. Um es auf einen kurzen Nenner zu bringen: Es wurde beklagt, dass es – einmal abgesehen vom Schloss – keine baulichen und sozialen Überlieferungen aus einer Zeit gibt, zu der man selbst noch nicht in der Stadt war. Man vermisst die Gegenwart der Geschichte, vor allem alte Häuser, die aus anderen historischen Epoche stammen, über die z. B. das nahegelegene Braunschweig oder aber auch kleinere Städte wie Celle, Goslar oder Gifhorn reichlich verfügen:

„Es fehlen so anheimelnde Punkte wie ein Denkmal oder ein Brunnen. Es ist nur eine kalte Schönheit. Ehrwürdige Bauten wie in Celle oder Brauschweig fehlen hier ganz." (Ingenieur bei VW, seit 1940 in Wolfsburg)

„Es fehlt diese Romantik, die in alten Städten da ist. Es gibt keine altertümlichen Bauten, das Heimische fehlt, aber es kommt wohl noch." (VW-Arbeiter, 41 Jahre, seit 1957 in Wolfsburg)

Unter dem Gesichtspunkt der Integration war noch die reale Eingliederung der 35.000 Einwohner, die per Verwaltungsakt durch die Gebietsreform der Stadt Wolfsburg zugeschlagen wurden, eine besondere Aufgabe (Kap. 9). So hieß es in einer Festschrift zum 40. Geburtstag der Stadt: „Erstmals erhielt Wolfsburg Einwohner, die das Bürgerrecht nicht freiwillig gewählt hatten, sondern denen es per Gesetz zugewiesen worden war. Viele von ihnen empfanden den Verlust der kommunalen Selbstverwaltung in ihren Städten und Gemeinden sicherlich als schmerzliche Zurücksetzung und es fiel ihnen schwer, zuversichtlich der neuen Entwicklung ihres Dorfes, ihrer Stadt als Teil Wolfsburgs entgegenzustehen. Der Prozess der Integration dieser ‚Neubürger' stellte in den ersten Jahren nach der Gebietsreform eine der wichtigsten und schwierigsten Aufgaben dar, die es zu lösen galt" (Stadt Wolfsburg Hg. 1978).

In der Tat konnte man schon nach kurzer Zeit in vielen eingemeindeten Orten materielle Fortschritte erkennen: „Überall waren zahlreiche Gemeinschaftseinrichtungen, Schulen, Sportanlagen und Straßen gebaut worden" (ebd.). Darüber hinaus sind aber auch bewusstseinsmäßig inzwischen die Einwohner der verschiedenen Ortsteile und der Kernstadt „zusammengewachsen", auch wenn in den Ortsteilen (besonders Fallersleben und Vorsfelde) das Ortsteilbewusstsein immer noch stark ausgeprägt ist (Harth u. a. 2000 und Kap. 9).

In der dritten Wolfsburg-Studie wurde die Frage untersucht, wie und als was sich die eingemeindeten Neu-Bürger Wolfsburgs inzwischen fühlen, als Wolfsburger oder als Vorsfelder, Hehlinger etc..: Unterteilt man die Wolfsburger Bevölkerung grob in vier Gruppen: Bewohner der alten Kernstadt, der neueren Kernstadt (Teichbreite, Tiergartenbreite, Kreuzheide, Detmerode, Westhagen), Bewohner eingemeindeter Kleinstädte (Fallersleben, Vorsfelde) und eingemeindeter ländlicher Gemeinden, so ergibt sich, dass sich 72% Bewohner der alten und 62% der neueren Kernstadt in erster Linie als ‚Wolfsburger' fühlen, aber nur 43% der Bewohner eingemeindeter Dörfer, und in den beiden eingemeindeten Kleinstädten Fallersleben und Vorsfelde sind es nur 26%, die sich als ‚Wolfsburger' fühlen; d. h. das Orteilbewusstsein in den eingemeindeten Orten ist doch noch immer sehr viel ausgeprägter als in der Kernstadt Wolfsburg (ebd.). Dieses nach wie vor vorhandene starke Ortsteilbewusstsein im Eingemeindungsbereich ist aber nicht mehr als Abgrenzung gegenüber der Stadt Wolfsburg zu verstehen, sondern einfach nur gleichsam als erste Priorität. Trotzdem bleibt das Ergebnis erwähnenswert, weil man sich klar machen muss, dass in der Zeit zwischen 1972, dem Jahr der Eingemeindung, und 1998, dem Jahr der Untersuchung, mehr als 25 Jahre vergangen sind, und sich in dieser Zeit die Bevölkerung dort stark verändert hat: Viele Leute, die ihren Ortsteil noch als selbständige Gemeinde kannten, sind gestorben, viele Neu-Bürger sind zugezogen, ohne dass sie den Ortsteil je als selbständige Gemeinde erlebt hätten.

Nach der gelungenen gesellschaftlichen Integration der Flüchtlinge und Vertriebenen in den 1950er Jahren, der Bewältigung des Ausländerschubs in den 1960er Jahren, kann die Eingliederung der NeubürgerInnen nach der Gebietsreform als die dritte große Leistung der Integrationsmaschine der Stadt Wolfsburg gelten. Hiermit waren die integrativen Aufgaben der Stadt aber längst noch nicht zu Ende.

Großprojekte und gemeindliche Integration

Wenn man an die inzwischen hohen Besucherströme im Zusammenhang mit der erlebnisorientierten Stadtpolitik und die doch sehr grundlegenden städtebaulichen Umstrukturierungen der letzten Jahre denkt, stellt sich natürlich die Frage, was die Stadtentwicklung durch erlebnisorientierte Großprojekte für die Lebenswirklichkeit der ortsansässigen Bevölkerung bedeutet: Würde das alles die Wolfsburger – so fragten wir in der vierten Studie (Harth u. a. 2010) – nicht ein Stück weit von der eigenen Stadt entfremden und würden sich die Bewohner und Bewohnerinnen gar ‚ausgegrenzt' fühlen, weil sich die Großprojekte gar nicht an sie, sondern primär an Touristen wenden?

Das Gegenteil ist der Fall. Zwar gibt es eine sehr kleine Bevölkerungsgruppe in Wolfsburg, die sich nicht nur von den Großprojekten nicht sonderlich angesprochen fühlen, sondern die sich sogar durch eine Art symbolischer Sperren wie Architektur und Atmosphären, aber auch Kleidungs- oder Verhaltensnormierungen in den Großprojekten sowie durch die von ihnen als zu hoch empfundenen Eintrittspreise noch weniger in Wolfsburg ‚zu Hause' ja sogar ausgegrenzt fühlen. Von den allermeisten Wolfsburgern werden die Großprojekte aber angenommen und als Bereicherung erlebt (Kap. 7).

In der dritten Wolfsburg-Studie (Harth u. a. 2000: 34f) wurden in Anlehnung an Peter Franz (1997) drei Formen lokaler Integration unterschieden: die soziale Integration über Netzwerke und Kommunikationen ‚vor Ort', die systemische Integration, die sich auf den Grad der Benutzung städtischer Ressourcen bezieht und schließlich die symbolische Integration als Identifikation mit der Stadt. Die erlebnisorientierten Großprojekte sind nach unseren Befunden auf allen drei Ebenen integrationsfördernd: Sie fungieren als Treffpunkte, Orte der Kommunikation (und auch als Konversationsthemen), sie werden von der Mehrheit der Bevölkerung öfter aufgesucht, vor allem aber haben sie die Identifikation der Wolfsburger mit ihrer Stadt deutlich erhöht. Die Wolfsburger spüren, dass sie von außen nicht mehr allein als VW-Stadt oder Retortenstadt angesehen werden, sondern als Ort, der in einer Zeit, in der viele Städte von Stagnation oder gar Schrumpfung geprägt waren, einen enormen Entwicklungsschub vollzogen hat, der zu einer stadttouristischen Destination geworden ist (Harth u. a. 2010). Über 80% der Wolfsburger halten ihre Stadt für touristisch attraktiv oder sogar sehr attraktiv, ein Wert, der im Vergleich mit anderen Städten wie sogar Köln ausgesprochen hoch ausfällt (Imageanalyse 2009: 18). Diese gestiegene Attraktivität wird den BewohnerInnen auf unterschiedlichste Weise vermittelt, z. B. über Kollegen:

„Kollegen, die an anderen Standorten arbeiten, haben früher gesagt: ‚Wolfsburg, wie öde' und jetzt sagt man: ‚Da fahre ich gerne hin'. Es hat sich ins Positive verändert. Man kommt gerne hierher, weil es jetzt mehr zu gucken gibt oder es einfach schöner, moderner gemacht wurde. Es ist alles nicht mehr ganz so trist und langweilig." (Sachbearbeiterin, 22 J.)

„Wenn man mal im Urlaub auf Wolfsburg angesprochen wurde, wurde überwiegend gesagt, die Stadt ist trist. Das ist jetzt anders. Man wird nicht mehr so aufs Werk reduziert und kommt jetzt imagemäßig besser weg" (Rentnerin, 66 J.).

Volkswagen hat – das zeigt auch die Imageanalyse 2009 – als imageprägende Assoziation sowohl bei den Bewohnern als auch bei den Umlandbewohnern an Bedeutung verloren, während allerdings das bundesweite Fremdimage nach wie vor durch den Autokonzern geprägt ist (ebd.: 3, 12).

Das gestiegene Selbstwertgefühl der Wolfsburger erlebt man ganz deutlich und es ist nicht mehr primär über das VW-Werk vermittelt, sondern auch etwa über den Aufstieg des VfL Wolfsburg in die erste Fußball-Bundesliga und später sogar die Meisterschaft und nicht zuletzt über die Großprojekte: Die Erlebnisqualität der Stadt ist deutlich gestiegen, was nicht wenig ist in einer Stadt, die bislang als ‚langweilig', ‚trist' und ‚abgehängt' angesehen wurde und die auf einmal verstärkt mit Adjektiven wie ‚modern und innovativ', ‚jung', ‚dynamisch' und sogar ‚kulturell engagiert' oder ‚innovativ' versehen wird (ebd.: 14, 24). Nicht nur in Gesprächen mit auswärtigen Kollegen oder Bekannten, sondern auch anhand der Berichterstattung in überregionalen Medien über die Großprojekte in Wolfsburg (und nicht über Volkswagen) nehmen die Bewohner diese Aufwertung ihrer Stadt in der Außenwahrnehmung wahr:

„Mein Neffe ist in Amerika verheiratet und seine Frau arbeitet für die Times. Die waren extra hier in Wolfsburg – Autostadt, Kunstmuseum und Ritz-Carlton. Da habe ich gedacht: Boah, da kommen die hier nach Wolfsburg und schreiben über die Stadt einen Bericht und der wird in Amerika veröffentlicht!" (Rentner, 65 Jahre)

Als „ganz normaler Fernsehzuschauer", so eine Erzieherin, bekomme man mit, wie häufig über das Phaeno berichtet werde, sei es, dass die Architektin Zaha Hadid den „Oscar für Architektur" bekommen hat oder dass das Phaneo – was im Guardian zu lesen war – neben dem Opernhaus in Sydney oder dem Empire State Building zu den zwölf wichtigsten und bedeutendsten Bauwerken der Welt gewählt wurde. Insgesamt sind 70% der Wolfsburger der Ansicht, dass die Stadt durch die Großprojekte „enorm an Ansehen gewonnen" habe. Das Fremdimage fällt nun deutlich positiver aus, und das wirkt sich nach unseren Befunden auch positiv auf die eigene Stadtwahrnehmung und Identifikation mit ihr aus. Auch der Großteil der BewohnerInnen wie der Experten ist überzeugt, dass die Verbundenheit mit Wolfsburg seit der Phase der erlebnisorientierten Großprojekte zugenommen habe. Das Selbstbewusstsein der Wolfsburger sei deutlich gestiegen.

„Durch die ganzen neuen Angebote haben wir heute ein gewisses Selbstbewusstsein und Selbstwertgefühl, auch seitdem Wolfsburg 1997 aufgestiegen ist in die erste Fußballbundesliga und dann im Eissport auch aufgestiegen ist. Früher hatte man so nicht dieses Selbstbewusstsein. Das hat alles auf das Selbstbewusstsein der Wolfsburger enorm gewirkt." (ehem. ltd. Angestellter, 74 J.)

Abbildung 29: „Großprojekte haben den Stolz der Bürger auf die Stadt erhöht", Bewertung des Statements 2007

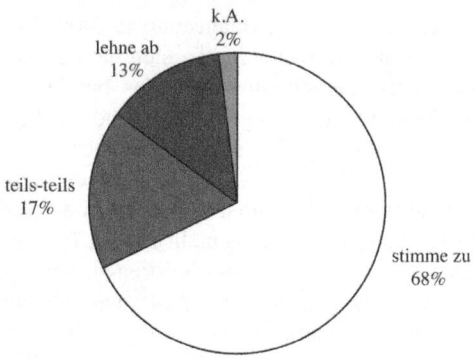

„Was halten Sie eigentlich insgesamt von der Strategie der vergangenen Jahre, Wolfsburg durch große Projekte aufzuwerten? Sagen Sie mir bitte jeweils, ob die folgenden Aussagen aus Ihrer Sicht zutreffen oder nicht", N= 972
Quelle: Harth u. a. 2010: 119

Früher hätten junge Wolfsburger ihre Herkunft mehr oder weniger verleugnet. Davon sei heute aber immer weniger zu spüren: „Früher sagte man auf die Frage, wo kommst du her: aus der Nähe von Hannover, aber nicht: aus Wolfsburg". Das sei heute auf Grund der ganzen Entwicklungen anders. Stattdessen sei man stolz auf die Stadt. Mehr als zwei Drittel der Befragten stimmten 2007 dem Statement zu, dass die großen Projekte den Stolz der Bürger auf Wolfsburg erhöht hätten (Abb. 29). Nur 13% sahen das nicht so.

Der Befund einer identitätssteigernden und somit integrationsfördernden Wirkung der Großprojekte bestätigt sich – abgesehen von den ca. 5% Wolfsburgern, die dem Ganzen ablehnend gegenüberstehen – mehrheitlich über alle Bevölkerungsgruppen hinweg; d. h. der Stolz auf die Stadt, die Identifikation mit der Stadt ist bei fast allen gewachsen. Interessant ist aber vor allem, dass besonders Wolfsburger mit höherer Bildung, mit höherem Einkommen, in höherer Berufsposition eindeutig stolzer und zufriedener mit den Großprojekten sind als der Rest der Bevölkerung, also gerade die Personengruppe, die bisher immer in gewisser Distanz zur Stadt lebte. Man fühlte sich nicht recht aufgehoben in Wolfsburg: sozialstrukturell wie kulturell. Insofern ist es der Stadt mit ihrer erlebnisorientierten Großprojekt-Politik ganz offensichtlich gelungen, die Bessergestellten ein wenig stärker an die Stadt zu binden, ohne die schlechter Gestellten sozusagen zu verprellen. Sie fühlen sich jetzt deutlich wohler in Wolfsburg und identifizieren sich auch stärker mit der Stadt.

Die dritte und die vierte Studie haben gezeigt, dass neben allen anderen Bindungsfaktoren besonders auch die auf die verschiedenen Bewohnerschichten zugeschnittenen Angebote für das Gefühl in einer Stadt ‚zu Hause' zu sein, außerordentlich wichtig sind, denn Gelegenheiten sind immer auch Optionen der Stadtaneignung. Deutlich wurde dies in den letzten Jahren besonders an der statushöheren Bewohnerschaft, die sich aufgrund der neuen Angebote stärker als je zuvor auf die Stadt eingelassen hat und sich nun auch mehr mit ihr identifiziert. Aber auch jene, die sich auf Grund von Barrieren von der Aneignung der Großprojekte ausgegrenzt fühlen, bestätigen diese These, nur eben im negativen Sinn. Weil ihnen die Großprojekte überhaupt nicht gefallen und sie sich von der Nutzung ausgegrenzt fühlen, kann dann leicht das Gefühl entstehen, „dass für einen selber nichts mehr gemacht wird", so ein Befragter.

Für die Stadtbindung nicht unbedeutend sind auch – so ein weiterer wichtiger Befund – die baulich-räumlichen Besonderheiten. Wenn Wolfsburg schon keine Orte der Tradition, vor allem keine historisch gewachsene Innenstadt hat, dann ist doch eine gewisse unverwechselbare Pracht- oder Leuchtturmarchitektur, wie sie jetzt verstärkt mit den Großprojekten entstanden ist, durchaus wichtig für die Identifikation mit ihr, sei es dass sich die BewohnerInnen die bewundernden Aussagen Außenstehender zu eigen machen oder sei es, dass man dem, was die Individualität anderer Städte ausmacht, nun etwas *Stadt*spezifischen und noch dazu positiv Konnotiertes entgegensetzen kann. Die Identifikation mit der Stadt scheint dies allemal zu befördern, auch weil bei Außenstehenden der Analogieschluss von der Stadt auf die Bewohnerschaft nach dem Bau der Großprojekte viel positiver ausfällt. Unter solchen Bedingungen fällt es manch einem Bewohner doch viel leichter, sich mit der Stadt verbunden zu fühlen. Auch die erneute Umgestaltung des Stadtzentrums mit neuem Natursteinbelag, neuer Wasserlandschaft, Trend-Lokalen und Restaurants und mit dem Einkaufsmagneten City Galerie wird sich positiv auf die Stadtbindung auswirken. Schon jetzt sind in aber der Innenstadt Ort entstanden, die zu Symbolen für persönliche Erlebnisse und Erfahrungen geworden sind. Dazu muss man genauso Einrichtungen wie das 2006 eröffnete islamische Kulturzentrum oder das Café in der Bar del Sud oder das Restaurant Centro Italiano zählen.

Unsere empirischen Forschungen in der neuen Stadt Wolfsburg konnten alles in allem zeigen, dass die „Suche nach Heimat" (Greverus 1979) auch heute noch oder gerade typisch ist für eine sich globalisierende gesellschaftliche Entwicklung. Auch bei allen mit Globalisierungsprozessen verbundenen Entgrenzungen bleibt eine gewisse Raumgebundenheit bzw. Bodenhaftung notwendig, um den Aufbau von Identifikationsleistungen zu sichern. Welche Faktoren auch immer die Konstitutionen von Heimat befördern oder behindern, letztlich gilt: „Heimat ist etwas, was ich mache" (Beate Mitzscherlich), wobei – wie gezeigt – die städtische Gelegenheitsstruktur eine zentrale Vorbedingung für die individuelle Gestaltungsleistung darstellt.

12. Ein Resümee: Phasen der Stadtentwicklung

Am Schluss unserer historisch angelegten Betrachtung verschiedener Einzelthemen und Aspekte der städtebaulichen und sozialen Entwicklung der Neuen Stadt Wolfsburg werden diese im Folgenden zu einer Darstellung der Entwicklungsphasen der Stadt zusammengefasst. Das Typische der jeweiligen Entwicklungsphase wird in aller Kürze herausgestellt und zur Veranschaulichung durch einen Begriff repräsentiert, wobei uns bewusst ist, dass es zwischen den Phasen viele Überlappungen gibt und geben muss.

Die Barackenstadt (in den 40er Jahren)

In ihren Anfängen war die „Stadt des KdF-Wagens" alles andere als eine „Lehrstätte sowohl der Stadtbaukunst wie der sozialen Siedlung" (Hitler, zit. in Schneider 1979: 40). Vielmehr wurde die Baracke zum traurigen Symbol für einen kümmerlichen Start der „nationalsozialistischen Musterstadt". Nicht nur die Menschen waren dort behelfsmäßig untergebracht, sondern auch öffentliche Einrichtungen wie Schulen, Krankenhäuser, Ämter und anderes mehr. Es war eine provisorische Wohnsituation, mit der die Bewohner kaum längerfristige Perspektiven verbinden konnten.

Zwar waren bis Anfang der 40er Jahre in den Stadtteilen Wellekamp, Schillerteich und Steimker Berg etliche Wohnungen erstellt, doch kriegsbedingt entstanden dann „nur noch Baracken zur Unterbringung von Kriegsgefangenen, Zwangsarbeitern und KZ-Häftlingen, die die Rüstungsproduktion des KdF-Werkes aufrecht erhielten" (Reichold 1998: 20). Die weitflächigen Barackenviertel gaben der Stadtneugründung sogar teilweise den Charakter eines Lagers. Die Unfertigkeit und Tristesse der Barackenlager teilte sich den neu nach Wolfsburg kommenden Menschen unmittelbar mit (Kap. 1). Die Enttäuschung drückt sich aus in den ersten Gedanken fast aller: „Hier bleibst Du nie" (Künne 1999: 27). Durchgangsstation für einen nur kurzfristigen Aufenthalt war die Stadt des KdF-Wagens aber nur bis in die unmittelbare Nachkriegszeit (Kap. 10).

Von heute aus gesehen trifft für die damalige Zeit sehr gut das Wort des Bundestagspräsidenten Wolfgang Thierse zu, das er auf die Situation der neuen Bundesländer nach der Wende bezogen hatte: „Soviel Anfang war nie und gleichzeitig so viel Ende". Die Kriegszeit war eine schwere Hypothek für die Gründungsphase der neuen Stadt, die erst nach dem Kriege ihre politischen, ökonomischen und kulturellen Konturen entwickelte, die sie bis heute als eine besondere Stadt ausweisen.

Die Werkssiedlung (Nachkriegszeit)

In den frühen Diskussionen in und über die Autostadt Wolfsburg fiel immer wieder der Begriff der ‚Werkssiedlung', womit unmissverständlich auf die Dominanz des Volkswagenwerks hingewiesen werden sollte. Unter einer Werkssiedlung versteht man Siedlungen, die von einem Industriewerk zur Unterbringung von Arbeitskräften gebaut werden, um sie dauerhaft an das Unternehmen zu binden und eine paternalistische Kontrolle über Arbeiter ausüben zu können. Als Beispiel können die Werkssiedlungen der Firma Krupp gelten, die im letzten Jahrhundert erbaut wurden (Schlandt 1970). „Der ‚Oikos' eines Großunternehmens durchsetzt mitunter das Leben einer Stadt und bringt jene Erscheinung hervor, die als ‚Industriefeudalismus' bezeichnet wird" (Bahrdt 1961: 12), d. h. dort verläuft das öffentliche und weitgehend auch das private Leben nach den Vorstellungen und Gesetzen des Großbetriebes.

Obwohl es keinen Zweifel daran geben kann, dass die Stadt des KdF-Wagens nicht als Werkssiedlung konzipiert worden ist, sind doch unabweisbar – gerade in der frühen Zeit – viele charakteristische Züge von Werkssiedlungen vorhanden: Der überwiegende Teil der Erwerbstätigen war in dem rasch erstarkten VW-Werk beschäftigt. Die im Mittelpunkt stehende Wohnungsfrage der schnell wachsenden Stadt wurde maßgeblich durch die VW-Wohnungsbaugesellschaft geprägt, die Quasi-Monopolstellung des VW-Werkes war rahmensetzend für die Wolfsburger Kommunalpolitik, indem seine Interessen alle Politikbereiche durchtränkten (Kap. 4). Das VW-Werk trat als großzügiger Mäzen für eine Reihe kultureller Großbauten auf (Kulturzentrum, Stadthalle, Hallenbad). Die weitgehend omnipotenten Möglichkeiten des perfekt organisierten Betriebes förderten bei der Bevölkerung eine fordernde Anspruchshaltung. Ja, selbst die privaten Sozialkontakte in Bekanntschaft und Nachbarschaft wurden durch die gemeinsame Werkszugehörigkeit vieler gefärbt (Kap. 10). All dies mag mit dafür verantwortlich sein, dass der Publizist Erich Kuby noch 1957 – also fast zwanzig Jahre nach der Stadtgründung – sagte, Wolfsburg sei immer noch nichts anderes als eine „komfortable Werkssiedlung" (S. 408).

Tatsache war, dass nach den Wirren der unmittelbaren Nachkriegszeit und nach der Währungsreform 1948 ein Prozess der politischen Normalisierung einsetzte. Die Stadt wuchs rasant: In den ersten zehn Jahren nach dem Krieg wuchs die Bevölkerung um fast das Dreifache; auch der Wohnungsbestand verdreifachte sich und die VW-Belegschaft erhöhte sich sogar um das Vierfache (Übersicht im Anhang). Charakteristischer als dieser quantitativ messbare beginnende Aufschwung war die Tatsache, dass Wolfsburg in der damaligen Zeit zum Auffangbecken für Vertriebene und Flüchtlinge aus ganz Deutschland wurde. Konsequent war die Bezeichnung der Bevölkerung als „zusammengewürfeltes Volk", die nicht nur sich gegenseitig, sondern auch den relativ wenigen Einheimischen fremd war. Wenn jemals die Bezeichnung der Stadt als „Integrationsmaschine" gerechtfertigt war, dann auf jeden Fall für die Aufgabe, diese kulturell verschiedenen Gruppen in eine sich erst formierende Stadt zu integrieren. Die von heute aus als gelungen zu betrachtende Integration dieser zuwandernden Flüchtlinge und Heimatvertriebenen war beispielhaft für diese Neue Stadt. Sie war eine der Voraussetzungen für den beispiellosen Aufstieg des Volkswagenwerkes zu einem der erfolgreichsten Konzerne im Nachkriegsdeutschland.

Die ‚Wirtschaftswunderstadt' (50er und 60er Jahre)

Sinnbildlich für den unaufhaltsamen ökonomischen Erfolg mag das Datum stehen, dass bereits 1955 der millionste VW-Käfer vom Band rollte. Die Kapazität des Standortes Wolfsburg war ausgeschöpft und so begann zunächst die nationale Dezentralisierung der VW-Produktion (Kap. 3) in andere deutsche Städte und später die Entwicklung zum internationalen Konzern durch die Gründung in- und ausländischer Tochtergesellschaften. Man warb ab Anfang 1962 gezielt ausländische Arbeitskräfte aus Italien an, deren Zahl mit über 9.000 Werksanghörigen bei VW 1971 ihren Höhepunkt erreichte. Die Leitung des Werkes in der damaligen Zeit lag in den Händen von Generaldirektor Heinrich Nordhoff, der als „General" bzw. „König" in Wolfsburg herrschte und mit autoritärem Führungsstil das Werk zur ersten großen Blüte führte.

Die sechziger Jahre stellen den Kern eines schon früher begonnenen und darüber hinausreichenden Modernisierungsschubs dar, der alle Bereiche des gesellschaftlichen Lebens erfasst und tief durchdrungen hat. Wirtschaftswachstum war das oberste und bis in die späten sechziger Jahre kaum in Frage gestellte Ziel gesellschaftlicher Entwicklung, dem vor allen anderen Priorität zuerkannt wurde. Wolfsburg wurde zum Modellfall für die Aufbauleistungen in der sogenannten Wirtschaftswunderzeit. Daher kam es nicht von ungefähr, dass an den Neuen Städten Wolfsburg (und Eisenhüttenstadt in der DDR) in einer großen Ausstellung exemplarisch die Nachkriegszeit bis in die 60er Jahre dargestellt wurde (Beier Hg. 1997). „Durch den Erfolg des

Volkswagenwerkes wurde das Fragment der ‚nationalsozialistischen Musterstadt' in der jungen Bundesrepublik die ‚Wirtschaftswunderstadt' des Westens" (ebd.: 11). Bis zur ersten VW-Krise 1966/67 fand eine kontinuierliche wirtschaftliche Expansion statt, die bei der Bevölkerung eine äußerst optimistische Sichtweise zur Folge hatte.

Die gut verdienenden Wolfsburger (der Durchschnittslohn übertraf andere Städte bei weitem) konnten sich jetzt viel leisten: eigene Autos, Reisen, gehobene Wohnungsausstattungen etc., und man zeigte diesen neuen Wohlstand. „Goldgräberstadt", aber auch „Großprotzendorf" waren häufig zu hörende Charakterisierungen für diese Wohlstandssituation, in der sich die Bürger zunehmend wohler fühlten. Die inzwischen reiche Stadt gab ihnen immer mehr Gelegenheiten, eine gewisse Freizeitkultur zu entwickeln und den Konsum demonstrativ zu entfalten. Nicht nur große Infrastruktureinrichtungen bekam die Stadt in dieser Zeit mit Hilfe des VW-Werks, sondern die zentrale Magistrale der Stadt, die Porschestraße, übernahm Zentrumsfunktionen, und überhaupt gewinnt die schnell wachsende Stadt ihre dezentral angelegte Struktur. Immer wieder wurden durch breite Grünflächen und Waldstreifen getrennte neue Wohngebiete für Tausende von neuen Einwohnern angelegt (Kap. 2), und die wachsende Stadt vermittelte Selbstvertrauen und Zuversicht. Zur Frage der Identifikation mit der Stadt war es nicht gleichgültig, dass in dieser Zeit – den sechziger Jahren – zunehmend Einwohner vorhanden waren, die schon in dieser Stadt geboren waren. Wolfsburg machte – wie Erich Kuby sagte – „einen durchaus bürgerlichen Eindruck", weil es in der Stadt keine traditionelle Arbeiterschaft gab. Viele Arbeiter stammten aus anderen Berufsstellungen und daher trifft vielleicht eher die Bezeichnung „Kleinbürger" zu. „Die Stadt verstand sich nun (Anfang der sechziger Jahre; d. V.) nicht mehr als Werkssiedlung, sondern als modernes Gemeinwesen" (Reichold 1998: 43).

Großstadt Wolfsburg (70er Jahre)

Schneller, als man nach den jährlichen Wachstumsraten annehmen konnte, wurde Wolfsburg durch die Gebietsreform in Niedersachsen 1972 Großstadt. Als zwanzig Umlandgemeinden eingemeindet wurden, stieg die Bevölkerung mit einem Schlag von 93.000 auf über 130.000 Einwohner an (Kap. 9). Hiermit wurden Voraussetzungen für eine gedeihliche Weiterentwicklung des Wolfsburger Lebensraumes geschaffen. Quasi über Nacht gab es rund 35.000 Neubürger, die nun ohne eigenes Zutun Wolfsburger geworden waren und sich in diese Stadt integrieren mussten. Das fiel nicht ganz so leicht für die Einwohner der beiden Kleinstädte Vorsfelde und Fallersleben, die beide über viel Tradition verfügten. Für die Bewohner aus der früheren Kernstadt

Wolfsburgs wurde mit diesem Akt noch einmal deutlich, dass der Zustand einer Werkssiedlung endgültig überwunden war; zudem verschwand mit dem Anwachsen der Zahl von in Wolfsburg geborenen Einwohnern der Topos des ‚zusammengewürfelten Volkes' immer mehr – dafür standen Integrationsaufgaben bezogen auf die damals sogenannten ‚Gastarbeiter' vermehrt im Mittelpunkt.

War Wolfsburg mit der Gebietsreform statistisch zur Großstadt geworden, so war die Stadt, was ihre zentralörtliche Bedeutung anbetrifft, damals noch lange nicht Großstadt: Wolfsburg war vor allem eine ‚große Stadt' ohne eigentliche City. Deren Fehlen war ein folgenreicher ‚Geburtsfehler' der neuen Stadt, und der Autoboulevard der Porschestraße, die lange Zeit die Innenstadt verkörperte, ersetzte das Zentrum nur unvollkommen: Zum einen wurde die Einkaufsfunktion nur unzureichend wahrgenommen, so dass der Kaufkraftabfluss in Städte der Umgebung – vor allem Braunschweig – erheblich war; zum anderen erfüllte sie nicht die Repräsentationsfunktion eines Zentrums. Den Wolfsburgern fehlte ein Raum urbaner Identifikation, nach dem sie sich so sehr sehnten. Beide Defizite wurden gemildert durch die Umwandlung der Porschestraße in eine Fußgängerzone in Verbindung mit einer städtebaulichen Umgestaltung Anfang der achtziger Jahre. Wenn damit auch nicht die von den Wolfsburgern so sehr vermisste Atmosphäre und das Flair älterer Städte erreicht werden konnte, so gab es nun doch Ansätze für eine Urbanität. Mit der verspäteten City-Bildung hat Wolfsburg ab Ende der siebziger Jahre den letzten, entscheidenden Schritt auf dem Weg zu einer „richtigen Stadt" getan. So wie die Gebietsreform von 1972 den vorläufigen Abschluss der Phase des ‚äußeren Wachstums' der Stadt markiert, so die Zentrumsbildung den des ‚inneren Ausbaus': Die Stadt war sozusagen ‚fertig', vierzig Jahre nach der Stadtgründung. Wolfsburg wurde von nun an zwar von den Bürgern als eine Stadt erlebt, in der nun „alles da" sei, die „komplett" sei, aber es fehlte noch an den städtischen Lebensformen, die Urbanität ausmachen. Bis heute ist die Entwicklung der Innenstadt ein zentrales Thema der Stadtentwicklung geblieben und auch ein Kritikpunkt aus Bürgersicht. Aber mit jedem Jahresring wird Wolfsburg einen Schritt auf eine Art Patina hin machen, die nun einmal ältere Städte auszeichnet.

Wenn auch nicht mehr eine Werkssiedlung, so war doch auch die Großstadt Wolfsburg als Autostadt von dem alles überragenden VW-Werk abhängig, was den Wolfsburgern durch drei starke Rezessionen zwischen 1965 und 1975 bewusst wurde. Nach zwei Krisen (1966/67 und 1971/72), die gewissermaßen Warnsignale für Werk und Stadt waren, führte die bis dahin größte Krise (1974/75) im Wolfsburger VW-Werk zu einem Personalabbau in bis dahin unbekanntem Ausmaß. Innerhalb von zwei Jahren gingen 10.000 Arbeitsplätze verloren. Im Vertrauen auf die Krisenbewältigung im halbstaatlichen Weltkonzern war die Stimmung in der Wolfsburger Bevölkerung damals jedoch nur verhalten gedrückt, wie aus unseren Umfragen hervorging. Aber – und das ist sicher für das kollektive Bewusstsein folgenreich – der Nimbus immerwährender Prosperität war verflogen, die über lange Zeit herrschende Wachstumsmentalität war brüchig geworden. War Wolfsburg in den achtziger Jahren also an den „Grenzen des Wachstums" angekommen?

Wolfsburg in der Konsolidierung (80er Jahre)

Tatsächlich folgten bei Werk und Stadt Jahre der Konsolidierung, teilweise aber auch der Stagnation, was Bevölkerungs- und Wohnungsbauentwicklung angelangt. Die Beschäftigtenentwicklung bei VW erreichte 1986 ihren Höhepunkt mit 65.000 Arbeitskräften. Nicht unerheblich für die Zukunft war die innere Umschichtung einer fortschreitenden ‚Tertiärisierung' des VW-Werks: Der Angestelltenanteil verdreifachte sich gegenüber 1960 (Herlyn u. a. 1982: 89ff). Die Bevölkerungszahl pendelte um die 130.000 infolge zurückgehender Wanderungsüberschüsse, und ein Geburtenüberschuss war nicht mehr vorhanden. Ein wesentlicher Faktor dafür war die Normalisierung der Altersstruktur, in dem der Überhang an jungen Jahrgängen immer weiter abgebaut wurde (Kap. 5).

Für die achtziger und beginnenden neunziger Jahre kann man sagen, dass sich die ursprünglichen Besonderheiten in der Bevölkerungsstruktur weitgehend verloren hatten: Der Altersaufbau hatte sich nahezu normalisiert; die Integration der Neubürger in den eingemeindeten Orten war vollzogen; die Sozialstruktur bewegte sich hinsichtlich des Arbeiteranteils langsam auf den Durchschnitt zu. Aber auch innerhalb der Arbeiterschaft begannen sich die Lebensstile zu pluralisieren; der Anteil der in der Stadt Geborenen nahm zu. Flüchtlinge und Vertriebene waren – soweit sie in Wolfsburg geblieben waren – integriert, und auch die Integration der ausländischen Arbeiter und ihrer Familien, besonders aus Italien, schritt voran.

Aber nicht nur strukturell hatte sich ein Prozess der Normalisierung vollzogen, sondern auch hinsichtlich der Befindlichkeiten und Mentalitäten. Für immerhin zwei Drittel der Bewohnerschaft war Wolfsburg mittlerweile eine ‚ganz normale Stadt', in der man viel verdienen und auch gut seine Freizeit verbringen kann. Man fühlte sich sozial eingebunden, und die Anzahl derer, die sich in Wolfsburg heimisch fühlte, war so verbreitet wie in anderen Städten. Das Merkmal der Neuen Stadt schwand in dem Maße, in dem nun allmählich die zweite Generation in Wolfsburg geboren wurde und sich damit persönliche und Familiengeschichten immer mehr mit dieser Stadt verbanden.

Wolfsburg am Wendepunkt (90er Jahre)

In diese ziemlich saturierte Situation schlug die bislang schwerste Krise bei Volkswagen ein wie ein Meteorit. 1993 fuhr der VW-Konzern weltweit einen Verlust von insgesamt 1,9 Milliarden DM ein. Man ging für VW in Deutschland von einem Personalüberhang von 30.000 Stellen aus, für das Werk in Wolfsburg von 10-15.000 ‚überflüssigen' Stellen. Und bei VW wurde sogar erwogen, den Konzernsitz nach Berlin oder Frankfurt zu verlegen. Die Arbeitslosenquote schnellte 1996 auf 18%, eine für Wolfsburg bisher unbekannte Dimension, und die Gemeindesteuern sanken um ein Drittel. Die Zukunft Wolfsburgs stand auf dem Spiel!

Obwohl die VW-Krise 1992/93 eine tiefe Zäsur bedeutete und auch auf Seiten der Verantwortlichen in der Stadt wie der Bewohnerschaft von einer „depressiven Stimmung", einem „Schock" oder gar von „Weltuntergangsstimmung" die Rede war, blieben doch die Folgen für das Alltagsleben der Menschen weit unterhalb der Erwartungen (Harth u. a. 2000: 143ff). Dies hing damit zusammen, dass auf Seiten von VW sehr schnell mit Maßnahmen, wie Einführung der Vier-Tage-Woche oder Flexibilisierung der Arbeitszeitmodelle (‚atmende Fabrik'), reagiert wurde, die zudem auch strategisch geschickt nahezu zeitgleich mit allgemeinen Bekanntwerden des Umfangs der Krise präsentiert wurden. Eine deutliche Mehrheit der Wolfsburger war denn auch in unserer Umfrage von 1998 zur 3. Studie der Meinung, dass der VW-Konzern auf die Absatz- und Beschäftigungskrise „in vorbildlicher Weise" reagiert habe, und das Vertrauen in VW war ungebrochen (ebd.: 144ff).

Wenn also die 1992/93er Krise das Alltagsleben der Menschen längst nicht in erwartetem Umfang umgekrempelt hatte, so wurde sie doch zu einem Wendepunkt der Stadtentwicklung Wolfsburgs. Sie warf ein grelles Schlaglicht auf jahrelange Versäumnisse: Die monostrukturelle Abhängigkeit von VW hatte man nie versucht zu lockern; der gesamte Dienstleistungsbereich war unterentwickelt, das Freizeit- und Kulturangebot war auf die VW-Arbeiterschaft zugeschnitten und passte nicht mehr zu der sich differenzierenden Bevölkerung; die eigene Bewohnerschaft hatte immer noch Identifikationsvorbehalte, und für den immer wichtigeren Städtetourismus war Wolfsburg nicht attraktiv; und nicht zuletzt: der zentrale Innenstadtbereich besaß erhebliche bauliche, funktionale und vor allem atmosphärische Mängel. Die Kritik am fehlenden urbanen Flair zieht sich wie ein roter Faden durch die gesamte Wolfsburg-Forschung, und der Kaufkraftabfluss in benachbarte Städte war erheblich.

Zunächst wurden auf Seiten der Stadt unterschiedlichste Maßnahmen ergriffen mit dem Ziel, sich aus der nahezu totalen Abhängigkeit von VW zu befreien und durch Schaffung von automobilunabhängigen Arbeitsplätzen neue Standbeine aufzubauen. Ein erster Schritt der Öffnung und Profilierung war das 1994 eröffnete ambitionierte Kunstmuseum. Der Prozess, sich als Stadt eigenständig zu definieren und sich auf seine eigenen Stärken zu besinnen, fand seinen Niederschlag in der Entwicklung eines Stadtleitbildes zusammen mit Bürgern und Verantwortlichen der Stadt.

Schnell wurden diese Ideen und Konzepte aber überlagert von wesentlich spektakuläreren und im Hinblick auf ihre Lösungskapazitäten effektiver erscheinenden Projekten. Den Defiziten sollte nun mit einem Schlag abgeholfen werden – und zwar durch ein im Wesentlichen von Volkswagen (unterstützt von einer Unternehmensberatung) entwickeltes Konzept mit dem klingenden Namen AutoVision. Zu dessen Umsetzung wurde 1999 von Stadt und Volkswagen gemeinsam die Wolfsburg AG gegründet – eine völlig neue und weitreichende Kooperationsform, die weit über das hinausging, was gemeinhin unter Public Private Partnership verstanden wird. Hier ging es nicht um die Realisierung irgendeines genau definierten Projektes, sondern um Stadtentwicklungspolitik schlechthin. Das alles erfolgte mit der Zielsetzung, die harten und weichen Standortqualitäten der Stadt im kommunalen und globalen Wettbewerb zu stärken und damit den lokalen Arbeitsmarkt nachhaltig zu stärken. Wolfsburg sollte attraktiv werden für Städtetouristen und qualifizierte Arbeitnehmer. Bei den städtischen Akteuren wurde durch das Engagement des VW-Werks die Aufbruchstimmung nicht nur deutlich verstärkt, sondern es verbreitete sich eine Haltung, in ganz neuen Dimensionen zu denken („think big"). Der Übergang zu einer neuen Art der Stadtentwicklung war eingeleitet: Man konzentrierte sich auf Großprojekte unter dem Leitmotiv der Erlebnisorientierung. Die Bewertung dieser Art von Stadtentwicklungspolitik schwankte damals zwischen euphorischer Zustimmung und totaler Ablehnung. Sechzig Jahre nach der Stadtgründung stand die Stadt Wolfsburg also zweifellos am Anfang einer neuen Etappe der Stadtentwicklung, die wegen ihrer grundlegenden Bedeutung auch als „zweite Gründerzeit" der neuen Stadt Wolfsburg bezeichnet wurde.

Die ‚Erlebnisstadt' Wolfsburg (2000er Jahre)

Neben einer massiven Wirtschafts- und Standortförderung beinhaltete das AutoVision-Konzept das für die weitere Stadtentwicklung folgenreiche Modul der ‚Erlebniswelt Wolfsburg'. Die gesamte Stadt sollte mit Erlebnisangeboten überzogen werden – von Kultur über Sport bis hin zu Spaß und Unterhaltung, alle erdenklichen Erlebnisdimensionen sollten bedient werden. Durch sogenannte Ankerattraktionen in den verschiedenen Distrikten sollte ein Besucherstrom durch die Stadt gezogen werden: Ganz Wolfsburg sollte zum Erlebnis werden.

Die Pläne waren also – nicht untypisch für Wolfsburg – weitreichend und hochfliegend. Manches wirkt heute geradezu bizarr und etliche Projekte wurden auch nicht umgesetzt, z. B. weil Investoren absprangen oder sich erst gar nicht einfanden. Und dennoch: Wolfsburg hat in einem Zeitraum von gerade mal fünf Jahren eine beachtliche Anzahl und Bandbreite von erlebnisorientierten Großprojekten entwickelt und realisiert.

Alles begann im Jahr 2000 mit der Eröffnung der Autostadt auf dem Volkswagen-Gelände, einem Neuwagen-Abholzentrum mit einer damals vollkommen neuartigen Markenpräsentation im Rahmen von Erlebnisangeboten. Seitdem kommt eine große Zahl auswärtiger Besucher nach Wolfsburg, die – so das Anliegen der Stadtverantwortlichen – ihren Weg nun auch in die Stadt selbst finden sollen. Die Autostadt wurde zu einer Initialzündung einer ganzen Reihe erlebnisorientierter Großprojekte auf städtischem Terrain, die sich auf drei Bereiche konzentrieren:

In der Fußgängerzone in der Porschestraße wurde die vom ECE-Konzern betriebene City-Galerie angesiedelt. Auch deren Umfeld hat deutlich profitiert: Neue Geschäfte, Restaurants oder Cafés haben sich angesiedelt, alte haben investiert. Die Stadt hat zudem erhebliche Mittel für Umgestaltungsmaßnahmen aufgewendet.

Am Bereich um den Bahnhof („Nordkopf') entstanden diverse größere Einzelmaßnahmen im Rahmen eines Gesamtkonzepts, das den Bereich zu einem Stadtentree und zum Übergang in die Porschestraße entwickeln soll: Ein Multiplexkino, das Science Center Phaeno der Stararchitektin Zaha Hadid, die Designer Outlets Wolfsburg, wo Markenartikel im Sport- und Modebereich angeboten werden, sowie verschiedene Bürogebäude mit einem sogenannten urbanen Sockel, z. B. für Geschäfte oder gastronomische Angebote. Es handelt sich vorwiegend um Nutzungen, die von der Zentralität der Lage profitieren, wie die Agentur für Arbeit, eine Markthalle oder ein Kongresshotel.

Der Allerparkbereich, nördlich des Mittellandkanals in der Nähe der Autostadt und auch fußläufig vom Bahnhof erreichbar, wurde als Freizeitareal entwickelt: mit Volkswagen Arena und Erlebnisbad, mit Spazier- und Skaterwegen, mit einem weitere See zum Wasserskifahren sowie mit Gastronomie- und Kulturangebot.

Dieser Erneuerungsschub, der die Stadt Wolfsburg in kürzester Zeit doch erheblich verändert hat – in (städte)baulicher Hinsicht, mit Blick auf die Konsum-, Kultur- und Freizeitangebote und auch als Adressat von Städtetourismus –, führte fast zwangsläufig zu einer gewissen Vernachlässigung infrastruktureller und bürgerschaftlicher Belange. Seit 2005/06, seit der Wende zum Konzept der sogenannten ‚Wohlfühlstadt', wird politischerseits nun wieder stärker die Nähe zum Bürger gesucht, denn die Folgen des demografischen Wandels und der Suburbanisierung (Schrumpfung, Abwanderung) erforderten eine andere, bewohnerorientiertere Standortpolitik. Und tatsächlich konnten z. B. durch eine familienfreundliche Bau- und Infrastrukturpolitik die Wanderungsverluste eingedämmt werden. Man arbeitet auch an einem neuen Leitbildprozess, der die Identifikation der Bewohnerschaft mit Wolfsburg erhöhen soll. Ohne weitere (kleinere) Erlebnisprojekte auszuschließen, scheint nun erst einmal eine Phase der Konsolidierung angezeigt zu sein, in der der schubartigen Wandel erst einmal ‚verdaut' und angeeignet werden muss.

Nach diesem Rückblick auf die Phasen der Stadtentwicklung liegt es nahe, von der ‚Faszination Wolfsburg' bzw. von der „wohl erfolgreichsten Stadtneugründung des 20. Jahrhunderts" zu sprechen (Verlagsbeilage der Hannoverschen Allgemeinen Zeitung). Es hat sicher nur wenige gegeben, die zum Beginn dieses ökonomischen, sozialen und städtebaulichen Experimentes vor nunmehr einem Dreivierteljahrhundert sich eine derart imposante Entwicklung vorstellen konnten:

- Der ökonomische Erfolg ist kaum nachhaltiger zu dokumentieren als mit der Tatsache, dass Volkswagen hinsichtlich der Unternehmensgröße weltweit mit an der Spitze rangiert und der größte europäische Automobilhersteller geworden ist. Er ist – wie man im Zeitalter der Globalisierung sagt – ein „global player", der zwar auf der ganzen Welt Autos produziert und absetzt, aber sich doch nun auch nachdrücklich und nachhaltig zu der Stadt bekannt hat, die für das Werk gegründet worden war und die mit dem Konzern auf Gedeih und Verderb verbunden ist. Man weiß inzwischen aber auch, dass alle Versuche, ökonomisch unabhängig zu werden, bis heute in Anbetracht des beherrschenden Einflusses des VW-Werks gescheitert sind. Trotzdem bleibt unübersehbar, dass ein immer größerer Teil der Wolfsburger Erwerbstätigen außerhalb des Werkes arbeitet.

- In sozialer Hinsicht hat die Stadt als Integrationsmaschine so gut funktioniert, dass heute für den überwiegenden Teil der Wohnbevölkerung ein selbstverständliches Zusammengehörigkeitsgefühl entstanden ist. Nur selten wurden in anderen Städten vergleichbarer Größenordnung so viele fremde Personen in relativ kurzer Zeit eingebunden wie in Wolfsburg. Dabei ist zuallererst an die Integration der Flüchtlinge und Heimatvertriebenen zu denken. Aber auch die Eingliederung von Neubürgern im Zusammenhang mit der Gebietsreform und die Integration ausländischer Arbeitnehmer und ihrer Familien gehören zu den besonderen Leistungen der neuen Stadt. Über den sicheren und gut bezahlten Arbeitsplatz hinaus mussten spezifisch soziale Faktoren hinzukommen, um bei der Bevölkerung ein Heimatgefühl zu entwickeln, das mit dem anderer Städte vergleichbar ist. Mit der Zeit hat sich das soziale Netz von Kontakten immer enger geknüpft, und eine differenzierte Infrastruktur hat den Privatismus nicht übermächtig werden lassen. Die Differenzierung der Sozialstruktur und die Pluralisierung von Lebensstilen und Haushaltsformen haben die Voraussetzungen für die Entfaltung urbaner Lebensweisen verbessert.

- Was die Stadtentwicklung(spolitik) betrifft, so ist Wolfsburg ein Lehrbeispiel für den modernen Städtebau und für die ihm zugrundeliegenden Ideologien und Konzepte: Nahezu alle Städtebauideologien und -konzepte der Nachkriegszeit haben hier ihren baulichen Ausdruck gefunden (landschaftlicher Städtebau, „gegliederte und aufgelockerte Stadt", „autogerechte Stadt" und „organische Stadtbaukunst", „Urbanität durch Dichte", „Festivalisierung der Stadtpolitik" etc.). Auch wenn es ältere Architektur aus der Zeit vor dem II. Weltkrieg (bis auf Ausnahmen) in Wolfsburg nicht gibt, so zeigt sich doch innerhalb der Bandbreite moderner Nachkriegsarchitektur ein differenziertes Bild. Die Innenstadtproblematik stellt in ökonomischer wie auch städtebaulich-urbanistischer Hinsicht eine andauernde Herausforderung dar. Angefangen von den ersten Geschäften über die Einrichtung der Fußgängerzone Anfang der achtziger Jahre und den Aufwertungsbestrebungen um die Jahrtausendwende befindet sich die Innenstadtentwicklung durch den erheblich aufgewerteten Bereich um den Bahnhof und die Autostadt nun wiederum in einer Neujustierung.

Heute steht die Stadt Wolfsburg als ‚richtige' Stadt selbstbewusst im Reigen der Großstädte, und viele jüngere Menschen wissen gar nicht mehr, dass die Stadt noch nicht mal 100 Jahre zählt.

Anhang

Jahr (31.12.)	Bevölkerung Gesamt	Saldo* in %	Wohnungsbau Bestand	Saldo* in %	VW-Belegschaft Gesamt	Saldo* in %
1946	20.542		3.385		8.261	
1947	22.277	8,4	3.397	0,4	8.382	1,5
1948	23.351	4,8	3.462	1,9	8.719	4,0
1949	24.898	6,6	3.729	7,7	10.227	17,3
1950	26.941	8,2	4.101	10,0	14.966	46,3
1951	28.002	3,9	4.801	17,1	13.365	-10,7
1952	30.139	7,6	5.720	19,1	16.572	24,0
1953	34.167	13,4	6.857	19,9	19.656	18,6
1954	38.253	12,0	8.131	18,6	24.163	22,9
1955	44.397	16,1	9.955	22,4	29.203	20,9
1956	46.298	4,3	11.100	11,5	28.991	-0,7
1957	49.629	7,2	12.335	11,1	32.634	12,6
1958	53.793	8,4	13.690	11,0	32.826	0,6
1959	58.862	9,4	15.602	14,0	36.124	10,0
1960	62.935	6,9	17.230	10,4	36.652	1,5
1961	65.993	4,9	18.388	6,7	38.511	5,1
1962	73.140	10,8	19.754	7,4	43.578	13,2
1963	76.649	4,8	21.467	8,7	43.722	0,3
1964	80.525	5,1	22.901	6,7	46.276	5,8
1965	84.099	4,4	24.452	6,8	48.623	5,1
1966	84.600	0,6	25.660	4,9	46.691	-4,0
1967	84.552	-0,1	26.354	2,7	45.614	-2,3
1968	88.997	5,3	27.297	3,6	52.127	14,3
1969	91.644	3,0	28.092	2,9	55.603	6,7
1970	93.494	2,0	28.591	1,8	59.200	6,5
1971	93.546	0,1	29.524	3,3	58.923	-0,5
1972	130.979	40,0**	44.248	49,9**	51.836	-12,0
1973	135.057	3,1	45.209	2,2	56.549	9,1
1974	131.985	-2,3	46.803	3,5	51.155	-9,5
1975	128.586	-2,6	47.523	1,5	46.097	-9,9
1976	129.104	0,4	47.851	0,7	48.899	6,1
1977	130.660	1,2	48.287	0,9	52.620	7,6
1978	131.043	0,3	48.626	0,7	54.420	3,4

Jahr (31.12.)	Bevölkerung		Wohnungsbau		VW-Belegschaft	
	Gesamt	Saldo* in %	Bestand	Saldo* in %	Gesamt	Saldo* in %
1979	131.485	0,3	48.903	0,6	56.429	3,7
1980	131.225	-0,2	49.173	0,6	57.927	2,7
1981	131.610	0,3	50.141	2,0	58.876	1,6
1982	130.782	-0,6	50.548	0,8	58.348	-0,9
1983	129.503	-1,0	51.253	1,4	56.298	-3,5
1984	128.759	-0,6	52.031	1,5	57.867	2,8
1985	129.318	0,4	52.459	0,8	61.392	6,1
1986	129.248	-0,1	52.711	0,5	65.003	5,9
1987	127.663	-1,2	52.877	0,3	64.242	-1,2
1988	126.091	-1,2	52.093	-1,5	62.330	-3,0
1989	127.067	0,8	52.671	1,1	61.324	-1,6
1990	128.685	1,3	53.450	1,5	60.511	-1,3
1991	129.049	0,3	53.853	0,8	59.942	-0,9
1992	128.995	-0,0	54.638	1,5	56.676	-5,5
1993	126.917	-1,6	55.840	2,2	51.494	-9,1
1994	126.844	-0,1	56.678	1,5	50.057	-2,8
1995	126.151	-0,6	57.054	0,7	48.039	-4,0
1996	124.700	-1,2	57.331	0,5	44.857	-6,6
1997	122.490	-1,8	58.110	1,4	45.364	1,1
1998	121.858	-0,5	58.475	0,6	49.135	8,3
1999	121.645	-0,2	59.035	1,0	50.061	1,9
2000	121.261	-0,3	59.638	1,0	50.415	0,7
2001	121.644	0,3	59.868	0,4	50.864	1,0
2002	122.149	0,4	60.058	0,3	50.566	-1,0
2003	122.534	0,3	60.488	0,7	50.239	-1,0
2004	122.057	-0,4	61.090	1,0	49.817	-0,8
2005	121.158	-0,7	61.493	0,7	49.205	-1,2
2006	120.417	-0,6	61.995	0,8	45.950	-6,6
2007	119.991	-0,4	62.391	0,6	43.621	-5,1
2008	120.314	0,3	62.631	0,4	44.193	1,3
2009	120.817	0,4	62.850	0,4	46.160	4,5
2010	121.237	0,4	63.286	1,0	49.857	8,0

* Veränderung gegenüber dem Vorjahr   ** Die hohen Werte sind Folge der Eingemeindung

Literaturverzeichnis

Acocella, D. 2010: Evaluation zur Wirkung der designer outlets Wolfsburg. Studie erstellt im Auftrag der Stadt Wolfsburg/Referat Strategische Planung/Stadtentwicklung, Wolfsburg

AutoVision-Broschüre 1998: Halbierung der Arbeitslosigkeit in Wolfsburg, hg. von der Volkswagen AG, Wolfsburg

Bahrdt, H. P. 1961: Die moderne Großstadt. Soziologische Überlegungen zum Städtebau, Reinbek (Neuauflage 1998, hg. von U. Herlyn)

Bahrdt, H. P./Kern, H./Osterland, M./Schumann, M. 1970: Zwischen Drehbank und Computer. Industriestadt im Wandel der Technik, Reinbek bei Hamburg

Bausinger, H. 1980: Heimat und Identität, in: E. Moosmann (Hg.): Heimat, Sehnsucht und Identität, Berlin

Beck, U. 1986: Risikogesellschaft – Auf dem Weg in eine andere Moderne, Frankfurt a. M.

Behn, O./Friedrichs, J./Kirchberg, V. 1989: Die City von Wolfsburg – Bedeutung und Bewertung eines jungen Stadtzentrums, Wolfsburger Beiträge zur Stadtgeschichte und Stadtentwicklung, Frankfurt a. M.

Beier, R. (Hg.) 1997: aufbau west aufbau ost – Die Planstädte Wolfsburg und Eisenhüttenstadt in der Nachkriegszeit, Berlin

Bogumil, J./Ebinger, F./Grohs, S. 2008: Modernisierung der Verwaltungsstrukturen im Großraum Braunschweig. Wissenschaftliches Gutachten im Auftrag der Industrie- und Handelskammer Braunschweig, Bochum

Bogumil, J./Ebinger, F./Seuberlich, M. 2010: Untersuchung der strategischen Weiterentwicklung der Teilregion Gifhorn-Wolfsburg-Helmstedt. Im Auftrag der Stadt Wolfsburg, Bochum

Brock, D. 1993: Wiederkehr der Klassen. Über Mechanismen der Integration und der Ausgrenzung in entwickelten Industriegesellschaften, in: Soziale Welt: Zeitschrift für sozialwissenschaftliche Forschung und Praxis, H. 2, Jg. 44

Cauers, C./Strauß, W. 2008: Modernes Wohnen im Grünen, in: Stölzl, Christoph (Hg.): Die Wolfsburg-Saga, Stuttgart

Datenreport 2011: Ein Sozialbericht für die Bundesrepublik Deutschland. Bd. 1 und Bd. 2. hg. vom Statistischen Bundesamt (Destatis) und vom Wissenschaftszentrum Berlin für Sozialforschung (WZB), in Zusammenarbeit mit Das Sozioökonomische Panel (SOEP) am Deutschen Institut für Wirtschaftsforschung (DIW), Bonn

Diewald, M. 1986: Sozialkontakte und Hilfeleistungen in informellen Netzwerken, in: W. Glatzer/Becker-Schmitt, R. (Hg.): Haushaltsproduktion und Netzwerkhilfe, Frankfurt a. M.

Dombois, R. 1976: Massenentlassungen bei VW: Individualisierung der Krise, in: Leviathan, 4. Jg., H. 4

Dülffer, J./Thies, J./Henke, J. 1978: Hitlers Städte – Baupolitik im Dritten Reich, Köln, Wien

Edelmann, H. 1997: „König Nordhoff" und die „Wirtschaftswunderzeit", in: R. Baier (Hg.): aufbau west aufbau ost, Berlin

Fehl, G./Rodriguez-Lores, J. 1997: „Die Stadt wird in der Landschaft sein und die Landschaft in der Stadt", Bandstadt und Bandstruktur als Leitbilder des modernen Städtebaus, ReiheStadt-Planung-Geschichte Bd. 19, Hamburg

Fondran, E. 1984: Die Stadt- und Industriegründungen Wolfsburg und Salzgitter – Entscheidungsprozesse im nationalsozialistischen Herrschaftssystem, Frankfurt a. M.

Franz, P. 1997: Was kann die Stadt heute noch leisten? Integration, urbane Regimes und die Durchsetzbarkeit von Leitbildern, in: Die Alte Stadt, 24. Jg., H. 4

Fried, M. 1971: Trauer über ein verlorenes Zuhause. Die Sanierung für wen? Büro für Stadtsanierung und soziale Arbeit (Hg.), Berlin

Friedrichs, J. 1980: Städte. Eine vergleichende Dokumentation, Offenburg

Friedrichs, J. 1995: Stadtsoziologie, Opladen

Führ, E. 1985: Wieviel Engel passen auf die Spitze der Nadel?, in: Ders. (Hg.): Heimat. Eine Auseinandersetzung mit einem strapazierten Begriff, Wiesbaden, Berlin

Funke, U. u. a. 1996: Wolfsburg aus der Sicht der Bürgerinnen und Bürger – Imageanalyse durchgeführt im Auftrag der Stadt Wolfsburg, Wolfsburg (unv. Ms.)

Geißler, R. 2006: Die Sozialstruktur Deutschlands. Zur gesellschaftlichen Entwicklung mit einer Bilanz zur Vereinigung, 4. überarb. und aktualisierte Aufl., Wiesbaden

Göderitz, J./Rainer, J./Hoffmann, H. 1957: Die gegliederte und aufgelockerte Stadt, Tübingen

Goldthorpe, J. H./Lockwood, D. 1970: Der wohlhabende Arbeiter in England (zuerst 1968), München

Greverus, J.-M. 1972: Der territoriale Mensch. Ein literaturanthropologischer Versuch zum Heimatphänomen, Frankfurt a. M.

Guthardt, W. 1998: Junge Stadt auf neuen Wegen, in: O. Reichold (Hg.): ...erleben, wie eine Stadt entsteht. Wolfsburg 1938-1998, Wolfsburg

GWH (Gesellschaft für Wettbewerbsforschung und Handelsentwicklung) 1995: Stadt Wolfsburg als Einzelhandelsstandort, Hamburg (unv. Ms.)

Habermas, J. 1971: Strukturwandel der Öffentlichkeit, Neuwied

Harth, A./Scheller, G. 2010: Die Wolfsburg-Forschungen als Beispiel für Wandel und Kontinuität der empirischen Stadtsoziologie. In: Dies. (Hg.): Soziologie in der Stadt- und Freiraumplanung. Analysen, Bedeutung und Perspektiven, Wiesbaden

Harth, A./Scheller, G. 2011: Wolfsburg als Erlebnis? Stadterneuerung als Urbanitätsentwicklung. In: U. Altrock/Kunze, R./Schmitt, G./Schubert, D. (Hg.): Jahrbuch Stadterneuerung 2011. Stadterneuerung und Festivalisierung, Berlin 2011
Harth, A./Herlyn, U./Scheller, G./Tessin, W. 2000: Wolfsburg: Stadt am Wendepunkt. Eine dritte soziologische Untersuchung, Opladen
Harth, A./Scheller, G. 2009: Die dritte soziologische Wolfsburg-Studie. In: Stölzl, C. 2009 (Hg.): Die Wolfsburg-Saga, Stuttgart
Harth, A./Herlyn, U./Scheller, G./Tessin, W. 2010: Stadt als Erlebnis: Wolfsburg. Zur stadtkulturellen Bedeutung von Großprojekten, Wiesbaden
Harth, A./Herlyn, U./Scheller, G./Tessin, W. 2012: Stadt als lokaler Lebenszusammenhang. Gemeindestudien als Ansatz in der Stadtsoziologie, Wiesbaden
Häußermann, H. 1998: Die selbstzerstörerische Sehnsucht nach der Global City, in: Frankfurter Rundschau, Nr. 141
Häußermann, H. 2008: Die Stadt als politisches Subjekt. Zum Wandel in der Steuerung der Stadtentwicklung, in: G. Schmitt/Selle, K. (Hg.): Bestand? Perspektiven für das Wohnen in der Stadt, Dortmund
Häußermann, H./Roost, F. 1998: Globalisierung, in: H. Häußermann (Hg.): Großstadt. Soziologische Stichworte, Opladen
Häußermann, H./Siebel, W. 1987: Neue Urbanität, Frankfurt a. M.
Häußermann, H./Siebel, W. 1998: Stadt und Urbanität, in: GHK, FB Architektur (Hg.): UmBauPresse, Jg. 16., H. 2, Kassel
Häußermann, H./Siebel, W. 1993: Die Politik der Festivalisierung und die Festivalisierung der Politik. Große Ereignisse in der Stadtpolitik, in: Dies. (Hg).: Festivalisierung der Stadtpolitik. Stadtentwicklung durch große Projekte, Opladen
Heinz, W. 1998: Public Private Partnership, in: Archiv für Kommunalwissenschaft, Bd. II
Heinz, W. 2008: Der große Umbruch. Deutsche Städte und Globalisierung. Deutsches Institut für Urbanistik, Bd. 6, Berlin
Heinz, W./Hübner, H./Meinecke, B./Pfotenhauer, E. 1977: Soziökomische Aspekte der Einrichtung von Fußgängerzonen, in: P. Peters (Hg.): Fußgängerstadt – Fußgängergerechte Stadtplanung und Stadtgestaltung, München
Herlyn, U. 2009: Die erste soziologische Wolfsburg-Studie. In: C. Stölzl (Hg.): Die Wolfsburg-Saga, Stuttgart
Herlyn, U./Scheller, G./Tessin, W. 1994: Neue Lebensstile in der Arbeiterschaft? Eine empirische Untersuchung in zwei Industriestädten, Opladen
Herlyn, U./Schweitzer, U./Tessin, W./Lettko, B. 1982: Stadt im Wandel – Eine Wiederholungsuntersuchung der Stadt Wolfsburg nach 20 Jahren, Frankfurt a. M.
Herlyn, U./Tessin, W. 1988: Von der Werkssiedlung zur Großstadt. Zur Entwicklung der städtischen Identität Wolfsburgs, in: Die Alte Stadt 15. Jg., H. 2
Herlyn, U./Tessin, W. 2000: Faszination Wolfsburg 1938 – 2000, Opladen
Hesse, J. J./Vogel, S./Bernat, E./Martino, M. G. 2010: Kommunalstrukturen in Niedersachsen. Untersuchung im Auftrag des Ministeriums für Inneres und Sport des Landes Niedersachsen, Berlin
Hesse, J. J./Vogel, S./Fehrmann, T./Ritter, A./Hellmanns, A. 2011: Kommunalstrukturen in Niedersachsen: Eine teilregionale Untersuchung für den Raum Wolfs-

burg-Gifhorn-Helmstedt. Im Auftrag der Stadt Wolfsburg und der Landkreise Gifhorn und Helmstedt, Berlin
Hilterscheid, H. 1970: Industrie und Gemeinde, Berlin
Howard, E. 1898: Garden Cities of To-Morrow, dt. Ausgabe: Gartenstädte in Sicht, Jena 1907
Huber, A. 1999: Heimat in der Postmoderne, Zürich
Imageanalyse 2009 – CIMA Beratung + Management 2009: Stadtimageanalyse Wolfsburg 2009, Lübeck
Jacobs, J. 1963: Tod und Leben großer amerikanischer Städte, Berlin, Frankfurt, Wien
Jürgens, K./Reinecke, K. 1998: Zwischen Volks- und Kinderwagen. Auswirkungen der 28,8-Stundenwoche bei der VW-AG auf die familiale Lebensführung von Industriearbeitern, Berlin
Kautt, D. 1983: Wolfsburg im Wandel städtebaulicher Leitbilder – Texte zur Geschichte Wolfsburgs Band II, Wolfsburg (unv. Ms.)
Kautt, D. 1984: ‚Stadtkrone' und ‚städtebauliche Dominante' in: Die Alte Stadt, 11. J., H. 2
Kautt, D. 1988: Stadtentwicklung in der Polarität städtebaulicher Leitbilder: Das Beispiel Wolfsburg, in: Die Alte Stadt, 15. J., H. 2
Keupp, H. 1987: Soziale Netzwerke. Eine Metapher des gesellschaftlichen Umbruchs?, in: Ders. und B. Röhrle (Hg.): Soziale Netzwerke, Frankfurt a. M.
Kleine-Brokhoff, T. 1998: Tut Modernisierung weh?, in: Die Zeit Nr. 48 vom 19. November
Köhler, A. o. J.: Wolfsburg: eine Chronik 1938-1948, Wolfsburg
Kolck, R. 1977: Aspekte der Versorgungssituation ländlicher Bereiche in Niedersachsen, in : Neues Archiv für Niedersachsen, Bd. 26, H. 2
Koller, P. 1958: Wolfsburg, eine Stadt von Morgen, in: Der Städtetag, H. 6
König, R. 1965: Der Begriff der Heimat in den fortgeschrittenen Industriegesellschaften, in: Ders.: Soziologische Orientierungen, Köln, Berlin
Krabbe, W. R. 1980: Eingemeindungsprobleme vor dem Ersten Weltkrieg: Motive, Widerstände und Verfahrensweise, in: Die Alte Stadt, 7. J., H. 7
Krämer, W. 1996: Wolfsburg – Stadt im Umbruch, in: Deutsches Architektenblatt H.1
Krebs, C. 2004: Partnership oder Pressureship. In Wolfsburg übernimmt VW immer mehr öffentliche Aufgabe, in: Vorgänge 165: Zeitschrift für Bürgerrechte und Gesellschaftspolitik. Heft 1, März 2004, 43. Jg.
Krockow, C. Graf von 1989: Heimat. Erfahrungen mit einem deutschen Thema, Stuttgart
Krockow, C. Graf von 1995: Heimat in der Fremde, in: E. Führ (Hg.): Worin noch niemand war: Heimat, Wiesbaden, Berlin
Kuby, E. 1957: Das ist des Deutschen Vaterland, Stuttgart
Künne, H. 1999: Frauen in Wolfsburg – Ein Blick in ihre Geschichte, Wolfsburg
Lammert, P. 1987: Die gegliederte und aufgelockerte Stadt, in: Die Alte Stadt, 14. J., H. 4
Le Corbusier 1964/1933: La ville radieuse. Paris
Lochiatto, A. 1996: 1955-1995: Vierzig Jahre Migration – eine kritische Betrachtung. In: Betrifft Mehrheiten Minderheiten. Zeitschrift der Ausländerbeauftragten des Landes Niedersachsen, 1/96

Maase, K. 1989: Freizeit im sozialen Wandel, in: W. Benz (Hg.): Die Geschichte der Bundesrepublik, Bd. 3. Gesellschaft, Frankfurt a. M.

Matzerath, H. 1978: Städtewachstum und Eingemeindungen im 19. Jahrhundert, in: J. Reulecke (Hg.): Die deutsche Stadt im Industriezeitalter, Wuppertal

Meibeyer, W. 1972: Monographie der Stadt Wolfsburg, in: Akademie für Raumforschung und Landesplanung (Hg.): Die Mittelstadt (2. Teil), Forschungs- und Sitzungsberichte Bd. 69, Hannover

Mickler, O./Pelull, W./Wobbe, W./Kalmbach, P./Kasiske, R./Manske, F. 1980: Ökonomische Bedingungen und soziale Folgen des Einsatzes von Industrierobotern, Göttingen

Mitscherlich, A. 1965: Die Unwirtlichkeit unserer Städte – Anstiftung zum Unfrieden, Frankfurt a. M.

Mitzscherlich, B. 1997: „Heimat ist etwas, was ich mache." Eine psychologische Untersuchung zum individuellen Prozess von Beheimatung, Pfaffenweiler

Moorhoff, G. 1999: Die Stadt Wolfsburg und ihre ‚Fremden' – Ethnische Segregation in den letzten 20 Jahren, Unv. Dipl.-Arbeit Hannover

Oswald, A. von 1997: „Venite a lavorare con la Volkswagen!" Gastarbeiter in Wolfsburg 1962-1974, in: Beier, R. (Hg.): aufbau west – aufbau ost. Die Planstädte Wolfsburg und Eisenhüttenstadt in der Nachkriegszeit, Berlin

Pfeil, E. 1959: Nachbarkreis und Verkehrskreis in der Großstadt, in: G. Ipsen (Hg.): Daseinsformen der Großstadt, Tübingen

Posener, Julius (Hg.) 1968: Ebenezer Howard. Gartenstädte von morgen. Das Buch und seine Geschichte. Bauwelt Fundamente 21. Berlin, Frankfurt a. M., Wien

Recker, M.-L. 1981: Die Großstadt als Wohn- und Lebensbereich im Nationalsozialismus – Zur Gründung der ‚Stadt des KdF-Wagens', Frankfurt a. M.

Reichold, O. 1998: ... erleben, wie eine Stadt entsteht. Städtebau, Architektur und Wohnen in Wolfsburg 1938-1998, Braunschweig

Reichow, H.-B. 1948: Organische Stadtbaukunst, Braunschweig

Reichow, H.-B. 1959: Die autogerechte Stadt, Ravensburg

Ronneberger, K. 2000: Disney World ist authentischer als Wien. Fragen von Erik Meinharter und Christoph Laimer an Klaus Ronneberger, in: dérive, H. 1

Schäfers, B. 2006: Stadtsoziologie. Stadtentwicklung und Theorien – Grundlagen und Praxisfelder, Wiesbaden

Schlandt, J. 1970: Die Kruppsiedlungen – Wohnungsbau im Interesse eines Industriekonzerns, in: H. G. Helms/J. Janssen (Hg.): Kapitalistischer Städtebau, Neuwied, Berlin

Schneider, C. 1979: Stadtgründung im Dritten Reich – Wolfsburg und Salzgitter, München

Schneider, C. 1998: Wolfsburg unter anderen. Städtebaupolitik im Dritten Reich, in: R. Beier (Hg.): aufbau west aufbau ost. Die Planstädte Wolfsburg und Eisenhüttenstadt in der Nachkriegszeit, Berlin 1997

Schubert, D. 1986: Großstadtfeindschaft und Stadtplanung. Neue Anmerkungen zu einer alten Diskussion, in: Die Alte Stadt, 13. Jg., H. 1

Schubert, D. 2000: Tagungsbericht: Großprojekte in der Stadtentwicklung – die HafenCity im internationalen Vergleich, in: Jahrbuch Stadterneuerung 2000

Schweitzer, U. 1988: Neuanfang in Wolfsburg. Integrationsprobleme von Neuzuzüglern, in: Die Alte Stadt, 15. Jg., H. 2
Schweitzer, U. 1990: Ortswechsel – Probleme und Chancen des Einlebens an einem neuen Wohnort, Diss. Universität Hannover
Schwonke, M./Herlyn, U. 1967: Wolfsburg. Soziologische Analyse einer jungen Industriestadt, Stuttgart
Siebel, W. 2007: Vom Wandel des öffentlichen Raumes, in: J. Wehrheim (Hg.): Shopping Malls. Inderdisziplinäre Betrachtungen eines neuen Raumtyps, Wiesbaden
Siegfried, K.-J. 1997: Die Autostadt – Zur Selbstdarstellung der Stadt in der Nordhoff-Ära, in: O. Reichold 1998: ... erleben, wie eine Stadt entsteht. Städtebau, Architektur und Wohnen in Wolfsburg 1938-1998, Braunschweig
Spiegel, E. 1995: Heimat, in: Handwörterbuch der Raumforschung und Raumordnung, Hannover
Stadt Wolfsburg (Hg.) 1967: Wolfsburg Zentrum 67, Wolfsburg (unv. Ms.)
Stadt Wolfsburg (Hg.) 1976: Materialien zur Stadtentwicklung, Wolfsburg (unv. Ms.)
Stadt Wolfsburg (Hg.) 1993: Wohnungsbau der 40er Jahre in Wolfsburg, Braunschweig
Stadt Wolfsburg (Hg.) 1998: Ergebnisse der Wanderungsmotivbefragung, Wolfsburg (unv. Ms.)
Stadt Wolfsburg 2003: Stadtstrukturkonzept Gesamtstadt – Stadt – und Ortsteile. Wohnen – Soziale Infrastruktur – Grün- und Freiräume, Wolfsburg
Stadt Wolfsburg (Hg.) 2006. Statistisches Jahrbuch 2005 – 2006, Wolfsburg
Stadt Wolfsburg 2006: Wanderungsmotivbefragung 2006, Untersuchung der Motive von Fortzügen aus Wolfsburg in das Umland 2002 – 2005, Wolfsburg
Stadt Wolfsburg (Hg.) 2008: Statistisches Jahrbuch 2007 – 2008, Wolfsburg
Stadt Wolfsburg/Baudezernat 2008: Urbanität gewinnen. Stadtentwicklung Nordkopf Wolfsburg, Wolfsburg
Stadt Wolfsburg (Hg.) 2009: Wohn.Welt.Wolfsburg. Vielfältig, jung, naturnah. Wolfsburg
Stadt Wolfsburg (Hg.) 2011: Bevölkerungsbericht, Wolfsburg
Stadt Wolfsburg 2011: Wolfsburg in der Region. Strukturen und Daten, Wolfsburg
Stadt Wolfsburg (Hg.) 2011: Arbeitsmarktbericht 2011, Wolfsburg
Stadt Wolfsburg (Hg.) 2011: Kulturentwicklungsplan der Stadt Wolfsburg, Wolfsburg
Stadt Wolfsburg 2011: Daten & Fakten, Wolfsburger Statistik 2011, Wolfsburg
Stadt Wolfsburg (Hg.) 2012: Vielfalt leben. Integrationskonzept Wolfsburg. Wolfsburg (zit. als Integrationskonzept 2012)
Stadt Wolfsburg/empirica 2010: Sozialbericht Wolfsburg. Bericht zur sozialen Lage in der Stadt Wolfsburg, Wolfsburg, Berlin
Strauß, W. 2002: Wolfsburg – Kleine Stadtgeschichte Wolfsburg
Strauß, W. 2005: Wolfsburg – Aufbruch in die Zukunft. Kleine Stadtgeschichte, Teil 2: 1990 – 2006, Wolfsburg
Tessin, W. 1980: Restriktives Baurecht im Stadtumland – Zu einigen Implementationsproblemen und gesellschaftlichen Implikationen des Green-Belt-Konzeptes, in: Die Alte Stadt, 7. Jg., H. 4
Tessin, W. 1986: Stadtwachstum und Stadt-Umland-Politik, München

Tessin, W. 1987: Die Entstehungsbedingungen der Großsiedlungen, in: U. Herlyn/v.Saldern, A./Tessin, W. (Hg.): Neubausiedlungen der 20er und 60er Jahre – Ein historisch-soziologischer Vergleich, Frankfurt a. M.

Tessin, W. 1988: Stadt-Umland-Politik im Raum Wolfsburg, in: Die Alte Stadt, 15. Jg., H. 2

Tessin, W. 2003: Kraft durch Freude? Wolfsburgs Weg aus der Arbeits- in die Freizeitgesellschaft, in: U. Altrock/Güntner, S./Huning, S./Peters, D. (Hg.): Mega-Projekte und Stadtentwicklung, Planungsrundschau 8, Berlin

Tessin, W. 2009: Die zweite soziologische Wolfsburg-Studie. In: C. Stölzl 2009 (Hg.): Die Wolfsburg-Saga, Stuttgart

Uebler, E. 1940: Fallersleben, in: Raumforschung und Raumordnung, H. 4; wiederabgedruckt in: Recker, M.-L. 1981: Die Großstadt als Wohn- und Lebensbereich im Nationalsozialismus – Zur Gründung der ‚Stadt des KdF-Wagens', Frankfurt a. M.

Uliczka, M. 1993: Berufsbiographie und Flüchtlingsschicksal: VW-Arbeiter in der Nachkriegszeit, Hannover

Vogel, B. 1997: Kulturelles Leben zwischen Stadt und Werk. Zirkel und Vereine, Feste und Feiern in zwei Industriestädten, in: R. Beier (Hg.): aufbau west aufbau ost – Die Planstädte Wolfsburg und Eisenhüttenstadt in der Nachkriegszeit, Berlin

Volkswagen AG (Hg.): Geschäftsbericht 1998

Volkswagen AG 2011: Vielfalt erfahren. Zahlen Daten Fakten. Navigator 2011, Wolfsburg

Waldenfels, B. 1985: Heimat in der Fremde, in: E. Führ (Hg.): Heimat. Eine Auseinandersetzung mit einem strapazierfähigen Begriff, Wiesbaden, Berlin

Wang, W. 1998: Alvar Aaltos Entwurf des Wolfsburger Kulturzentrums – Architektur als Materiale Architektur, in: O. Reichold 1998: ... erleben, wie eine Stadt entsteht. Städtebau, Architektur und Wohnen in Wolfsburg 1938-1998, Braunschweig

Warren, R. L. 1963: The Community in America, Chicago

Wolfsburg AG 2008: Die Wolfsburg AG – Wirtschaft gestalten, um Wirtschaft zu fördern, in: C. Stölz (Hg.): Die Wolfsburg Saga. Stuttgart

Wolfsburg AG 2008a: Hintergrundinformationen zur Wolfsburg AG, Man., Wolfsburg

Wolfsburg Marketing GmbH (Hg.) 2009: Durchstarten in Wolfsburg, Wolfsburg

The manufacturer's authorised representative in the EU is Springer Nature Customer Service Centre GmbH, Europaplatz 3, 69115 Heidelberg, Germany. If you have any concerns regarding our products, please contact ProductSafety@springernature.com

Printed and bound by CPI Group (UK) Ltd, Croydon, CR0 4YY
25/03/2026
02078193-0012